U0945493

国家社会科学基金项目（04BSH033）最终成果（研究报告）
湖南省重点学科——马克思主义基本原理学科经费资助项目

# 农村土地流转：一个阶层分析的视角

The Sociological Research on Land Circulation in Rural Villages: A Perspective of Strata Analysis

陈成文 等◎著

人民出版社

# 目 录
contents

# 前 言

土地既是农民最基本的生产资料，又是农民最基本的生存保障，还是农民最重要的发展资源。可以说，土地直接关系到农民的权益、农业的发展和农村的稳定。目前，中国农村面临的最核心问题是以地权制度及其变化为核心的土地制度问题。而土地流转是当前地权制度及其变化的焦点。由于土地是农村经济利益和社会关系的集合体，因此，土地流转意味着农村利益关系和社会关系的调整，实质上是农村利益关系和社会关系的一个再分配和再调整过程。这一过程必将给中国农村社会带来深远的影响：一方面，土地流转将改变农村原有的利益分配格局；另一方面，土地流转将导致农村原有社会结构的分化和重构。可见，农村土地流转的过程不仅是一个农村利益关系的再分配过程，而且也是一个农村阶层结构不断重新整合与分化的过程。而农村社会阶层结构的合理化、现代化直接关系到农村社会的稳定与和谐发展。因此，从社会学角度研究农村土地流转问题，乃是构建社会主义和谐社会实践中提出的一个亟待解决的重大现实课题。

本研究立足社会学的阶层分析视角，运用定性分析与定量分析相结合的方法，通过对农村社会阶层的土地价值认知、土地流转的意愿与行为选择、土地流转的速度与规模的比较研究，分析土地流转过程中的利益流向，揭示农村社会阶层在土地流转过程中的利益分配关系（即在土地流转过程中，哪些阶层是受益阶层，哪些阶层是受损阶层；各个阶层之间是否存在显性化的利益冲突，如果有，则其利益冲突是如何表现的），探究农村土地流转对农村社会阶层分化与流动的影响（是否有影响、如何影响以及影响程度如何），构建平衡土地流转过程中农村社会阶层利益冲突的新框架。

土地流转与农村阶层分化之间存在一定的互动关系，它们是相互影响、相互作用的，这是本研究定量分析的基本理论前提。一方面，农村阶层分化可能会加快土地流转进程;另一方面,土地流转可能会促进农村阶层分化,加剧农村阶层冲突。这两个方面的内容构成了本研究定量分析的基本框架。在基本理论假设的指导下,本研究从农村阶层分化对土地流转的影响和土地流转对农村阶层分化与冲突的影响两个方面设置了以下五个具体假设:(1)农村社会阶层的土地价值认知受到地区经济发展水平和阶层自身构成特点的影响;(2)不同阶层的土地依赖程度、阶层意识和阶层特征是导致农村社会阶层土地流转意愿和行为选择差异性的主要原因;(3)土地流转的速度与规模不同程度地受到农村社会阶层职业类型、文化程度、收入水平、土地价值认知和土地流转动机的差异性的影响;(4)土地流转越活跃的阶层,职业分层、经济分层和主观分层就越明显;(5)农村社会阶层土地利益分配的不均衡性是土地流转过程中阶层冲突产生的根本原因。

实证研究的结果表明:第一,阶层分化改变了农村社会阶层的土地价值认知。农村社会阶层在土地价值认知上存在着显著差异,且这种差异与农村社会阶层的阶层特征有着显著的相关性。从根本上来说,农村社会阶层土地价值认知上的差异是由其土地依赖程度上的差异造成的。由于农村社会阶层对土地的依赖程度不同,土地在他们生活中的作用和地位也会随之发生改变。从总体上来看,土地依赖程度越高的阶层,其土地经济价值认知程度就越高;土地依赖程度越低的阶层,其土地社会价值、存在价值认知程度也就越高。农村社会阶层的土地价值认知差异还与其阶层构成特征呈显著相关性。文化程度、收入水平越高的阶层,收入来源越多的阶层,其土地社会价值、存在价值认知程度就越高;而文化程度、收入水平相对较低,收入来源主要依靠土地的阶层,其土地经济价值认知程度就较高。第二,阶层分化影响了农村社会阶层的土地流转意愿与行为选择。农村社会阶层土地价值认知上的差异影响着其土地流转意愿与行为选择上的差异。农村社会阶层的土地价值意识是土地流转与否的内在平衡杠杆。只有促进农村社会阶层土地价值意识由传统向现代的转型,才能从根本上改变农村社会阶层的土地流转意愿与行为选择。第三,阶层分化促进了农村土地流转。阶层分化使一部分农村社会阶层完全或部分地从土地上解放出来，这就在一定程度上加快了土地流转的进程。可以说，农村阶层分化为加快土地流转的速度、扩大土地流转的规模提供了潜在的阶层基础和现实可能。第四，土地流转重构了农村社会阶层结构。土地流转实质上是农村社会阶层利益的重新分配，是农村社会资源和机会的重新分配，是农村社会阶层结构的调整与再构过程。可以说，土地流转提升了农村精英阶层，扩大了农村中间阶层，缩减了农村弱势底层。第五，土地流转加剧了农村阶层冲突。由于不同社会阶层的阶层属性和阶层特点的不同，土地对于不同社会阶层的意义是不同的，因此，农村社会阶层在土地流转的利益争夺中也有着不同的侧重点。农村社会阶层力量的不均衡性必然会影响利益分配的结果。可以说，社会阶层土地流转利益分配的不均衡性是农村阶层冲突产生的根本原因。第六，土地流转促进了农村社会流动。土地流转是地权市场化改革的重要实践，已成为农民职业获得、实现流动的社会阶梯。土地流转如果是理性的、自愿的，则可帮助农民转变职业，实现上向社会流动；土地流转如果是非理性的、强制的，则会致使农民失去最后的生存依靠，陷入衣食无着的困境。可以说，土地流转既是农民实现上向流动的重要阶梯，也是农民下向流动的重要阶梯。此外，教育将取代土地流转成为农村社会流动的重要阶梯。土地流转可以实现农民的社会流动，但只作用于制度变化这一特殊时期，它对农民实现社会流动所具有的阶梯作用会随着土地的合理集中和土地流转的结束消失殆尽。当农村社会现代的阶层结构逐渐定型化，社会流动机制也会逐渐回归常态，教育这一重要的流动机制将重新凸显它在农村社会流动中的作用。

土地流转的制度缺失是农村阶层冲突的重要原因。只有解决好土地流转的制度缺失问题，才能从根本上处理好农村社会阶层之间的利益关系，从而平衡土地流转中的阶层冲突。实现土地流转的制度创新，是科学引导土地流转的关键环节和制度条件。只有实现土地流转的制度创新，才能促进土地流转公平、有序、高效地进行。要促进土地流转公平、有序、高效地进行，就必须区分阶层特点，因势利导扬长避短，科学引导农村土地流转；必须优化流转过程，扩大农村就业机会，促进农村阶层结构合理化；必须完善组织制度，拓宽利益表达渠道，平衡土地流转中的阶层冲突；必须规范土地流转，维护农民合法权益，实现城乡社会结构一体化。

**关键词：农村土地流转；利益分配；阶层分析范式**

# 第一章
# 导 论

## 第一节 问题的提出

党的“十七大”报告中指出:“解决好农业、农村、农民问题,事关全面建设小康社会大局,必须始终作为全党工作的重中之重。”农业、农村、农民问题的核心是农民问题,而农民问题的核心是土地问题。这是因为,土地直接关系到农民的权益、农业的发展和农村的稳定。可以说,土地既是农民最基本的生产资料,又是农民最基本的生存保障,还是农民最重要的发展资源。

建国以来,我国农村土地制度经历了三个阶段的重大变革:从土地改革到农业合作化运动;从农业合作化运动到人民公社体制;从人民公社体制到家庭联产承包责任制。其中20世纪70年代末确立的家庭联产承包责任制实现了土地所有权和使用权的分离,是中国土地产权改革史上的一次伟大创举,极大地调动了农民的生产积极性,解放了农业生产力。然而,20世纪90年代以来,随着第二和第三产业的发展、城市化的推进、农村剩余劳动力的转移以及农业比较利益的降低,农村土地抛荒闲置现象日益增多,由此而衍生的土地集体所有权不变而使用权更换的土地流转现象亦愈显突出。可喜的是，土地流转这一农村土地产权形式的变革，已引起了党和政府的高度关注。早在2002年，党的"十六大"报告中就指出："有条件的地方可按照依法、自愿、有偿的原则进行土地承包经营权流转，逐步发展规模经营。"2003年3月1日开始实施的《农村土地承包法》中又明确规定："国家保护承包方依法、自愿、有偿地进行土地承包经营权流转。"2007年，党的"十七大"报告中又指出："坚持农村基本经营制度，稳定和完善土地承包关系，按照依法自愿有偿原则，健全土地承包经营权流转市场。"2008年，党的十七届三中全会通过的《中共中央关于推进农村改革发展若干重大问题的决定》中强调："加强土地承包经营权流转管理和服务，建立健全土地承包经营权市场，按照依法、自愿、有偿原则，允许农民以转包、出租、互换、转让、股份合作等形式流转土地承包经营权，发展多种形式的适度规模经营。"2010年，党的十七届五中全会通过的《中共中央关于制定国民经济和社会发展第十二个五年规划的建议》中再次强调："坚持和完善农村基本经营制度，现有农村土地承包关系保持稳定并长久不变，在依法自愿有偿和加强服务基础上完善土地承包经营权流转市场。"

在改革开放初期，农民外出从业并没有政策引导，从业行为处于自发状态。自20世纪80年代末期以来，"民工潮"现象已引起广泛的社会关注。为此，1994年11月，劳动部公布的《农村劳动力跨省流动就业管理暂行规定》出台了许多限制农民进城的政策。实际上，发达地区对劳动力的需求在不断增长，农民流动的步伐并没有停止。随着社会对农民工认识的不断深化，保护农民工权益的呼声日益高涨。2001年，有关部委联合发布了《关于全面清理整顿外出或外来务工人员收费的通知》。2003年，国务院办公厅发布了《关于做好农民进城务工就业管理和服务工作的通知》。该通知将进城就业的农民看成是"产业工人的重要组成部分"，要求平等地对待农民工。自此，农民工权益保护成为社会的主基调。2006年2月，中央一号文件《中共中央国务院关于推进社会主义新农村建设的若干意见》中指出："要加快转移农村劳动力，不断增加农民的务工收入。"同年，国务院颁布了《关于解决农民工问题的若干意见》,出台了许多解决农民工后顾之忧的政策措施。

随着改革开放的深入,我国农村土地制度发生了巨大的变化。经济的持续快速发展使得大量的农村富余劳动力纷纷离土离乡,奔向城市,这在客观上为农村土地流转创造了条件。农村富余劳动力不断由农业向非农产业转移,意味着农民与土地关系的再调整,一些农民希望放弃土地使用权或经营权,而另一些农民则可以拥有更多的土地使用权或经营权。因此,允许土地使用权或经营权合理流转,进一步完善农村家庭联产承包经营体制,是经济社会发展的必然要求。为了规范土地流转行为,保证土地流转合法有序进行,进一步稳定和完善农村家庭承包经营制度,2002 年的第九届全国人大常务委员会第二十九次会议审议通过了《中华人民共和国农村土地承包法》,土地流转被正式纳入法制体系。

事实上,要建设社会主义新农村,就必须实现农村土地资源的优化配置。而要实现农村土地资源的优化配置,就必须依法引导农村土地流转。只有依法引导农村土地流转,才能提升农业竞争力。2008 年,党的十七届三中全会通过的《中共中央关于推进农村改革发展若干重大问题的决定》,标志着我国农村改革发展进入新一轮高潮。自此,农村土地流转制度成为全社会关注的焦点。

随着社会主义市场经济的不断发展,农村城市化的进一步推进,农村的土地流转已成不可逆转的趋势。美国学者马若孟认为,中国的市场经济是高度竞争性的,商品与劳务的价格以及生产要素所带来的收入都是由市场上供求双方的竞争力决定的,生活在这种物质和经济强制性环境下的农户,其行为是理性的,特别是在土地的利用中,农民作为社会生活中的“经济人”,无疑也会追求土地效益的最大化。[①] 正是由于农民这种市场观念的加强和追求利益最大化的动机,迫使他们对土地的传统价值进行再认识,从而产生不同的土地流转意愿和行为选择。这在客观上就会促进农村的阶层

---

① 马诺孟:《中国农民经济》,江苏人民出版社 1999 年版,第 173 页。

分化。

农村阶层分化的加剧，必然导致农村社会的同质性迅速减弱、异质性逐渐增强。众所周知，在改革开放之前，中国农村社会基本上处于一种"去阶层化"的状态之中，整个农村只有一个具有单一身份性的群体，即农民。当时的农民在身份地位、经济地位和政治地位等各个方面差距不大，农民集体享有对生产资料的所有权和支配权。在改革开放之后，农村的财产制度、劳动就业制度和收入分配制度等发生了根本性变化。尤其是随着社会主义市场经济在农村的不断发展，农村产业结构发生了巨大的变化，第二、三产业在农村得到了飞速发展。农村产业结构的巨大变化，不仅引起了农村生产方式的变革、农民职业角色的转换，而且使农民对土地的认识从"情感认知"转向"经济理性"，加速了农村社会转型的进程。在农村社会急速转型的进程中，农村社会不同的阶层出于不同的利益取向，围绕土地利益进行着持续的博弈。这种土地利益的博弈在一定程度上影响着农村的社会稳定。

在农村，土地流转促进了剩余劳动力的转移，导致了农村的阶层分化，并在一定程度上推进了农村城市化的进程。早在1989年，陆学艺教授就指出，在我国农村，农民已分化为农业劳动者、农民工、雇工、农民知识分子、个体劳动者和个体工商户、私营企业主、乡镇企业管理者、农村管理者等八大比较稳定的阶层。[①] 时至今日，我国农村的这种阶层结构并没有随着市场化和城市化的推进而发生显著变化，只是各大阶层的规模略有变化。在农村社会的各阶层中，雇工阶层人数增长最快，其次是私营企业主阶层。出现这种情况的主要原因就是乡镇企业改制。从总体来看，农村社会阶层结构变化的方向是合理的，反映了农村社会经济发展的现代化趋势。这是因为，随着农村非农化水平的不断提高，农业劳动者阶层的规模必将缩小；而随着农村非农经济活力的不断增强，雇工和私营企业主阶层的规模必将持续扩大。值得注意的是，农村知识分子阶层、个体劳动者阶层和个体工商户阶层的规

---

① 陆学艺：《重新认识农民问题——十年来中国农民的变化》，《社会学研究》1989年第6期。

模扩张缓慢，而农村管理者阶层却有增无减。① 可以说，农村阶层分化的加剧，始终活跃着土地流转的影子。全国各地风起云涌的土地流转对农村的阶层分化，在一定程度上起到了推波助澜的作用。

令人忧虑的是，土地流转在农村的推进，也引发了许多矛盾和纠纷：有的在多数农民不知情的情况下搞强制性土地流转；有的把土地流转作为增加乡村集体收入的手段或者作为地方的形象工程；有的在推进土地流转时只顾眼前利益，没有充分考虑到未来市场的风险和不确定性；有的在租赁农户的承包地后，对农户的经济补偿不到位甚至不做任何补偿。② 以上各种做法严重地侵害了农民的土地流转利益，影响了农村社会的稳定。因此，农村的土地流转问题已经成为一个学术界亟待从理论上作出解释、决策层亟待从实践中寻求对策的巨大“难题”。

基于以上考虑，本研究立足阶层分析的视角，运用定性分析与定量分析相结合的研究方法，在探讨农村社会阶层的土地价值认知变化的基础上，分析农村社会阶层土地流转的意愿与行为选择，揭示农村社会阶层与土地流转的互动关系，探究土地流转对农村阶层冲突的影响，以期引出一些有价值的研究结论和值得进一步探讨的问题，从而提出具有一定咨询价值的农村土地流转政策改革方案。

## 第二节 已有研究述评

如何正确对待土地问题，乃是世界各国在现代化进程中必须面对的一个共同的经济社会问题。因此，土地问题早已引起国内外学术界的普遍关注，并取得了较多的研究成果。

### （一）国外已有研究述评

在国外，“小农制”的发展前景问题曾是学术界争论的主要话题。这种

① 陆学艺：《当代中国社会阶层研究报告》，社会科学文献出版社2002年版，第178页。

② 司宇宁：《农民土地权益屡遭侵害 江苏探索法制屏障》，《21世纪经济报道》，2004年2月2日。

争论主要在经济学和人类学之间展开，争论的焦点集中在现代市场经济条件下“小农”存在的合理性问题。不同学派的学者从各自不同的学术立场出发提出了各自不同的反思性见解。

经济学界的代表性观点是美国经济学家西奥多·舒尔茨提出的“理性小农论”。[①] 西奥多·舒尔茨认为，小农作为“经济人”，毫不逊色于任何资本主义企业家，小农一旦有经济利益的刺激，便会为追求利润而创新，从而改造传统产业，如同美国经历了农业改革一样。[②] 此外，俄罗斯经济学家恰亚诺夫提出了“农场经济组织理论”。他认为，小农的家庭式农场的生产，主要是为了满足其家庭的消费需要，而不是为了追求最大利润。无论是为了家庭消费的需要或者是经济利益的刺激，“小农”在现代市场经济条件下都有存在的合理性。[③]

人类学家们则从另一个角度探讨了“小农”问题。人类学家格尔茨提出了著名的“农业内卷化”理论。他认为，农业的内卷化虽然导致了劳动的边际报酬递减，但是，它具有吸纳更多劳动力的功能。此外，米格代尔提出了“文化接触和变迁理论”[④]。这两种观点在人类学界颇具代表性。

自20世纪20年代以来，国外一些研究机构和学者就一直对中国的乡村土地问题进行调查和研究，并取得了大量研究成果。美国汉学家马若孟把农村贫困归根到中国乡村严重的地权分配不均，即各个不同阶层之间的利益分配不均衡。他在1970年出版的《中国农民经济》中指出：“20世纪20年代和30年代是(中国)知识界骚动和学术研究充满活力的20年，革命者和学者都开始注意到农村和城市之间的差异，并把他们的注意力集中到粮食

---

① 西奥多·舒尔茨：《改造传统农业》，商务印书馆1987年版，第112页。

② 黄宗智：《华北的小农经济与社会变化》，中华书局2000年版，第2页。

③ Greetz. Clifford. Agricultural Involution: The Process of Ecological change in Indonesia. Berkeley. CA: University California Press. 1963年，第80页。

④ [美]米格代尔著，李玉琪、袁宁译：《农民、政治与革命——第三世界政治与社会变革的压力》，中央编译出版社1996年版，第4-8页。

生产短缺、土地分配不均和农民的困境上面。”①

黄宗智十分关注中国土地问题，他把20世纪90年代之前长江三角洲乡镇企业的蓬勃发展归功于小农的“反过密化”（内卷化）的兴起。他认为，长江三角洲乡镇企业的发展模式其实只适合沿海经济发达地区，而中西部广大落后乡村地区只能通过别的方式来开始类似的进程。② 中西部广大落后农村地区的“反过密化”的途径只能是大量农村剩余劳动力流入城市务工。改革开放使农民获得了离开土地到城镇寻求非农性就业机会的自由。农民流动到城市所积累的经验通过经济文化传播方式反过来既促进了传统小农生产方式的转变，又促进了农村传统土地利用模式的转变。

杜赞奇探讨了晚清至1942年华北地区国家权力向乡村渗透的过程，重点分析了国家、村集体（干部）和农民三者的关系。他认为，基层村落中的各种力量（国家力量及其代理者）和传统民间力量之间的互动作用，逐渐形成了乡村稳定的权力结构。他提出了著名的“经纪人模型”理论，将国家与农户之间的中介人称为“经纪人”，并区分为“盈利型经纪”和“保护型经纪”两种类型。“盈利型经纪”指的是由于国家无法有效约束“经纪人”，造成基层权力的滥用，出现“经纪人统治”，“经济人”可以乘“包税”之机中饱私囊；而“保护型经纪”更倾向于维护村庄村民本身的利益③。因此，民间力量的扩张首先视国家权力的强弱而定，国家权力与民间力量之间实质上是一种利益博弈关系。

虽然国外学术界关于土地问题的研究成果并不多见，但是，其研究视角较为独特，提出的理论系统性较强。国外学者关于土地问题的研究视角和理论观点，对于我们研究新形势下的农村土地问题，无疑具有重要的理论启迪和借鉴意义。

---

① ［美］马若孟著，史建云译：《中国农民经济》，江苏人民出版社1999年版，第13页。转引自朱冬亮：《村级土地的制度变化》，厦门大学出版社2003年版，第13页。

② 朱冬亮：《村级土地制度的变化》，厦门大学出版社2003年版，第14页。

③ ［美］杜赞奇著、王福明译：《文化、权力与国家——1900—1942年的华北农村》，江苏人民出版社1994年版。转引自朱冬亮：《村级土地制度的变化》，厦门大学出版社2003年版，第17页。

### (二)国内已有研究述评

国内的小农研究实际上始于20世纪初。在“五四运动”之前，国内面世的小农研究的成果颇少。从“五四运动”至新中国成立的30年间是我国小农研究大发展的时期。当时的乡村土地问题的研究可谓盛极一时，涌现了很多的研究论著。几乎所有的研究者都注意到中国乡村存在着严重的土地所有权分配不均的事实，并不约而同地把它归结为农村贫困的主要根源。我国的改革始于农村，而其突破口就是农村土地制度的变革——家庭联产承包责任制的推行。在改革至今的30多年里，农村土地问题一直是政府和学界所关注的中心问题。自20世纪90年代末期以来，土地流转问题一直是学术界争论的焦点。已有的研究主要集中在法学、经济学、社会学等领域。

1. 法学领域的研究

法学学者对于土地流转的研究，主要集中在土地流转的法律规制、土地流转过程中农民的权益保护两个方面。

(1)关于土地流转的法律规制。施晓琳等学者从具体的法律法规的角度分析了当前农村土地流转的困境。他们指出，目前关于土地承包经营权制度的法律规范中制约农地流转的因素很多，其中之一就是我国对土地承包经营权的现行法律规范存在冲突，从而影响土地使用权的正常流转。我国理论界对土地承包经营权的性质的解释包括物权说和债权说。物权说认为，土地承包经营权是一种益物权的民事权利。承包经营权以对物的占有、使用、收益为内容，是对物的直接占有和支配，而不是对作为发包人的集体的请求权。集体的管理活动和统一经营，主要根源于其劳动力组织者的身份，是它应尽的劳动法上的义务，与承包人的生产经营没有民法请求权上的对应性。承包人所取得的承包经营权具有绝对、排他的效力。而债权说认为，土地承包经营权属于农村双层经营体制的组成部分，农民取得土地这一生产资料的承包经营权，必须以具有复杂意义的“联产”为代价，发包人对作为标的物的土地仍有相当大的支配力。联产承包合同关系实质上是一种发包人与承包人之间的内部关系，基于这种内部关系取得的承包经营权，实际上只有对作为土地所有人的集体的效力。之所以会出现这两种不同解释，其根源是现行法律规范存在冲突:《民法通则》将农村土地承包经营权规定为“与所有权有关的财产权”，那么土地承包经营权应为物权;但根据《农业法》第12条和《民法通则》第80条的规定，农村土地承包经营权系基于合同约定的权利，当事人双方的权利和义务由合同约定。显然，土地承包经营权的效力和内容均为当事人约定而非法律直接规定。从而，非经发包方同意，土地承包权经营人不能转让土地使用权。《担保法》第37条规定:耕地、自留地等集体所有的土地使用权原则上不可抵押，这就明确限制了土地流转。《土地管理法》第14条规定:“农民集体所有的土地由本集体经济组织以外的单位或个人承包经营的，必须经村民会议三分之二以上的成员或三分之二以上村民代表的同意，并报乡(镇)人民政府批准。”这就对非本地区成员的受让资格受到严格限制，造成了有受让意愿的非本地区成员不能平等地进入农地流转市场;同时承包权变动主要限于农户无力耕种或婚丧嫁娶等人口变动因素，而非基于当事人意愿和土地经营规模的需要，从而大大降低了土地权利人的期望值。现行规范的相互冲突，使得我国的家庭承包土地使用权的流转存在着诸多困境。农村土地流转法律困境具体表现在以下几个方面:首先，土地流转合同中的债权人即原承包方的权利和义务是由土地承包经营合同确定的，因而发包人可以通过合同条款对承包人的权利加以限制和附加苛刻条件，但依据法律规定对承包人的保护仅以合同为依据，在合同规定不明或有对承包人不利的约定时，承包人难以自顾。其次，由于债权具有相对性，无排除第三人的对世效力，在承包人的承包权益受到第三人侵害时，如果发包人不以所有权人身份请求保护，则很难直接发动保护程序。因为我国现行法律尚未承认第三人侵害债权，也未赋予占有人以占有事实抵御第三人侵害的占有效力，因而将承包经营权定位为债权直接影响土地流转的交易安全。同时，发包人不同意转让便无效，即使转让能产生高效也不能转让[①]。

针对农村土地流转的困境，有些学者提出了一些完善法律的具体建议。王卫国等指出建立我国的土地用益物权制度是解决土地流转问题的关键。只有赋予各类土地使用者真正民事意义上的物权，使土地使用者享有清晰、明确的权利，才可能在民事活动中切实保护好土地所有者与土地使用者双方的利益，并有利于民事活动中民事法律行为的稳定预期，减少交易中的纠纷。同时，在农村建立土地用益物权制度，是我国农村土地制度的一项制度性变革，可以使农民享有真正意义上的民事权利，成为真正的民事主体，提高农民的法律地位和社会地位。根据现行土地使用权制度的缺陷以及用益物权制度的特性，以系统的用益物权制度替代与完善现行的土地使用权制度，是我国土地使用权制度变革中的必然选择。[②] 陈驰建议建立农村土地银行与农村产权交易中心等中介组织，规范农村土地流转的程序与机制[③]。大部分法学研究者认为土地流转存在的问题根源是现行法律体系的不健全和不同法律间的相互冲突。

此外，针对当前土地流转过程中大量存在各种纠纷案件，而人民法院在实践中往往倾向于不受理土地征用纠纷的问题，程洁等从司法审查权的角度研究指出司法救济是解决问题的重要途径，司法机构的介入为检验征用补偿的合法性与合理性提供了客观中介，有助于改善被征用土地的定价系统、减少土地权属流转中的摩擦。通过立法确认司法救济的各种功能，最终有利于实现土地征用的社会效益[④]。

（2）关于土地流转过程中农民的权益保护。大部分学者认为农民是土地流转过程中的弱势群体，他们的权益在土地流转过程中往往会受到侵犯，从法律的角度来看其中一个重要的原因就是农民的权利意识淡薄，从而影

---

① 施晓琳：《家庭承包农地使用权流转制度法律问题研究》，《河北法学》，2000 年第 7 期。

② 王卫国、王广华：《中国土地权利的法制建议》，中国政法大学出版社，2001 年第 12 页。

③ 陈驰：《新农村建设中土地流转的法律思考》，《农村经济》，2009 年第 8 期。

④ 程洁：《土地征用纠纷的司法审查权》，《法学研究》2004 年第 2 期。

响了土地使用权的流转。农民对承包地的所有权归属不清或模糊，对法律、法规规定的土地承包经营权保护措施不了解等[①]，都是农民权利意识淡薄的具体表现。农民权利意识淡薄，一方面会使农民在土地流转过程中的既得利益受到损害，另一方面也可能导致更多的民事纠纷。康雄华通过模型分析论证了法律认知水平对农户农地流转决策有显著影响[②]。

陈和午等指出，农民是土地流转的主体，在土地流转过程中，要尊重农户的意愿，要通过多渠道、多形式、全方位、多层面地在农村开展深入持久的法制宣传教育工作的方式，来切实提高农民的权利意识，消除土地流转的疑虑。[③] 要发挥农户作为社会行为主体的作用，保证农户自主决策权，对发包方集体决策的土地流转应当施予严格的监督[④]。康雄华等从立法的角度，强调应规范农村土地的征用。一是可以将经营性的土地征用与国家公用事业国家征用分开。商业性征地可以采取农民以土地入股的方式共同经营，或是允许村社土地以出租方式参与工商业开发；国家公益性征地，可以考虑村社把征地资金专门用于建立村社内使用型社保基金，再以村社为农民社保的基本单位，国家建立土地基金予以支持。二是允许村民以入股方式参与基础设施建设，把各种基础设施项目产生的长期效益，以股息的方式返回村社作为专门的社保基金[⑤]。

吴越认为，地方政府在农村土地流转过程中扮演着政策制定者和既得利益者的双重角色，一些地方政府常常试图与民争利，给农村土地流转管理带来利益部门化和权力寻租等问题，因此，从法律上严格界定地方各级政府

---

① 梁亚荣、张梦琳：《土地承包中农民权利意识的审视：基于江苏省的实证研究》，《中国农村观察》2007 年第 5 期。

② 康雄华、王世新、刘武等：《农户农地流转决策影响因素分析》，《安徽农业科学》2007 年第 13 期。

③ 陈和午、聂斌：《农户土地出租行为分析：基于福建省和黑龙江省的农户调查》，《中国农村经济》2006 年第 2 期。

④ 傅晨、范永柏：《东莞市农村土地使用权流转的现状、问题与政策建议》，《南方农村》2007 年第 2 期。

⑤ 迟福林：《农村土地权立法再建议（十五条）》，载迟福林主编：《把土地使用权真正交给农民》，中国经济出版社 2002 年版，第 5－6 页。

在农村土地流转中的财政收益比例和用途管制是当务之急①。

2. 经济学领域的研究

经济学学者对于土地流转的研究，主要集中在土地流转的影响因素、土地流转的模型、土地流转的利益分割三个方面。此外，经济学界关于土地流转的实证调查也引人注目。

(1)关于土地流转的影响因素。关于土地流转的影响因素，经济学学者主要探讨了土地的重要性、经济效益、土地流转主体、土地流转机制、土地流转市场、农村人力资源的流动等问题。贺振华从土地的重要性出发，认为影响土地流转的因素主要是土地对农民的重要程度。在经济发达地区，由于土地抛荒造成了资源的浪费，出现了土地资源既极度稀缺，又同时大量闲置的怪异现象。在这种情况下，土地流转是有效率的。可是，在经济基础不好的地区，是否应该推进土地流转便是一个值得怀疑的问题。因为在这些地区，土地对农民的重要性很大，所以土地流转没有效率②。

罗进华认为，影响我国农村土地流转的因素主要来自经济效益。包括四方面：一是土地产量。农业生产技术本身具有规模报酬不变或递减的性质，土地集中经营不会产生规模收益；农村大部分地区资本比土地更为稀缺，农业生产并不具备规模经济的条件。二是农产品价格。价格低迷使农民很难通过种田获利，从而影响了对土地的需求。三是土地租金，农业税、各种收费、集资、摊派以及工农业产品价格剪刀差构成了高昂的土地租金。土地收益本来已很有限，土地租金又是如此之高，农户不可能有扩大土地经营规模的积极性。四是土地承包转租中存在各种不确定性。农户自发进行的土地流转又属于一对一的谈判，土地流转因此存在较高的交易成本，农户即使可以通过土地流转获利，也可能因交易成本过高而无法进行（当然，如

① 吴越：《地方政府在农村土地流转中的角色、问题及法律规则》，《甘肃社会科学》2009 年第 2 期。

② 贺振华：《农村土地流转的效率：现实与理论》，《上海经济研究》2003 年第 3 期。

果不能通过土地流转获利,那么,交易成本的存在与否并不重要)。[①] 傅晨、刘梦琴描述了农地承包经营权流转不足的现状,分析农地承包经营权流转不足的经济原因,认为现阶段农地承包经营权流转不足的经济原因主要是土地流转的租金低,土地在转入方没有产生规模效应和结构效应,没有明显提高务农收入,无力支付高租金。由于流转土地的双方都没有明显的经济利得,因而缺乏流转土地的积极性。[②]

胡同泽、任涵认为影响土地流转的因素主要来自土地流转主体。他们将农村土地流转主体划分为土地出让方、土地受让方和政府方三方,分析了分别影响这三方主体进行土地流转的阻碍因素,指出要加快土地流转,必须做到:(1)正确引导农户出让土地;(2)为受让方的农业生产创造条件;(3)建立健全农地使用权流转市场;(4)加强农村社会保障体系的配套建设;(5)增加非农就业出路;(6)强化政府服务功能。[③]

樊帆认为,农村土地流转机制和相关制度是影响土地流转的主要因素。主要表现在三个方面:(1)土地使用权流转机制不健全。由于中介服务组织不健全,造成可流转土地供求信息不对称,导致土地流转交易的成功率不高,客观上也阻滞了市场交易。(2)对土地使用权证缺乏规范、有序的管理和监督。目前土地流转行为失范主要表现在:一是土地流转特别是农户与农户之间口头协商的土地流转随意性比较大,未能按照协议签订书面合同;二是在土地流转过程中未充分征求流转双方的意愿,流转双方的合理要求未能及时协调解决;三是部分流转协议条款不齐全,双方权利义务不够明确,合同未能签证和公证。(3)土地流转市场化运作程度较低:一是动力不足,由于土地对农户的直接收益功效和就业功效占总功效的比重较小,很多农户并不想租让承包地;二是利益失衡,目前发生的流转,经济利益原则退

① 罗进华:《影响我国农村土地流转的因素分析》,《湖南商学院学报》(双月刊)2002 年第 6 期。

② 傅晨、刘梦琴:《农地承包经营权流转不足的经济分析》,《调研世界》2007 年第 1 期。

③ 胡同泽、任涵:《农村土地流转中的主体阻碍因素分析及其对策》,2007 年第 7 期。

居次要位置。三是相关服务体系不完善，主要表现在三个方面：首先，社会保障制度的缺位，无法解决农民的后顾之忧；其次，二元分割的城乡户籍制度使农民不敢轻易离开土地、放弃土地；最后，农村社会化服务体系不完善，减缓了农村土地使用权流转和集中的进程。①

邓大才从制度经济学的角度，分析了阻碍农村土地流转的六项制度。他认为：第一，农村地权制度无法满足人们的财产动机；第二，农村收入分配制度抑制了人们的投资预期；第三，缺位的农业支持保护制度无法托起人们经营土地的热情；第四，缺位的农村社会保障制度无法解除农民的后顾之忧；第五，不完善、不规范的农村土地交易制度提高了人们进行土地交易的门槛；第六，二元分割的城乡户籍制度使农民不敢轻易离开土地、放弃土地。②

张照新等认为，土地流转市场的无序运作也是影响农村土地流转的重要因素。主要表现在三个方面：一是土地流转服务工作跟不上，村集体组织的作用没有得到充分发挥，中介服务组织严重缺乏。二是在没有监管的情况下，流转的土地改变了用途。三是土地流转不规范，无合同约定的土地流转面积占绝大部分，有合同的土地流转也不够完善，没有统一的合同格式，有的合同没有承包农户签字，有的合同与政策法规相违背等。③ 也有学者认为，乡村干部对承包地进行经常性行政调整的行为在一定程度上抑制了农地流转市场机制的发育，使农地承包经营权市场流转陷入困境。为此，政策制定者要最大限度地抑制乡村干部可能产生的机会主义行为。④

杨定全认为农村人力资本的合理流动是土地流转的前提。土地流转能够有效提高土地资源配置效率，进一步激活农村剩余劳动力的转移。但农

---

① 樊帆：《农村土地流转的限制因子分析》，《湖北农学院学报》2003 年第 10 期。

② 邓大才：《六项制度障碍农村土地的流转》，《调研世界》2003 年第 7 期。

③ 张照新、张海阳：《农村土地流转问题研究综述》，《信阳师范学院学报（哲学社会科学版）》2004 年第 2 期。

④ 钱忠好：《农地承包经营权市场流转的困境与乡村干部行为：对乡村干部行为的分析》，《中国农村观察》2003 年第二期。

村人力资本流动却受到了观念障碍、信息障碍、成本障碍、技能障碍、制度障碍、职位障碍、收益障碍和公平障碍八大障碍的影响,严重制约了农村人力资本的流动,阻碍了土地流转的进一步实施。[①] 因此,要加快土地流转,就要克服这些障碍。

总之,影响农村土地流转的因素很多,经济学学者们仅仅是从某一个侧面展开来研究。要真正了解当前土地流转的影响因素,就必须依赖多学科的多视角研究。

(2)关于土地流转的模型。洪增林,薛惠锋认为集体土地流转是经济发展过程中的必然现象,而城中村土地流转是这一现象中的典型代表。他们针对我国城中村土地产权流转结构与特征,提出了集体土地流转的三种模式, 即国有化转制模式、保权让利模式和"一村两制"模式,分析三种模式下的土地收益算法。最后,对某市二环内城中村集体土地流转收益进行比较,提出了"一村两制"模式应优先选择。[②]

马育军等在对农业用地流转机制进行深入分析的基础上,将农业土地流转市场划分为三种类型:政府引导型、集体推动型和农户主导型。进而结合农户调查数据,通过建立农业土地非耕地化流转的驱动力模型,分析不同类型的农业土地流转市场对于耕地利用变化的影响。模型运行结果表明:政府引导的农业土地流转导致耕地面积大幅减少,集体推动的流转有利于提高耕地利用效率,农户主导的农业土地流转促使了粮食作物种植面积的减少。最后以模型运行结果为依据,从保护农民土地权益、维持耕地总量平衡的角度提出:(1)规范市场发育中的政府行为,提高政府征购土地的使用效率,以保护有限的耕地资源。(2)结合地方实际,合理对待集体引导下的流转。(3)合理引导农户主导的土地流转行为,有效保护耕地资源。(4)充

---

① 杨定全:《基于土地流转下农村人力资本流动的障碍及对策》,《安徽农业科学》2009 年第 17 期。

② 洪增林、薛惠锋:《城中村集体土地流转模式及其收益测算研究》,《陕西师范大学学报》(自然科学版)2007 年第 4 期。

分发挥市场在农业土地资源配置中的作用。①

廖元和认为，农村剩余劳动力流向城市是农民和土地的分离，城市的资本和技术流向农村是资本、技术与土地的结合，这就是城乡统筹发展中的"双向流动"。与双向流动相伴随的是"双重转变"，即农民身份的转变和土地承包经营权性质的转变。土地承包经营权性质的转变有四种前景：一是让农民继续享有土地承包经营权；二是农民将土地归还农村集体；三是实行土地私有化；四是实行土地国有化改革。较优的选择是实行土地国有化改革。②

吴郁玲、曲福田认为，随着农村经济的发展，家庭联产承包责任制已逐渐显现出一些缺陷。而土地流转则是新生制度，对现行家庭联产承包责任制具有重要的补充作用。我国土地流转的出现是自下而上自发产生的，而相关制度的产生也是一个需求引致型向供给主导型转变的过程。在流转制度的萌芽期间，是农民响应户均的家庭联产承包责任制下的潜在外部利润和获利机会自发倡导、组织和实行土地私下流转，并取得了一定的收益。但这种土地流转制度是极不规范的，比如流转双方的权、责、利的界定，流转后土地的使用方向，乃至流转后失地农民的生活、医疗、社会保障、子女教育等问题的解决都没有一定的制度规则可循。因此，这种需求引致型制度变迁必然要让位于供给主导型制度变迁，由政府利用其在政治力量和资源配置权利上的优势地位，决定制度供给的方向、形式、进程及战略安排，从而推动土地流转制度的成熟完善③。

(3)关于土地流转的利益分割。王培刚认为农地征用涉及到利益的再分配，其实质是利益相关主体的博弈过程。征地过程中的利益相关主体主要包括中央政府、地方政府、村集体组织、用地单位和被征地农民。利益行

① 马育军、黄贤金、许妙苗：《上海市郊区农业土地流转类型与土地利用变化响应差异性研究》，《中国人口－资源与环境》2006 年第 5 期。

② 廖元和：《统筹城乡关系中的土地流转制度改革》，《宁夏社会科学》2007 年第 6 期。

③ 吴郁玲、曲福田：《土地流转的制度经济学分析》，《农村经济》2006 年第 1 期。

为相关主体利用当前土地征用制度的缺陷,争相竞逐土地高额利润,从而导致土地流转过程中多方参与主体反复博弈的局面,结果是村集体组织、用地单位、地方政府容易形成一个共同利益集团,在博弈过程中利用信息不对称的优势,征占大量农用地获取利益,使得中央政府调控失灵,而被征地农民只能被动接受集体土地被征占的失地补偿。①

管清友在研究中发现,很多地方的"反租倒包",实质上是以"反租"为名,强行无偿集中农民土地,再由不具备经济法人资格的乡镇组织或村民自治组织统一转包出去。农民也无法分享土地可能产生的收益②。农地流转制度是在较高制度成本下形成、维持和强化的,涉及到农民群体相对于其在改革初期的分化和乡村精英(权势)阶层的形成。现有体制下分散的普通农户的谈判能力较弱,普通农户与精英阶层的信息不对称、农民个体的理性选择对于群体具有非理性作用。当农民个体在无法左右这种谈判格局的背景下被迫做出所谓最优选择时,实际上是一种次优选择——其实是别无选择。土地集体所有制和征地制度之间的关系,这是一种巧妙的制度,使农民对土地权利的丧失(农地转为城市、工业用地的升值)形成集体的麻木。这种制度的形成不是设计的结果,而是在制度形成的谈判和博弈过程中,各方面都要保证自己的权益,最后只有谈判能力最弱的普通农户承受最大的损失;而且这种损失的过程是间接和隐蔽的。由于大多数农民参与制度谈判的权利受到限制,现在自发的土地制度变化往往更多的体现了少部分阶层的利益,损害了大多数农民的利益。有学者指出,有些地方第二轮土地承包方案往往由乡村干部自行决定,并未经2/3以上村民的同意。虽然集体土地的所有者——农民的集体市场意识不断加强,地方政府仍能采取更为委婉的方式对土地流转进行行政干涉,对集体土地流转收益进行强制分割③。部分利益

---

① 王培刚:《当前农地征用中的利益主体博弈路径分析》,《农业经济问题》2007年第10期。

② 管清友、王亚峰:《制度,利益与谈判能力:农村土地流转的政治经济学》,《上海经济研究》2003年第1期。

③ 刘洪彬、曲福田:《关于农村集体建设用地流转中存在的问题及原因分析》,《农业经济》2006年第2期。

集团以低价征用,高价出让的方式获取资金成为地方政府资本原始积累的首要选择。在有些乡镇,预算外收入的80%来源于土地出让收益[①]。2001年中央发出《关于做好农户承包地使用权流转工作的通知》中明确指出,由乡镇人民政府或村级集体经济组织出面出租农户的承包地,再进行转租或发包的"反租倒包",不符合家庭承包经营制度应予以制止。同时,也不提倡工商企业长时间、大面积承租和经营农户的承包地[②]。

由于我国法律规定,农村集体土地属于"村农民集体所有",作为土地所有权代表的村集体组织或村民委员会应由村民直接选举产生,并切实的代表土地所有者的利益,因而村民与村集体组织或村民委员会形成了一种委托——代理关系。但是事实上,农民拥有土地承包经营权后就很难享有集体土地所有权,乡镇一级党委、政府能够直接决定村两委干部的人事任免,村两委不是代表"村农民集体"行使土地所有权职能,而是贯彻执行乡镇意图。集体经济组织对于土地的所有权由于不具有完全的排他性,或者说是排他性的占有权受到更高级别的乡村机关的侵犯,土地分配的具体执行常常要通过集体的代理人——乡村干部来实现,因此,土地事实上是乡村干部能够施加重大影响甚至完全掌握的一种非市场资源。从产权经济学的角度看,中国农村集体土地所有权归属是虚拟的,而这一层虚拟的土地所有权实际是归属于村委会一级的,委托——代理关系完全脱节,因此就产生了所谓的"委托——代理悖论"。由于土地占有关系与农村基层政治治理格局存在着密切的逻辑联系,经济地租就成为基层组织经济权力的实现形式,是土地所有者必然的一种寻租行为,也是农地制度的"委托——代理悖论"必然蕴含的利益关系。而乡村权势阶层往往只会考虑到自身的利益。在农民个体分化的情况下,农村土地制度变化如果要实现显著的效率优化,就必然要求有外来的、强大的权利资源对制度变化的目标和过程予以引导,这种权利资源的主体往往与乡村精英阶层没有直接的、密切的利益关系,可以更多的从

① 吴郁玲、曲福田:《土地流转的制度经济学分析》,《农村经济》2006年第1期。
② 贺振华:《劳动力迁移、土地流转与农户长期投资》,《经济科学》2006年第3期。

农民整体和农业发展甚至从国民经济的整体目标来考虑制度变化的方向和路径。可以说如果没有这种外来权利资源的强大干预，让可以控制土地的分配和出让中获取利益的阶层自愿放弃这份权利，而把终极的排他的物权化为土地权利，公正的赋予农民是根本不可能的。要建立有效率的符合大多数农民利益的土地财产制度，就必须要考虑到现存乡村权势的反对，必须要用国家政权特别是法律的力量来限制这些阶层。①

钱忠好认为，农村土地承包经营权流转涉及的经济当事人可大致分为两个集团，即农民集团与乡村干部集团。就农民集团而言，尽管在农村中农民的人数众多，但在与乡村干部的博弈中，处于弱势地位的农民，在农地承包经营权流转方式的选择上并没有多少发言权。并且，正因为农民人数众多，农民在集团内部要达成一致同意的农地承包经营权流转方案，需花费极大的协商、谈判成本。正因为如此，农民集团在选择农地承包经营权流转方式时，往往陷入集体行动难的困境之中。就乡村干部集团而言，随着乡村干部自主性的增强，以及以乡村干部为代表的乡村权势阶层的崛起，乡村干部在加强农村地区保护的同时，自身的利益也日益凸现。这些人正逐步由传统意义上的乡村干部转变为现代意义上的经济人。乡村干部作为相对独立的利益主体，在经济利益的驱动下，具有扩张农业剩余索取权的内在冲动。就其行为而言，他们首要的考虑将不再是如何增进农村地区的公共福利，而是如何使自己的权力最大化；他们在权力运用方面的行为也不再是非歧视性的为农村地区成员提供公共产品，而是演变为有偿、有选择的交易行为，甚至是寻租行为。② 由此可见，乡村干部集团内在的利益诉求是推进农村土地流转的重要外在条件。

祝志勇利用博弈理论分析了农地承包者和农地所有者之间、农户与公

---

① 管清友、王亚峰：《制度、利益与谈判能力：农村土地“流转”的政治经济学》，《上海经济研究》2003 年第 1 期。

② 钱忠好：《农地承包经营权市场流转的困境与乡村干部行为》，《中国农村观察》2003 年第 2 期。

司之间、以及乡镇政府与上级政府之间的利益关系问题。从长远看农户和村集体的利益是一致的，但是村集体拥有明显的政治优势，而农户则处于不利的地位。因此，只有限制村集体的所有权限，才能降低侵占或威胁农户利益的可能。乡镇政府在与上级政府的利益博弈中有不同的目标，上级政府希望少放财权、多放事权，而乡镇政府则相反。但是，乡镇政府往往为了寻求政治租金最大化，不考虑财权的大小，一般通过摊派和借贷来满足上级的考核目标，而摊派一般是凭借土地所有者的身份，将各类负担强加给农民。这样做的结果往往会出现乡镇政府不法侵害农民利益的事件，土地流转制度的潜在利益难以转化为农民的福利。因此，把农村土地流转制度中潜在的利益转化为现实利益，关键在于政府必须是有限的和有效的政府，而农户家庭则是有自主选择权的市场主体。①

总之，经济学学者们普遍认为，在土地流转的利益分割中，农民处于弱势地位，而乡村干部集团处于强势地位。

(4)关于土地流转的实证调查。叶剑平、蒋妍、丰雷基于中国人民大学和美国农村发展研究所(RDI)2005 年组织的 17 省农村土地调查的数据，对中国农地流转市场的现状和特点进行描述，并分析农地流转的主要影响因素。他们认为，目前的中国农地市场处于初级阶段，发育缓慢，具有显著的区域差异性。产权和制度因素是制约中国农地流转市场发展的主要因素，规范的合同签订与承包经营权证书的发放能够促进农地流转市场的发展。此外，农户家庭人口数、非农人口比例、农民受教育程度以及区位条件等也是显著的影响因素。研究还发现，土地分配的完全行政方式(即土地调整)、过渡性方式(如“两田制”等)与土地市场方式之间存在着一定的替代和互补关系。②

邵景安、魏朝富、谢德体利用大量农访数据，检查了家庭承包制度下农

---

① 祝志勇:《农村土地流转制度的政治经济学分析》,《改革》2003 年第 1 期。

② 叶剑平、蒋妍、丰雷:《中国农村土地流转市场的调查研究——基于 2005 年 17 省调查的分析和建议》,《中国农村观察》2006 年第 4 期。

业土地利用的重要方面，调查了样点村现有土地流转状况及其农户解释。调查结果表明：在流转模式方面，转包已逐渐被农民所接受和采用，而以现金兑换的出租和转让方式，也渐渐被部分农民所喜欢；在流转规模方面，总体呈渝西经济走廊快于都市发达圈，更快于三峡库区生态经济圈；在流转用途上，都市发达圈土地流转后土地利用主要向非农用转变，而渝西经济走廊和三峡库区生态经济圈除小部分向非农用转变外，大部分土地流转后提高了土地利用的集约度。同时学者对土地流转的各要素之间的关系进行了实证分析，分析结果表明：农村土地市场发育程度不仅影响区域土地流转的总体规模，而且是导致不同区域流转规模各异和流转方式演化差异的根本原因；社会保障的完善程度对农民是否愿意离土和采取何种方式离土具有决定性作用；土地流转管理包括权益保障管理和流转后土地用途管理，是规范土地流转主体行为，减少流转纠纷，保障土地流转依法展开的基础性力量；土地权属在总量上制约着土地流转的规模，但这一作用的区域差异不明显。土地流转中，把握宏观经济环境变化背景下的农户心理及其对现有土地流转驱动因素的响应，对安排遵循市场规律和贯彻以人为本价值取向的土地流转制度意义重大。①

谭丹、黄贤金用实证分析法揭示农村劳动力市场发育对于农地流转的影响程度。结果表明，农地流转率与家庭非农就业率正相关，农户家庭非农就业率提高1%，农村土地流转率将提高16.26%。依据农村劳动力市场发育与农地流转的内在关系，通过加快户籍制度改革以及非农就业农民社会保障制度的建设，进一步促进农地流转，促进农地规模经营，积极推进新农村建设和现代农业发展。②

杜文星、黄贤金依据对长江三角洲地区4市7镇319份实地随机抽样样

---

① 邵景安、魏朝富、谢德体：《家庭承包制下土地流转的农户解释：对重庆不同经济类型区七个村的调查分析》，《地理研究》2007年第2期。

② 谭丹、黄贤金：《区域农村劳动力市场发育对农地流转的影响——以江苏省宝应县为例》，《中国土地科学》2007年第6期。

本，采用 Logistic 模型对影响农户农地流转意愿的因子进行定量分析，结果表明非农就业率、家庭最高受教育水平、单位面积农业纯收益、家庭与等级公路的距离、家庭恩格尔系数、地区经济发展水平、农户户口所在地等因子对农户流转参与意愿起着决定性的作用，而处在不同经济发展水平的上海、南京、泰州、扬州，起决定作用的影响因子的排序有所不同。由于微观单一经济因子对宏观经济发展具有乘数效应，因此，基于各地农户农地流转意愿决定因子的差异，针对各自影响力最大的因子，采取措施，可以激发农户农地流转的愿望，从而产生流转的行为。研究通过数学模型对农户农地流转意愿进行了全面分析，以期为农地市场发育的定性研究提供量化的依据和支持。农户农地流转意愿对科学合理的促进农地流转、提高政府的执政能力、建立农村和谐社会都极具现实意义。①

俞海等人通过建立土壤肥力变化的社会经济及政策影响因素模型，利用 6 个省 15 个县市的 180 个样本点数据，对农户之间非正式土地流转与农业土壤的可持续生产能力进行了实证分析。结果表明，农户之间的非正式土地流转，容易造成农地土壤的长期肥力减退，不过对于土壤的短期肥力并无显著的影响。②

华彦玲、施国庆以苏南 H 村土地流转行为为例，在深刻剖析其流转行为的基础上，论证了我国工业资本和土地资本的密切关系，两者存在着较强的依赖性和相关性，在一定特定时机就会相互转化。早期工业发展积累依靠土地资本，当工业发展到一定程度时，又会将工业资本投资土地，从而保证工业持续发展，但这又会导致土地投机行为。应加强土地用途管制，防止土地成为利益集团获利的载体。③

罗光莲等以重庆市 34 个区县 1268 个农户家庭的大样本调查数据为依

① 杜文星、黄贤金：《区域农户农地流转意愿差异及其驱动力研究——以上海市、南京市、泰州市、扬州市农户调查为例》，《资源科学》2005 年第 6 期。

② 俞海：《地权稳定性、土地流转与农地资源持续利用》，《经济研究》2003 年第 9 期。

③ 华彦玲、施国庆：《苏南 H 村土地流转的深层原因》，《管理现代化》2007 年第 4 期。

据,以价格形成机制、供求形成机制为理论基础,通过农村土地流转农户与非流转农户的实证比较分析,针对农户经济效益的核心属性,以其他相关因素作为背景属性,认为(1)农村土地市场中农户是市场主体,其流转意愿受到社会经济发展阶段和传统小农经济思想的影响;(2)农村土地市场中农户的农业收入对农户土地流转的选择已没有影响;(3)农村土地市场中土地价格即补偿费用和非农收入(主要是务工收入)是土地流转选择的决定因素。①

3. 社会学领域的研究

同法学、经济学等领域对于土地流转的研究相比,社会学领域对于土地流转的研究成果并不多见。

张静从政治社会学的角度出发,分析了土地使用规则不能确定的原因。她认为,在乡村实践中,至少有四种影响土地规则变动的要素,它们是国家政策、村干部决策、集体意愿和当事人的约定。其中的任何一个,都可能被社会成员选择采用,不断的选择给规则变化提供了机会,由于不存在限定的公共认同原则作为标准,人们根据实际利益和力量对规则做出取舍,他们的行为方式是根据当前利益对规则进行权衡,而不是根据规则衡量利益是否得当。最后结果取决于力量对比,权力、结成势力或大数力量可以增加对选择的影响力。这可以解释土地规则的不确定现象。尤其重要的是,这种选择活动的性质,不是在同一原则下对不同规则的选择,而是对包含不同(公正)原则的地权规则(法律)进行选择。② 也就是说,在土地流转过程中,农村社会阶层根据利益竞争来取舍土地规则、农地调整,矛盾加剧便在所难免。

毛丹、王萍首先肯定了张静的观点。他们认为,张静的研究对农村各种政治力量在处理土地问题上的权力不均等状况,特别是政府征地权力大、村级组织调控权利比较大这两个突出问题,未能作出与大多数研究者经验相一致的明确判断和深入阐释,仅从形式上指明这是基于利益冲突或利益分

---

① 罗光莲等:《农村土地流转市场的农户行为选择实证分析———基于重庆市 34 个区县大样本调查数据》,《开发研究》2009 年第 2 期。

② 张静:《土地使用规则的不确定:一个解释框架》,《中国社会科学》2003 年第 1 期。

配的多规则博弈，但未能清晰说明政府与村级组织在土地调整上的强势特征，最后直接把矛头指向村级组织。他们认为，村级组织的实际的农地调控权过大，固然是导致农户承包地仍然被频繁调整的重要原因。但是，村级组织对土地的调控，在很大程度上得到了一些法规支持或具有法规支持；它已经成为村民自治运作的组成部分，在村、企普遍分离后，村级组织的土地调控甚至已经成为它汲取财力、扮演农村公共权威，组织提供公共物品和公共服务的基本资源或条件。[①] 正是由于村级组织的强势特征，才使村级组织在农地流转中被多方诟病。

朱冬亮从普通“农民”和基层“农村”的角度自下而上的对农村土地制度展开叙述与分析，指出在中国大部分农村，土地的集体所有权通常会落实在村级组织层面上，农村土地制度有明显的“村本位制”特征。国家权力对农村的控制强化，使得村集体地区的自主权扩大，村集体对本集体的土地处置权亦随之增强，同时强化了村级组织对国家的谈判地位。国家的力量在这个过程中受到削弱或牵制，而乡村民间的力量则会与之进行博弈并展示自身的影响。村集体地位的加强，村集体在土地制度变革中所扮演的角色和作用都将随之发生变化。一方面，农村土地的“村本位制”决定了土地制度的运作实际上是村庄集体决策的结果；另一方面，村落本身的相对独立性，村庄的地方性文化因素直接影响到土地制度的实践。在实际过程中，自上而下的国家正式制度安排往往很容易遭致地方上的非正式制度的排斥和抵制。也即是说，土地制度在贯彻执行过程中，容易受到村庄社会——经济——文化等综合因素的影响。因此，研究土地制度必须首先研究村级土地制度的实践过程。村庄处于国家权力和农民社会的中介地带，自上而下的国家权力正好在此和各种民间社会力量相遇，国家的土地制度改革经过乡土社会的“过滤”，然后再转变为村民的实践行为。因此，研究村级土地制度实践，可以明显地看出村干部和普通农户是如何解读国家的土地政策，以

① 毛丹、王萍:《村级组织的农地调控权》,《社会学研究》2004 年第 6 期。

及他们两者之间有着不同的利益动机。①

在实证研究方面,钟涨宝、汪萍通过分析经济发展水平不同地区的农户在农地流转过程中的行为差异,发现在既定的农地制度框架下,农户的农地流转行为不仅是一种经济行为,而且还是一种社会行为;农户农地流转行为的普及程度,以及行为过程中的理性化、契约化、组织化程度,都随着区域第二、第三产业的发展和农村商品经济的发展而提高。②

综观国内外已有的研究成果,关于土地的研究虽然得到学术界的广泛关注,尤其是关于农村土地流转的研究成果较多,但是,已有的研究成果存在一些不足:一是在研究视角上:立足经济学视角的居多(已有的研究文献中90%以上的都是经济学者的文献),而立足社会学视角的居少;二是在研究层面上:进行现象描述的颇多,而进行深层次理论分析的甚少;三是在研究方法上:进行非规范性的调查研究的较多(有的调查虽达到一定的规模,但专业性和规范性程度较欠缺),而进行规范性的实证研究的较少。以上"三多三少"的研究现状表明,土地流转问题的研究仍有十分巨大的开拓空间,尤其是土地流转对农村社会结构的影响等关键性问题应该得到多学科的学术关注。因此,立足社会学的阶层分析视角,运用规范的社会学实证研究方法,以农村阶层的利益分配作为核心分析变量,研究农村土地流转问题,仍然是学术界亟待开拓的一个前沿性领域。

## 第三节 研究意义和主要内容

土地既是农民最基本的生产资料,又是农民最基本的生存保障,还是农民最重要的发展资源。可以说,土地直接关系到农民的权益、农业的发展和农村的稳定。目前,中国农村面临的最核心问题是以地权制度及其变化为

---

① 朱冬亮:《社会变化中的村级土地制度》,厦门大学出版社2003年版,第25-26页。

② 钟涨宝、汪萍:《农地流转过程中的农户行为分析——湖北、浙江等地的农户问卷调查》,《中国农村观察》2003年第6期。

核心的土地制度问题。而土地流转是当前地权制度及其变化的焦点。由于土地是农村经济利益和社会关系的集合体，因此，土地流转意味着农村利益关系和社会关系的调整，实质上是农村利益关系和社会关系的一个再分配和再调整过程。这一过程必将给中国农村社会带来深远的影响：一方面，土地流转将改变农村原有的利益分配格局；另一方面，土地流转将导致农村原有社会结构的分化和重构。可见，农村土地流转的过程不仅是一个农村利益关系的再分配过程，而且也是一个农村阶层结构不断重新整合与分化的过程。而农村社会阶层结构的合理化、现代化直接关系到农村社会的稳定与和谐发展。从社会学角度研究农村土地流转问题，乃是构建社会主义和谐社会实践中提出的一个亟待解决的重大现实课题。因此，开展本课题研究，既具有十分重要的理论学术价值，又具有十分重要的实际应用价值。

以往大多数法学和经济学学者们进行的研究是从"国家"、"政府"和"政策"的立场进行，而从"农村"和"农民"的立场进行的较少。[①] 本项研究摆脱了传统的对土地流转的法学、经济学研究，而从社会学的阶层分析视角分析土地流转中深层次的阶层利益分配问题，即对不同阶层在土地流转过程中的行为及利益冲突进行研究，寻找既促进农村土地利用效率和农村经济发展，又维护农村社会秩序的有效途径，从而构建农村社会分化与流动的新机制和平衡农村土地流转过程中阶层冲突的新框架。可以说，从理论学术价值来看，本研究是对农村土地流转问题研究的一个创举。它不仅填补了社会学学术界长期以来对于农村土地流转问题理论研究上的不足，而且对于法学、经济学等学科的农村土地流转问题研究也可以起到借鉴和支持作用。

从实际应用价值来看，本研究立足社会学的阶层分析视角，运用定性分析与定量分析相结合的方法，通过对农村社会阶层的土地价值认知、土地流转的意愿与行为选择、土地流转的速度与规模的比较研究，分析土地流转过

---

① 朱冬亮：《社会变迁中的村级土地制度》，厦门大学出版社 2003 年版，第 7 页。

程中的利益流向,揭示农村社会阶层在土地流转过程中的利益分配关系(即在土地流转过程中,哪些阶层是受益阶层,哪些阶层是受损阶层;各个阶层之间是否存在显性化的利益冲突,如果有,则其利益冲突是如何表现的),探究农村土地流转对农村社会阶层分化与流动的影响(是否有影响、如何影响以及影响程度如何),构建平衡土地流转过程中农村社会阶层利益冲突的新框架。因此,本研究将为有效化解土地流转过程中农村社会阶层利益冲突、科学引导农村土地流转提供具有一定咨询价值的政策建议。这就将有助于"三农"问题的妥善解决、建设社会主义新农村目标的顺利实现,从而实现中国农村社会的和谐发展。

本研究立足阶层分析的视角,运用定性分析与定量分析相结合的研究方法,在探讨农村社会阶层的土地价值认知变化的基础上,分析农村社会阶层土地流转的意愿与行为选择,揭示农村社会阶层与土地流转的互动关系,探究土地流转对农村阶层冲突的影响,以期引出一些有价值的研究结论和值得进一步探讨的问题,从而提出具有一定咨询价值的农村土地流转政策改革方案。基于此,本研究的主要内容设计如下:

一是关于农村社会阶层的土地价值认知研究。本部分主要探讨农村社会阶层的土地依赖程度差异、土地价值认知差异、土地价值认知特征和土地价值认知的影响因素。

二是关于农村社会阶层的土地流转意愿与行为选择研究。本部分主要分析农村社会阶层土地流转的基本情况、土地流转意愿的差异和土地流转行为选择的差异。

三是关于农村社会阶层对土地流转的影响研究。本部分主要探讨农村社会阶层土地流转的速度与规模,揭示农村社会阶层的构成特征、土地价值认知和土地流转动机对土地流转的速度与规模的影响。

四是关于土地流转对农村阶层分化的影响研究。本部分主要揭示土地流转对农村职业分层、经济分层和主观分层的影响。

五是关于土地流转对阶层冲突的影响研究。本部分主要分析土地流转中农村阶层冲突的成因、主要方式和解决途径，揭示土地流转的制度缺失对农村阶层冲突的影响。

六是关于完善土地流转制度的政策建议。本部分在实证研究的基础上构建具有一定咨询价值的农村土地流转政策改革方案。

# 第二章
# 阶层分析——本研究的理论视角

要对农村土地流转进行社会学的研究，就必须建立具有社会学学科特色的研究范式。这是因为，科学理论不是能被经验证实或证伪的个别命题的集合，而是由许多相互联系、彼此影响的命题和原理组成的系统整体。德国生物化学家库恩将这一系统整体称作“范式”(paradigm)。他认为，“范式”通过一个具体的科学理论为范例，表示一个科学发展阶段的模式。社会分层理论既是社会学的核心理论传统之一，又是社会学研究区别于其他学科研究的主要特征之一。从社会学的角度来看，农村土地流转的过程不仅是一个农村利益的再分配过程，而且也是一个农村阶层不断重新整合与分化的过程。因此，要构建具有社会学学科特色的关于农村土地流转问题的研究范式，就必须运用社会分层理论，对农村土地流转问题进行阶层分析。

## 第一节　阶层分析的基本理论

关于阶层问题的研究，社会学学者们在一些基本理论问题上进行了比较深入的研究，并取得了丰硕的成果，如对政治分层问题、制度变化与阶层分化问题的研究等。但是，中国农村的阶层问题，除了这些理论层面的原因外，更有其独特性。一方面，改革开放以前我国农村基本处于“去阶层化”状态之中，农村阶层结构单一，呈现出政治和制度分层一统天下的局面。另一方面，改革开放以后，中国农村正经历着重大的社会经济变革——从制度向市场的转型，这种转型使中国农村社会经济结构呈现多元化趋势。与经济结构多元化伴随而来的是农村阶层结构的多元化。具体表现为，政治和制度因素在农村阶层分化中的影响逐渐减弱，经济和职业分层的影响日趋增强；同时，农村阶层结构也更加复杂化。这就使得以往的经典阶层分析理论——马克思的阶级分析理论和韦伯的市场分析理论，都无法单独完成对农村阶层分析的理论阐述。当然，这种变革既向阶层分析理论提出了空前的挑战，也为社会学工作者们提供了绝好的理论试验场，即如何在制度变化和市场转型相互交融的背景下，重新认识和构建有中国特色的农村阶层体系，形成现代化的农村阶层结构。基于这种认识，本研究以土地流转这一农村社会阶层主要关系载体为依托，综合运用马克思的阶级分析理论和韦伯的市场分析理论，来探讨在新形势下中国农村阶层结构的变化，以求在农村阶层分析这一理论视阈中有所拓展，丰富阶层分析的理论宝库。

在社会分层的研究中，各理论流派从不同的研究视角出发，形成了不同的阶层分析理论。其中最具有代表性的是早期经典社会学家卡尔·马克思和马克斯·韦伯。他们均对社会分层的本质、决定要素、形式等方面进行了研究，但却做出了不同的理论解释，在此基础上形成了两种在本质上截然不同的阶层分析理论视角——马克思的制度主义理论视角和韦伯的市场主义理论视角。这为后来的阶层分析提供了两种不同的、但又是最基本的和经典的理论模式和分析框架。马克思从社会最根本的经济制度出发来剖析阶层或阶级产生的根源，社会分层的主要指标为生产资料的所有制形式和社会分工；韦伯则从人们在社会中地位的不平等来剖析阶层的产生，社会分层的主要指标是经济地位、政治地位和声望地位。此后，社会功能论、社会冲突论等理论流派的一些学者在马克思和韦伯阶层分析理论与方法的基础上进行了不同程度的发挥和补充。

## (一)马克思的阶层分析理论

马克思主义阶层分析理论是我们研究中国阶层问题应该坚持的最基本的理论基础。马克思的许多著作都谈及社会分层,但他称之为"阶级"。马克思认为,阶级现象的产生与生产力发展到一定阶段相联系。当生产力有一定发展而又未高度发展,当社会总产品还不能充分满足全体成员的需要时,当社会的剩余产品还只能满足少数人的较高的需求时,社会就必然划分为阶级。① 马克思用"阶级"来表示人们在生产关系中所处的不同地位,由于该地位的不同导致了社会不平等。② 而社会不平等就必然导致不同阶层的产生。马克思主要从两个方面来研究社会分层:一是人们对生产资料占有的差异;二是社会分工的差异。

马克思认为,首先,生产资料的占有差异是划分不同社会阶层的根本标准。人们是否占有生产资料以及占有的数量决定着其社会地位的高低。生产资料作为最重要的社会资源,其重要性具体表现在两大方面:第一,人们在生产过程中的地位、角色、收入分配方式以及收入分配量等由人们对生产资料的是否占有及占有的数量直接决定;第二,人们的生存质量和生活方式由人们对生产资料的是否占有及占有的数量直接决定,即部分占有大量生产资料的人,凭借其占有的生产资料剥削他人获得巨额财富,享受高品质的生活,而大量占有少量生产资料或是毫无生产资料的人必须通过劳动和忍受剥削来获得生存资料,维持基本的生活。因此,马克思根据人们与财产(生产资料)的联系,区分了两个阶级:统治阶级,包括地主、奴隶主、工厂和商业的拥有者,他们拥有生产资料,例如土地、机器和工具等;被统治阶级,包括劳动者、农民、长工和奴隶,他们都为统治阶级服务。马克思主义阶级概念的核心在于"剥削",它解释了阶级之间的不平等和冲突的最终原因——对立的利益。③马克思认为,经济体系及其财产关系的特征对每个社

---

① 《马克思恩格斯选集》(第3卷),人民出版社1995年版,第439页。

② 陆学艺:《社会结构的变化》,中国社会科学出版社1997年版,第94页。

③ 童星:《现代社会学理论新编》,南京大学出版社2003年版,第220页。

会的阶层结构具有决定性的影响。生产资料所有制的形式导致各主要社会团体——社会阶级——的形成，这些阶级的生活方式不同，经济、社会与政治利益也存在着冲突。[①]

其次，社会分工的差异也是划分不同社会阶层的重要指标。马克思将分工区分为自然分工和社会分工两大类。自然分工是分工发展的起点。他说，分工起初是性差异造成的，后来由于天赋等而发生了自然分工。[②] 在马克思的分工理论中，自然分工是由自然因素引起的，而社会分工或社会内部的分工则是在自然分工的基础上发展起来的。因为，自从有了自然分工后，私有制便产生和发展起来了，他说："分工和私有制是两个同义语，讲的是同一件事，一个是就活动而言，一个是就活动的产品而言。"[③]私有制伴随着社会分工而产生，社会不同的层级——阶级则伴随着社会分工和私有制而产生。可见，在马克思的眼里，社会产生不同阶层的最根本的原因是人们对生产资料占有的差异和社会分工的差异，而其制度根源则是生产资料私有制的产生。

### （二）韦伯的阶层分析理论

韦伯对社会分层的研究建立在马克思的社会分层理论基础之上，并对马克思的理论进行了补充和完善。韦伯认为，社会分层应该从更为复杂、更多维度的视角进行研究，他认为社会分层除了与阶级有关，它还与另外两方面——地位与权力有关。这三个因素相互联系、相互依存，会导致社会中产生多种可能的社会地位，可见，社会分层不仅仅只是马克思提出的极端化的阶级关系两极模式。韦伯认为，物质财富、社会声望和政治权力是最重要的三种社会资源。他认为，首先，决定人们经济阶层的，不仅与其对生产资料的占有状况如何有关，而且与他们的知识技能、专业资格等个人特征有关；其次，决定人们社会地位的，是社会群体所被赋予的荣誉和声望，社会地位

---

① 郑杭生：《当代中国农村社会转型的实证研究》，中国人民大学出版社 1996 年版，第 270 页。
② 《马克思恩格斯选集》（第 1 卷），人民出版社 1995 年版，第 36 页。
③ 《马克思恩格斯选集》（第 1 卷），人民出版社 1995 年版，第 37 页。

的划分独立于经济阶层的划分；最后，在现代社会中，政党是政治权力的一个重要形式，由具有共同背景、共同目的或利益、能一致行动的个体或群体组成，他独立于财富或声望而对社会分层产生影响。[①]

人们在市场中的能力或市场权力是韦伯进行阶层划分的主要依据，职业结构是阶层分类的基本架构。但是，20 世纪 60 年代末、70 年代初以来，人们发起一场声势浩大的对包括社会学在内的整个社会科学传统理论的挑战和批判，重新反思所谓现代化、资本主义经济及社会结构，第一次将长期以来被忽视的社会关系（包括生产关系）因素、制度因素和历史因素等宏观变量纳入到社会分层研究和分析之中，并对经济社会结构进行了重新审视，对社会地位及其决定因素进行了重新审视。这一时期，安东尼·吉登斯、弗兰克·帕金和约翰·戈德索普等又对韦伯的阶层理论进行了不断的完善和发展，使这种理论成为当代西方社会分层理论中最重要的理论流派之一。

### （三）帕森斯的阶层分析理论

在西方社会学家关于社会结构分层的研究中，功能主义是影响最为深远的理论之一。功能主义的奠基人迪尔凯姆说，社会之所以会产生分层，主要有两个方面的原因：第一，在任何社会中总有一些工作比其他工作显得重要。从事重要工作的这一部分人，社会会给予他们较高的收入和地位。第二，社会中的人在才能、知识、智力和技术水平上存在差异，让最有才能的人去承担最重要的工作是社会分层的基本原则。[②] 在功能主义传统的社会分层理论中，最具有代表性的是帕森斯的 AGIL 理论。

帕森斯的社会分层理论是在继承与发展迪尔凯姆和美国社会学中沃纳学派的基础上形成的。帕森斯认为，社会是由互相联系、互相作用的众多部分组成的统一体，为了使这个统一体能够实现平衡、协调，就必须满足它的多种需求。社会上的地位差别、收入差距、贫富差距是一种客观存在的社会事实，作为社会结构的一部分，它们必然会对社会的功能产生影响，而这些

① 转引自戴洁：《生活资源与社会分层》，武汉大学硕士论文，第 21 页。

② 童星：《现代社会学理论新编》，南京大学出版社 2003 年版，第 225 页。

差距正是社会阶层产生的社会基础。因为，在社会的生产活动中，有些活动是需要具备特殊品质，才能和有专门专业技术的人完成的，而另一些活动则是任何人都能完成的，不需要经过长期的训练与准备，所以，社会对前者赋予不同的报酬、地位也就是合情合理的。[①] 关于社会分层，帕森斯主要阐述了两个基本的观点：第一，一个人在社会上的地位高低，是由社会根据这个人所能做到的与社会上占统治地位的价值观念的相一致程度决定的。第二，人们在财富、声望和权力上存在实际上的差异，但是这些仅是次级的。他特别指出，财富并不是划分阶层的唯一标准。他说："尽管这个问题上很多人持相反的观点，但是从共同的价值观体系来看，财富并不是第一级的标准，……财产的首要意义仍然是一种成就的象征。"[②]为了进一步说明人们在社会阶层中的地位和作用，帕森斯建立了 AGIL 理论模型来进行解释。帕森斯认为，功能是维持社会均衡的有用的适当活动，是控制体系内结构与过程之运行的条件。相互关联的功能构成"功能体系"，而这个功能体系事实上就是一个"层级体系"。帕森斯提出的"功能体系"包括四种功能子系统：适应（Adaptation）、目标获取（Goal attainment）、整合（Integration）、模式维护（Latent patten maintenance）。这四种功能是整个社会系统生存的形式，也是其中每一个亚体系不可缺少的要素。帕森斯认为，AGIL 代表着社会的四个基本的功能要求，也即四个基本的生存条件。一个社会能否生存与稳定，就在于是否实行 AGIL 功能。

那么，这与社会高低分层又有什么样的关系呢？帕森斯认为，在 AGIL 系统中，第一，不同的机构有不同的任务，他们会导向不同的价值认识；第二，不同的社会中的四个子系统受社会尊重的程度也会不一样。因此，在社会分层的研究上，帕森斯理论主要集中在以下四个方面：第一，在社会分层体系中，一个人的地位、身份是由其他人的道德价值观评价所决定的；第二，这种对一个人地位高低的价值估计，依据的是一种共同价值体系；第三，这

---

① 李强：《当代中国社会分层与流动》，中国经济出版社 1993 年版，第 37 页。
② 贾春增：《外国社会学史》，中国人民大学出版社 2000 年版，第 231 页。

种共同价值体系是由首要的制度机构塑造的，至于哪一种机构成为首要机构则由不同的历史、文化和环境因素所决定；第四，这样那些实践了这种价值或观念的人则会得到较高的地位，此外也得到其他奖赏，如收入、财富等。① 总之，帕森斯认为，社会的共同价值的认同是社会各层级获得较高社会地位的基础。

### （四）达伦多夫的阶层分析理论

达伦多夫是社会冲突论的主要代表人物之一，其关于社会分层的理论是建立在"社会冲突"这一理论基点之上的。这种理论既是对马克思阶层分析理论的继续，又是对韦伯阶层思想的继承。

达伦多夫的社会分层理论的核心，是由社会不平等而导致的冲突所引起的"社会变化"。达伦多夫指出："社会冲突模式可以解释社会变化的动力，这个动力就是冲突；冲突及其引起的变化是正常的现象，没有冲突与变化则是异常的现象；社会组织彼此连结在一起，并不是由于"共识"，而是源于"压抑"力量，不是基于一致的同意，而是基于彼此之间的压抑。社会压制模式则认为：一是每个社会在任何时空下，都可能有变化的过程，社会变化是无时不在的。二是每个社会在任何时空下，均呈现出对立的冲突，社会冲突也是无时不在的。三是社会中的每一个要素都可促使产生社会变化，甚至不整合。四是每个社会均建立在某些成员对其他成员的压制的基础之上。"②

达伦多夫认为，社会冲突源于权力的分配不均和角色的强制性安排。作为稀缺资源的权力与权威在社会组织中的分配均存在着差别。这种差别性分配是造成社会对立的决定因素之一，将会导致某一"强制性协作团体中各群体之间的竞争与搏斗"。③ 因此，社会组织中稀缺的权力与权威的分配正是制度化模式中的冲突和变化的主要根源。他还认为，任何特定的"强制

---

① 李强：《当代中国社会分层与流动》，中国经济出版社1993年版，第40页。
② 转引自宋林飞：《西方社会学理论》，南京大学出版社1997年版，第346页。
③ 转引自宋林飞：《西方社会学理论》，南京大学出版社1997年版，第347页。

性协作团体”中的角色，都可以划分为两种基本角色类型——统治与服从。[①]由于一些特定条件的刺激，这两种角色会对自身利益觉醒，为了维护并争夺自身利益，冲突便不可避免；要消除这些冲突，必要的方法之一就是让权力与权威在“强制性协作团体”中进行再分配。[②]因此，冲突是社会变化的主要根源。

对于冲突的形成，达伦多夫认为应使用“显现利益”和“潜在利益”来解释。冲突的形成建立在“利益群体”形成的基础之上。“利益群体”形成的基本条件首先是“显现利益”，其次是“潜在利益”。“潜在利益”要向“显现利益”转变，这是利益群体形成的社会心理方面的条件。这种转变是在心理层面上的一个独特过程，在这个过程中，个人“向上流动的可能性的信念”和形成正确的阶级意识是十分重要的心理因素，即指望向上流动的被统治阶级必须产生统治阶级的“阶级意识”，认同统治阶级的角色利益，维护现存权威结构的合法性，而不能形成被统治阶级的“阶级意识”。[③]

达伦多夫认为，社会流动程度是影响冲突强度的一个重要的变量。社会流动的程度由社会阶层结构的开放程度、实际发生的流动程度、代际流动程度、代内流动程度等指标来衡量。如果社会流动减少，没有任何卷入冲突的团体为人们的向上流动提供机会，社会的冲突强度就会增强。如果社会流动增加，组织内的团结就会不断为人们之间的竞争所打破，人们投入到阶级冲突中的能量就会减少，社会冲突强度必然减弱。在一个社会中，上下的流动越可能越多，阶级冲突就越不可能广泛和重要。[④]

达伦多夫在对团体冲突的产生、团体冲突形式、团体冲突结果各个方面进行解释后，针对自己规定的具体理论任务，表述了辩证冲突论的三个基本命题，即关于冲突团体形成的命题、关于团体冲突形式的命题、关于社会结构变化的命题。[⑤] 同时达伦多夫认为，冲突与对抗是不能排除的，简单的压制只能使冲突深入表层之下，并不断积累。被压抑的冲突总是要周期性地

---

①②③④均转引自宋林飞：《西方社会学理论》，南京大学出版社 1997 年版，第 347 页。

⑤ 贾春增：《外国社会学史（修订本）》，中国人民大学出版社 2000 年版，第 278 – 282 页。

爆发出来。当冲突爆发的时候,由于社会结构缺乏冲突调节的途径与方法,冲突就往往会采取暴力的形式。因此,在开放的民主社会中,应承认冲突利益的存在,并为他们提供表达和协商的各种途径,从而避免暴力冲突形式的出现。[①] 当然,达伦多夫也认为,冲突促进结构的变化,冲突的调节却巩固现存结构。

可见,达伦多夫关于阶层问题的研究更多的是关注阶层间的冲突以及冲突产生的根源和作用。

### (五)戴维斯、莫尔的阶层分析理论

戴维斯与莫尔也是社会功能论中社会分层理论的主要代表。他们在1945年共同发表的《分层原则》的文章中系统地阐述了社会分层的观点。这些观点说明了社会分层、社会不平等的正功能。也就是说,为了维持一个复杂社会系统的正常健康运转,社会分层是必须的,比如,社会上最重要的位置或工作必须由最够资格、最有能力的人去承担。而社会分层就是这种机制得以实现的保证。他们还具体地讨论了为什么保证一个复杂社会系统正常运转,不平等是必须的。其基本观点主要有:第一,社会中职位的重要性是各不相同的,其中一些职位总是要比另一些职位重要,这些重要的职位必须由有专门技能的人来承担;第二,专门技能的获得是需要天赋的,只有有限的、具有天赋的人通过特定的训练才能获得这种技能;第三,在进行专门技能的训练中,人们通常会做出这样或者那样的牺牲;第四,为了补偿这些牺牲,未来职位必须为这些人提供特权,并能够超比例地占有社会所能提供的稀缺资源;第五,这些稀缺资源同时也是理想资源,构成了承担社会上重要职位的权利和先决条件;第六,对社会稀缺资源占有的不同程度,产生了不同阶层所具有的不同地位与声望,从而导致了制度化的不平等,即产生社会分层;第七,表现在稀缺资源享有、地位声望及以上的社会分层的差异,就是对社会起正功能的,或是不可避免的。[②]

---

① 宋林飞:《西方社会学理论》,南京大学出版社1997年版,第348－356页。
② 童星:《现代社会学理论新编》,南京大学出版社2005年版,第224－225页。

戴维斯、莫尔的阶层分析理论在西方社会学分层理论中影响很大，同时也因其固有的缺陷而遭到众多的批判。这种理论主要存在以下四个方面的缺陷：第一，忽视了社会贫富差距的不合理性。社会贫富差距虽然具有其正功能，对社会发展具有激励作用，但在现实中，人们所得的报酬与他们为社会所做的贡献往往并不一致，有时甚至相反；第二，忽视社会竞争的不平等性。在社会竞争中，一部分人可能由于先天性的因素（如出身、身体障碍等）常常处于劣势，这就不能保证其在竞争中的机会均等；第三，忽视阶级现象的先天性。阶级的区分通常和人们所做的贡献大小没有关系。阶级身份的获得具有先天性；第四，忽视了现代社会分工的相互依赖性。[①] 实际上，在现代社会中每一种社会分工都是必不可少的，各种工作之间都是相互依赖的，并不存在孰轻孰重的问题。

## 第二节 阶层分析的基本方法

社会阶层是一个复杂的社会事实，不同的阶层分析理论有着不同的阶层分析方法。从以上关于社会分层理论的简要回顾中可以看到，无论是哪一种理论传统，对现代社会的阶层划分都采用了一个多元的分类原则和标准。在当今的中国农村，阶层结构正处于由传统的“去阶层化”状态向现代的多元化阶层结构转型的关键时刻。从方法论上来说，我们应该以马克思主义阶层理论的根本观点和方法为指导，自觉研究新情况、新问题，吸取国外研究中合理的东西，为我所用，不断得出与客观实际相符合的具体论断，来丰富和发展阶层分析的理论宝库。基于农村阶层结构的复杂性，本研究主要采用阶级分层法、职业分层法、经济分层法和主观分层法四种阶层分析方法。

### （一）阶级分层法

阶级分析是马克思阶层分析的主要方法，也是我们在农村阶层研究中

① 李强：《当代中国社会分层与流动》，中国经济出版社 1993 年版，第 45 页。

应该坚持的最基本的方法。阶级分析法主要强调生产资料占有、社会分工和财产所有制对社会分层的决定意义，其主要指标为经济地位和政治地位。阶级分析是我国传统农村社会阶层分析的主要方法。在计划经济体制下，我国农村由于实行生产资料公有制，农民在经济水平、收入差距、职业声望等阶层特征上不存在明显差别。马克思的阶级分析理论针对的主要是农业劳动者和剥削阶级之间的关系，而不是劳动者内部关系的等级划分。但本研究所探讨的阶层分化主要是农民内部的分化，并不是各阶层的阶级属性的分化，因此，我们主要是以马克思阶层理论做指导而没对其进行专门阐述。

### （二）职业分层法

以职业作为社会阶层分析的基本方法，是当今学术界的一种主要倾向。因为，职业包含了各种经济社会资源的占有和信息的使用。职业分层法的主要标准是职业的经济收入水平，职业的声望和职业所带来的权力地位。这种阶层分析法更加注重生产领域中与权威的关系以及技能或专门技术的占有。

### （三）经济分层法

经济收入分层法是将各个阶层的收入划分为不同的等级，根据人们在收入等级中所处的地位来划分阶层的方法。这种阶层分析方法是一种客观的社会分层标准，它完全没有考虑到人们对自己所属阶层的认同等因素。在现实中，可能有一部分人在经济水平上已经完全属于另一阶层，但是他们的意愿、社会态度、生活方式和消费偏好等却没有融入这一阶层之中。

### （四）主观分层法

主观分层法是指根据人们的主观认同和归属来划分阶层的方法。[①] 主观分层法建立在主体对自身及客观世界的感受和认知的基础上。因此，这种分析方法能够较好地反映人们的阶层意识和阶层归属感。但是这种阶层

① 卢福营、张兆曙：《客观地位分层与主观地位认同》，《中国人口科学》2006 年第 3 期。

分析方法也可能造成阶层分析的模糊，因为个体的主观认同受诸多因素的影响，个体差异性很大，很难统一标准。实际操作时会出现人们的主观认同与实际情况不符的矛盾。

## 第三节 阶层分析方法在本研究中的应用

目前，在我国农村，土地不仅是各种利益的集合体，也是各种社会关系的集合体。土地流转过程实际上就是农村中各种利益关系和社会关系不断进行分化和组合的过程。同时，土地流转的过程也是一个农民土地价值观变化的过程。在此过程中：第一，由于农村社会经济的发展，土地所集中的价值体系必然会发生变化，一些价值的作用可能会加强，而另一些传统价值的作用可能会减弱。第二，由于农民的身份与地位的变化，必然会造成农村阶层的进一步分化。从这个意义上来说，土地流转过程实际上也就是农村阶层的重塑过程。因此，我们应从阶层分析的视角出发来重新审视农村的阶层结构。第三，农村阶层分化必然会出现不同的利益集团，这些利益集团为了各自的利益，必然会进行一场持久的"博弈"。因此，平衡农村各个阶层在土地流转中的利益也就成为土地流转能否顺利有序进行的关键所在。这就要求我们从功能论的视角出发来寻求农村均衡发展的政策选择。土地流转问题的核心是农村社会阶层的利益重组。在这一过程中，强势阶层为了获得更多的利益，往往会利用掌握的某些"特权"造成对弱势阶层的利益掠夺，这就是农村阶层冲突产生的根源。目前，农村阶层冲突已经不是个别现象，而呈现出普遍之势。为了维护农村社会的稳定，就有必要从冲突论的视角来探讨农村阶层冲突产生的根源、方式和冲突的焦点所在，以寻求冲突解决的最佳途径。而以上三个方面都是与农村阶层密切相关的，本研究也正是基于阶层分析这一理论视角来探讨阶层分化对农村社会阶层土地价值观变化的影响、土地流转对农村阶层分化的影响和阶层分析在平衡土地流转冲突中的作用。

### (一)阶层分析方法在农村社会阶层的土地价值认知研究中的应用

关于土地价值问题的研究至今已经取得了许多成果。而纵观这些已有成果,大多集中在对土地的经济价值的研究上。当然,不可否认,在传统的农耕社会中,经济价值是土地的首要价值。但是,在现代化背景下,如果对土地价值的研究再囿于这种解析框架,显然是不行的。因为:第一,随着社会经济的发展,农民对土地经济功能的依赖性呈下降趋势;第二,当前全球性生态环境问题日益凸显,土地作为不可再生性资源的稀缺性更趋显著;第三,土地不仅是农民的生存资料,还是农民社会保障的主要载体,社会价值在土地的价值体系中有着举足轻重的作用。“农业生产在为人类提供粮食和工业原料之外,还具有保护国土环境以及社会和文化方面的价值”。[①] 因此,在现代社会中,土地不仅具有经济价值,而且具有社会价值和生态价值。而且,这种价值体系随着农村经济呈现阶段性的发展而发生变化,也就是说,在农村经济的不同发展阶段,农村的不同阶层之间,土地各种价值的作用和地位是各不相同的。正如日本学者祖田修在对日本农学价值目标的研究中根据日本农业经济的不同发展阶段将农学的价值追求分为生产的农学(以追求经济价值为中心)、生态的农学(以追求生态价值和生活价值为中心)和空间的农学(以追求生态价值为中心)三个阶段一样,我国农村社会阶层土地价值观也正在经历这样一个类似的变化过程。根据祖田修的观点,随着农村经济的发展,农民土地价值观的变化是必然的,也就是说土地价值观必然会经历一个从以经济功能为中心向以综合功能中心的转换过程。本研究在探讨农村社会阶层土地价值观变化过程中也主要借鉴这一研究成果,认为我国农民土地价值观的变化正在往这种方向发展。但是,一个不容忽视的事实是我们国家的基本国情和日本的国情存在着显著的差异,这种价值观的改变也绝非一日之功,它是一个漫长的、循序渐进的过程。因此,本研究主要从以下两个方面探讨农村社会阶层土地价值

---

① [日]祖田修著,张玉林译:《农学原论》,中国人民大学出版社2003年版,第41页。

观的变化：

第一，由于不同农村地区的经济发展水平不同，农村社会阶层的土地价值观的变化呈现出差异性。千百年来，土地一直就是农民生存和生活的主要依赖。这种长期的依赖，养成了农民深深的恋地情结。但是，随着社会经济的发展，特别是农村现代化和城市化水平的提高，这种依赖开始出现一定程度的松动，这就带来了农民土地价值观的变化，进而推动着我国农业朝着"多元价值的产业"方向发展。因此，本研究提出以下理论设想：一般而言，经济越落后的地区，农民对土地的依赖程度越强，土地的经济价值就应该居于主导地位；经济越发达的地区，对土地的依赖程度也就越弱，土地的经济价值就会淡化，而社会价值和生态价值的地位越高；经济中等发达地区则应该介于这二者之间。为此，本研究在研究设计中提出了专门的研究假设进行论证。

第二，农村社会阶层的阶层构成特征各不相同，其土地价值观的变化因受其阶层构成特征影响而呈现出差异性。在传统的农业社会中，农村阶层状况单一，土地对每一个阶层来说都是至关重要的生产资料和生存资料。在这种状况之下，农村社会阶层土地价值观也相应的比较单一，也就是以经济价值为主。而随着农村阶层分化的加深，农村社会阶层在职业类型、收入来源和收入水平上也开始有了比较明显的分化。这些分化会直接影响到土地收入（或土地功能）在他们生活中的作用与地位。换句话说，土地的作用在不同的阶层中的地位和作用也会出现明显分化。农村阶层的分化带来了农村阶层土地价值意识的分化。举个简单的例子，一个以前从事农业生产的农民，当他转而从事工商业以后，他就有可能离开土地，这时，经商成为其生活的主要来源，土地的经济价值作用和地位就会在他的生活中下降，也许这个时候土地的社会价值和生态价值的作用就会引起他的重视。这就是阶层分化带来的土地价值观的变化。关于这些理论论证，本研究先进行研究假设，然后采用相关模型予以验证。

### (二)阶层分析方法在农村社会阶层土地流转的意愿与行为选择研究中的应用

农村社会阶层的意愿与行为选择,对一个地区的土地流转强度及其机制和模式的选择有着根本性的影响。农村社会阶层的意愿与行为,是土地流转能否顺利进行的前提和关键。加速农村土地流转,就必然要增强农村社会阶层土地流转的意愿,规范他们在土地流转中的行为。由于农村社会阶层对土地的依赖和价值认知是不尽相同的,因此,农村社会阶层的土地流转意愿与行为选择也存在差异性。基于此,本研究利用大量的第一手实证资料,采用阶层分析法,对农村社会阶层土地流转意愿与行为选择的差异性及其产生的原因分别进行实证分析。

第一,农村社会阶层的阶层属性与土地流转的意愿。阶层属性由阶层的人员构成、阶层构成人员的文化程度、收入水平、生活来源和职业结构等诸多方面决定,农村社会阶层在这些方面必然存在差异性。这种差异性必然影响着农村社会阶层土地流转的意愿。因为,这种阶层属性上的差异,一方面会造成他们对土地依赖程度的不同;另一方面会影响他们对土地价值的认知。农村社会阶层是否有土地流转的意愿在很大程度上取决于他们对土地的依赖程度。一般而言,对土地依赖程度越低的阶层,其土地流转的意愿就可能越强;对土地依赖程度越高的阶层,其土地流转的意愿就可能越弱。为了进一步探究农村社会阶层的阶层属性与土地流转意愿之间的确切关系,本研究首先提出研究假设,然后建立相关模型进行分析验证。本研究认为,可以用阶层意识和阶层特征这两个变量来界定农村社会阶层的阶层属性。阶层意识具体表现为阶层归属感和阶层地位认同,而阶层地位认同主要指本阶层人员对本阶层的经济地位、权力地位和声望地位的认知和判断。阶层特征具体操作化为本阶层构成人员的职业、教育程度、收入水平、政治面貌和收入来源等指标。

第二,农村社会阶层属性与土地流转的行为选择。农村社会阶层的土地流转行为应该是农村社会阶层理性选择的结果。农村社会阶层的土地流转行为选择与他们的阶层属性也应该是密切相关的。在总体上，本研究将农村社会阶层的土地流转行为主要划分为三种：一是土地转入；二是土地转出；三是既有土地转入又有土地转出。这三种土地流转形式代表了目前农村土地流转的主要方式。农村社会阶层采用何种方式，一方面与他们的职业特点相关，另一方面还与他们的土地流转动机相关。同时，也正是由于农村社会阶层这种土地流转行为选择上的差异，致使他们在具体流转中有了不同的土地流转对象、方式、协议形式、途径和效果。因此，本研究一方面要找出农村社会阶层土地流转行为选择的具体差异，另一方面又要探讨造成这种差异的主要原因。

### （三）阶层分析方法在农村社会阶层对土地流转的影响研究中的应用

目前，我国农村土地流转的总体状况是流转速度较慢、流转规模较小。这既有历史的原因，也有现实的原因。从历史的角度来看，我国是一个传统的农业大国，农民的土地依赖意识根深蒂固，不愿完全脱离土地。从现实的角度来看，我国目前还没有形成完整的土地流转制度，土地流转行为不规范，在土地流转过程中，农民的利益经常受到侵害，因而不愿进行快速的大规模的流转。但是，在一些经济发达地区，土地流转却出现了快速的、大规模的现象。这又是为什么？是否意味着农村社会阶层之间的土地流转状况存在着差异？如果是，这种差异的原因何在？其与阶层属性相关吗？基于此考虑，本研究从阶层分析的角度出发，对农村社会阶层土地流转的速度与规模的差异、影响因素进行了探讨。具体来说：

第一，农村社会阶层土地流转速度与规模的差异。农村社会阶层土地流转速度与规模的差异性主要表现在流转意愿、规模、方式、频次和效益上。由于不同阶层各自的职业特点、收入水平以及土地收入对其重要程度不同，他们在土地流转的速度与规模上也一定会呈现出某种差异。如根据职业特点和收入来源来看，私营企业主由于土地对其重要程度不高，就可能有较大的土地流转规模和速度；普通农户则由于土地收入对其有着重要的作用，因而其土地流转的速度与规模都不会很大。本研究分别对农村八个阶层的土

地流转速度与规模进行了探讨。

第二,造成农村社会阶层土地流转速度与规模差异的原因。从阶层分析的理论视角来看,造成农村社会阶层土地流转速度与规模差异的原因主要有三个方面:一是农村社会阶层的构成特征。不同阶层在收入水平和职业特点上存在差异,这种差异决定了土地在他们之间的作用是不同的。如从事非农业生产的阶层和收入水平较高的阶层,其土地流转的速度与规模都可能比从事纯农业生产的阶层要快和大。二是农村社会阶层的土地价值意识。土地价值是农村社会阶层对土地重要性认知的深化。农村社会阶层对土地价值的变化是与他们的文化水平、政治面貌等阶层特征密切相关的。三是农村社会阶层的土地流转动机。一方面,农民作为经济理性人,他们有着追求土地经济利益最大化的动机。同时,农民又是社会人,他们不可能完全抛开对土地的情感。这样,土地流转带来的经济利益在一定程度上决定了农村社会阶层进行土地流转的速度与规模。另一方面,土地的相对效益比较低是造成农村社会阶层土地流转速度与规模存在差异的又一个主要原因。土地相对效益低,土地收入不足以满足农民的基本生活需求,农民就不得不离开土地。对以上三个方面的探讨,本研究根据农村社会阶层的属性特点,首先提出假设,然后采用相关模型进行验证,最后得出基本的结论。

### (四)阶层分析方法在土地流转对农村阶层分化的影响研究中的应用

有学者认为,社会分层结构并不是一种固定的物体,而是一种变化和流动的活体,它处于不断建构的过程中,人们主要从两个方面参与这种建构:一方面是人们的行动。一个人在社会中的位置并不是固定的,他处于不断的流动变化之中,社会的发展变化越快,他流动的频率就越快,他对各种机会的选择,都参与了社会分层的建构。当然,每个人或群体的建构目标,与实际的社会建构结果常常是逆反的。另一方面是人们的观念。人们的观念是随着社会的发展而不断变化的。但是观念的变化又往往落后于现实,具有滞后性。在农村土地流转过程中,这种分层结构同样是变动的,所以,在运用社会分层理论来研究这种过程时,需持同样的观点,即与时俱进的看待农村的社会分化。因此，本研究基于阶层分析的理论视角从以下两个方面对土地流转中的社会分层进行研究：

第一，土地流转加速了农村阶层分化。农村土地流转是一个农村阶层的再分化的过程。在这个过程中，一些阶层会壮大，一些阶层会缩小，而一些阶层则可能保持不变。而且，在这一过程中还有可能产生一些新的阶层。因此，本研究采用马克斯·韦伯的阶层分析法，对农村中土地流转前后的阶层变化进行对比分析。这种分析主要从三个方面进行：一是土地流转前后职业分层的变化；二是土地流转前后社会分层的变化；三是土地流转前后主观分层的变化。

第二，土地流转制约着农村阶层的“均衡”和“整合”。在社会阶层理论中，关于阶层“均衡”和“整合”的研究最有代表性的是帕森斯的理论。首先，帕森斯的系统功能论的重点是促进社会系统稳定与秩序的机制。他的社会系统理论，以“均衡”和“整合”作为社会系统运动的基础与归宿，力图去解释如何服从与适应社会以及社会秩序的稳定性。从这一点来看，在农村土地流转过程中，由于制度安排的不合理性，出现社会波动是难免的。但中国社会的现实背景是稳定压倒一切，没有农村的稳定，就不可能有整个社会的稳定，没有农村的现代化，就不可能有整个中国的现代化。因此，站在转型期的立场，站在构建和谐社会的立场，运用结构功能理论的方法、观点去研究广阔农村发生的关系到中国农业现代化的土地流转，应该是一种非常有效的方法。此外，由于土地的稀缺性，土地征用引发的农村社会阶层之间的冲突，已成为社会稳定的一个重大隐患。党的十六届五中全会就把社会发展提到了和政治、经济、文化发展相同的高度，并指出构建社会主义和谐社会，使我国的社会主义现代化建设总体布局由发展社会主义物质文明、政治文明和精神文明三位一体，扩展为包括社会主义和谐社会在内的内容，实现了“四位一体”的飞跃。从三个文明建设到“四位一体”的总体布局，充分反映了我们党对共产党执政规律、社会主义建设规律和人类社会发展规律的认识达到了新的水平，使我们党对什么是社会主义、怎样建设社会主义的认

识,实现了又一次理论升华。很多时候,细节的调整往往预示着某种全局性变革的启动与深入。其次,由于利益的原因,中国农村在土地流转过程中将会出现许多越轨行为,而且大部分可能发生在下层阶级,因为他们在社会结构准入方面受到严格限制。在土地流转过程中,由于基层政府某些不合理的操作方式,如征用土地补偿的不合理、不到位等,造成农村社会阶层之间的关系紧张。另外,由于城乡二元分割的户籍制度,导致进城农民工与当地居民的冲突,已成为当地政府的心病,越轨行为将对社会的和谐发展产生不利影响。土地流转发生之前,农民的参照群体是当地的农民,他们将自己的实际情况同所在群体其他成员的实际情况进行比较,大家同样是面对土地,所以感觉上是平等的,心理也相对比较平衡。土地流转发生之后,一部分农民进城打工,一部分农民进城居住,这时,他们的参照群体发生了变化,不是个体所在的群体,而是外群体即城市居民群体,他们把个体特定的外群体的标准作为自我评价的基础,作为引导自己的思想与行动的榜样。个体把特定的外群体作为自我评价的基础,往往是为了以后加入该外群体。个体在实际加入该外群体之前,先学习该外群体的规范模式,从而逐步获得加入该外群体的"资格"。这就为个体今后加入该外群体准备了条件,因而对于该外群体来说,具有提前社会化的功能。同时,这对于鼓励和推进社会流动也有正面功能。但目前在城乡结合部,征地农民要融入城市生活,却遇到了许多问题,特别是文化冲突。因此,社会分层中关于"均衡"和"整合"的理论对于分析和解决这一问题是有借鉴意义的。

### (五)阶层分析方法在土地流转中的农村阶层冲突研究中的应用

随着社会经济的发展和社会改革进一步深入,尤其是加入 WTO 后的影响和冲击,我国农业、农村经济的发展面临着一系列新情况、新问题、新挑战。有学者指出:"在这样特定背景下,家庭经营制度不再适应现代化大生产的要求,只有打破家庭经营制度,才能解决农业产业化及规模经营问题。在农业结构调整、产业化发展、规模经营、城市化等过程中,随意终止合同,无偿收回或非法转让、出租、征用农民已承包的土地,强迫农民以土地入股、干涉农民自主经营的行为屡见不鲜，侵害了农民合法的土地权利，人为地扩大了矛盾，加剧了社会转移农村剩余劳动力的压力，导致土地纠纷呈扩大和蔓延之势，伤害了农民对土地和政府的感情，成为影响农村经济发展和农村社会稳定的突出矛盾。可以说，当前“三农”问题的关键仍然是农民问题，农民问题的核心仍然是土地问题。”①农村土地流转过程实质上是农村社会阶层围绕土地经营权的流转而进行利益博弈的过程。因此，当前农村的阶层冲突与土地流转就有一定的相关性。

现在的农民已不同于传统身份意义上的农民。在伴随着改革开放大潮的转型中，中国农民的社会分化是中国社会阶层结构转变的最重要表现。陆学艺教授对中国农村阶层结构的研究表明，“在中国农村，农民已分化为比较稳定的八个阶层，即农业劳动者阶层、农民工阶层、雇工阶层、农民知识分子阶层、个体劳动者阶层、私营企业主阶层、乡镇企业管理者阶层和农村管理者阶层。随着市场化和城市化的推进，中国农村的这八大阶层结构并没有发生显著变化，只是阶层规模略有变化。在规模不断扩大的农村社会阶层中，雇工人数增长最快，其次是私营企业主，而之所以出现这种情况，主要原因还是乡镇企业改制。总的来说，农村社会阶层结构比例变化的方向是合理的，体现了农村社会经济发展的趋势。比如，随着农村非农化水平的不断提高，农业劳动者继续减少；随着农村经济活力和实力的增大，私营企业主和雇工阶层规模也在扩大。但值得注意的是，农村知识分子阶层、个体劳动者阶层和个体工商户阶层增长缓慢，而农村管理者却有增无减，这不符合现代化发展的要求。”②

在我国农村社会中，某些社会冲突是由于“地位不一致”而引起的。有学者指出：“在社会分层结构和社会秩序的关系中，‘地位不一致’会引起社会冲突，某些类型的明显地位不一致往往是社会关系紧张的一个来源。造

---

① 迟福林：《把土地使用权真正交给农民》，中国经济出版社 2002 年版，第 1 页。

② 陆学艺：《当代中国社会阶层研究报告》，社会科学文献出版社 2002 年版，第 178 页。

成社会关系紧张的一个来源是'某些类型'的地位不一致。"[①]比如,农村社会阶层中私营企业主阶层的经济地位与其政治地位不同步,其经济收入高出其他阶层数倍,政治地位却比其他一些阶层要低;知识分子阶层的教育程度和职业声望都较高,但其政治地位与其经济地位不同步,其经济收入不高。这种地位的不一致使得我国农村社会阶层中处于上层的知识分子阶层、私营企业主阶层、乡村管理者阶层等会对现有的社会体制机制产生各自的不满。这种"不满"会导致这些阶层中的某些成员为了追求地位的一致而寻求补偿或是发泄不满,从而可能影响到现有的体制和秩序。

同时,在产业革命和市场化的共同作用下,我国的农村富余劳动力加速由第一产业向第二、第三产业转移,这在客观上加速了我国农村社会阶层的分化,使得我国农村社会阶层分化的规模和速度呈现历史新高,农民对土地的感情也遭到冲击,随之发生了微妙的变化,土地是命根子的意识在逐渐远去。再加上依靠传统耕作方式的农业其利益比较低下,土地流转已经在全国蔓延。在土地流转过程中,农村的各个社会阶层无法摆脱其自身的利益诉求,所以,不同的社会阶层围绕自身利益进行的博弈必然持续甚至加剧,这必然加剧广大农村地区各阶层之间的矛盾或冲突。但矛盾、冲突也有其积极性的一面,在一定程度上,它可以为社会结构变化提供直接动力。

## 第四节　几点补充说明

社会学研究的方法论所涉及的主要是社会学研究过程的逻辑和哲学基础。在社会学的研究中主要存在两种基本的,同时也是对立的方法论倾向:一种是实证主义方法论,一种是人文主义方法论。长期以来,实证主义方法论一直是社会学研究方法论的主流。实证主义方法论认为,社会学研究应该像自然科学研究一样来探讨各种社会现象之间的相互联系,要通过非常

---

① 王小章:《社会分层与社会秩序——对当代中国现实的考察》,《中共宁波市委党校学报》2001 年第 5 期。

具体、非常客观的观察和经验概括来得出结论。① 在研究方式上，该方法论主要采用定量研究。而人文主义方法论则认为，在进行社会现象和社会行为研究时，应该充分考虑到人的主观性、社会现象和自然现象之间的差别性，在研究中要特别注重“人对人的理解”和“投入理解”。在研究方法上，定性研究为主要的研究方法。而从以往社会学学者们对农村社会分层结构的研究理论与方法论上来看，也主要是两种理论视角和方法论流派：一是制度主义和集体主义方法论，这一理论流派强调“存在的”社会分层结构的强制性力量，认为个人的行为在制度化的结构面前，是非常微弱的，除非具有彻底改变结构的集体行动，该理论流派以马克思为主要代表，以阶级分析法为主要研究方法；二是理性选择理论视角和个体主义方法论，该理论流派强调有意义的个体行动的构建能力，认为每个人的行动都能影响社会阶层结构的生成，而社会阶层结构是处于不断的变动之中的。该理论流派以韦伯的市场理论为主要代表，以职业分层法、经济分层法和主观分层法为主要研究方法。

我国农村阶层正处于急剧的变化之中，影响阶层构成的因素很复杂。因此，本研究综合了阶层分析的两种理论流派和方法论视角，将实证研究和定性研究这两种看来水火不融的社会学研究方法融为一体，取长补短，以求对农村阶层有一彻底的认识。从方法论的角度来看，对农村阶层的分析主要是“客观结构”和“解释框架”的适应问题。新时期，农村的客观社会结构发生了很多新变化，以往那种“两个阶级，一个阶层”的格局已经被打破，农村阶层分析也就超出了原来的“解释框架”，如果我们不能从事实出发，再拘泥于原来的解释框架，那就无异于削足适履。当然，客观结构变化的复杂性决定了主观解释框架的多样性。因此，本研究认为，对当前农村阶层的研究必须采用不同的阶层分析方法。特别是以下几个方面的问题应该引起研究者们的高度重视：一是对农村阶层分化这种社会现象的性质及其理解；二是

① 童星：《现代社会学理论新编》，南京大学出版社 2003 年版，第 27 页。

农村阶层分析视角所涉及到的理论基础及其研究假设；三是阶层分析在农村阶层研究中的不同范式及其应用；四是关于阶层分析所采用的研究方式的内在逻辑。从阶层分析视角来看，研究农村土地流转问题，有以下三个问题需要进一步说明：

### （一）“存在的”与“生存的”

对“存在的”与“生存的”的阶层关系进行研究，主要是为了考察农村阶层的“复制”与“再生”状况。“存在的”主要是指农村中原有的阶层结构。在制度主义的理论视角下，通常产生的结论是“精英再生产”，其强调的是社会分层结构的“龙生龙，凤生凤”的社会阶层复制机制。这种社会阶层复制机制在我国计划经济体制下，曾发挥过长久的作用。“生存的”社会阶层分析理论视角则主要强调在社会阶层的更替中哪些因素在影响社会阶层结构的形成，以及在新的形式下又产生了哪些新的阶层。形象地说，就是社会阶层的“再生产”。

### （二）“先赋性”与“自致性”

“先赋性”与“自致性”的社会分层机制研究，一直是西方社会学的一个重要分支领域。这一理论视角和方法论意义，主要是建构在职业分层的阶层分析理论基础之上的。边燕杰认为，这一分支领域的研究已经出现了两种不同的社会结构分析取向：第一种是地位结构观。这种分析取向认为人都是按其所具有的某些属性分类的，人们的社会行为（如求职、社会流动）可以用所属的类别差异进行解释。[①] 可见，地位结构观强调的是个体的出身和种属，只注重个体的家庭地位、资源在个体地位获得中的价值，因而有“唯成分论”之嫌。第二种是网络结构观。一些社会学家注意到了地位结构观的片面性，显然个体地位的获得不仅仅受其出身和种属的影响，应该还有其他的影响因素，比如个体行为。因此，网络结构观认为，人与人、组织与组织之间相互联系并形成客观存在的社会结构网，社会结构网会对主体的行为发

---

① 边燕杰：《社会网络与求职过程》，《国外社会科学》1999 年第 4 期。

生影响。这种观点关注了个体与个体在社会结构网中的关系、个体行为的"嵌入性"(embeddedness)、个体对资源的涉取能力(access)和动员能力(mobilization)以及个体在社会网中的位置等方面对个体地位获得的价值,因而超越了地位结构观的视阈。[1] 1967年,美国社会学家布劳和邓肯出版了《美国职业结构》一书,建构了职业地位获得模型,提出了先赋地位(ascribed status,以父母的地位为操作尺度)和自致地位(achieved status,指个体经后天努力获得的角色地位,如教育、工作经历等)两个分析工具,并比较了先赋地位和自致地位对个人职业地位获得的不同影响,发现个人经过后天努力而获得的能力较之先赋的个人资源在个体地位获得中价值更大。

### (三)"主观认定"与"客观标准"

主观分层是近代社会分层理论和方法论上的一个新发展。一个社会或一代人的观念,往往具有很强的继承性,观念的改变常常比现实的改变要更加困难、更加迟缓,且这种观念一经形成,就会成为影响人们行动和看法的重要因素。在传统的中国农村社会,人们往往会受到以往观念的影响而默认自己的阶层属性。久而久之,他们就会在阶层意识、阶层归属感方面形成定势。因此,即使他们在经济地位、社会声望或者权利地位等方面已经完全是属于另一阶层,但是其主观认同可能仍然停留在原来的阶层上,这就是阶层分析理论视角和方法论意义上的"主观认定"与"客观标准"的背离。如一个老年农民,习惯了"面朝黄土,背朝天"的生活方式,闲暇时候也就是和邻居聊聊天,银行也不可能有很多存款,在别人和自己的眼里,他都属于中下层;而一个年轻人由于接受了新的时尚,虽然他银行里没有多少存款,但是他却经常去听听音乐会、跳跳舞或者参加一些休闲俱乐部,他自己和别人都可能会认为他是中上层。

---

① 边燕杰:《社会网络与求职过程》,《国外社会科学》1999年第4期。

# 第三章
# 研究设计

本研究运用定性分析与定量分析相结合的方法进行。土地流转与农村阶层分化之间存在一定的互动关系，它们是相互影响、相互作用的，这是本研究定量分析的基本理论前提。一方面，农村阶层分化可能会加快土地流转进程；另一方面，土地流转可能会促进农村阶层分化，加剧农村阶层冲突。这两个方面的内容构成了本研究定量分析的基本框架。本研究定量分析的假设、变量都是围绕这两个方面设置的。

## 第一节 研究假设

本研究旨在探讨农村社会阶层的土地价值认知变化的基础上，分析农村社会阶层土地流转的意愿与行为选择，揭示农村社会阶层与土地流转的互动关系，探究土地流转对农村阶层冲突的影响。因此，本研究的基本理论假设是：土地流转与农村阶层分化是相互影响、相互作用的。由于土地流转与农村阶层分化之间的互动关系受到农村社会阶层土地价值认知的差异性、土地流转意愿与行为选择的差异性的影响，因此，在基本理论假设的指导下，本研究从农村阶层分化对土地流转的影响和土地流转对农村阶层分化与冲突的影响两个方面设置了以下五个具体假设。

**假设1 农村社会阶层的土地价值认知受到地区经济发展水平和阶层自身构成特点的影响。**

长期以来，土地是中国农民的安身立命之本，农业是国民经济最主要的组成部分，是农村最主要的从业领域。[①] 以土地为生的农民，生于斯，长于斯，老于斯。土地对中国农民来说，有着特殊的意义。费孝通先生曾指出："土地不单单是自然物，而蕴涵着对家族祖宗认同的血缘亲情意识，体现一种源远流长的人文精神。人们对祖宗家族的认同追思，促使着对土地的依恋和归属。乡土是生活生命的根基和故土。"[②]从此可以看出，土地对农民的意义在某种程度上已经超越了它本身所附有的经济和社会价值，而演变为农民的一种崇拜或者信仰的图腾。但是，随着现代农业的发展和农村市场经济体制的建立与完善，特别是随着农村城市化的加快，大量农业劳动力被释放出来，并大规模地向非农产业转移。1952年，中国农业从业人员为1.7亿，占全国从业人员的83.5%，非农业人口仅为0.3亿，比重为16.5%。1952－1970年，18年间农业人口向非农业劳动力也仅转移了0.3亿。据不完全统计，1978－2000年，非农产业从业人员由1.18亿迅速升至3.51亿，22年中增加了2.32亿，到2000年，中国农业与非农业的就业比重分别为50.3%和49.7%，非农化率达29.8%。[③] 在这一背景下，农村土地流转现象日益频繁，大量的农民脱离土地，或者进入城市或者留在农村从事着不同职业的工作。人地关系开始松动，农村社会流动程度加大。这样，农民对土地价值的认知也开始了从传统到现代的转变。随着农村非农产业的发展，农民职业选择机会的增多，从而导致农村社会阶层生活来源和收入来源的多样化，这就直接影响到土地收入在农村经济收入中的重要性。此外，我国农

---

① 杜鹰、唐正平、张红宇主编：《中国农村人口变动对土地制度改革的影响》，中国财政经济出版社2002年版，第166页。

② 费孝通：《江村经济——中国农民的生活》，商务印书馆2003年版，第4页。

③ 杜鹰、唐正平、张红宇主编：《中国农村人口变动对土地制度改革的影响》，中国财政经济出版社2002年版，第166页。

村经济发展出现了明显的地区发展差异。经济发达地区能够为农民提供更多的就业机会，而且社会流动越快，对土地的依赖性下降趋势越明显。也就是说土地传统的经济价值降低，农民对土地经济功能的依赖程度下降。与此同时，随着社会的发展，土地在各阶层的认知中，其经济价值开始下降。农民对土地的依赖性逐渐减弱。土地的社会价值和存在价值是土地价值体系中更高层次的内容。对这两种价值的认知程度与个体的文化水平、政治声望、职业特点等因素密切相关。而目前我国农村社会阶层在文化水平、政治声望和职业特点上还存在着一定的差异，由此他们对这两种价值的认同也就必然存在差异。因此，经济越发达地区的农民认为土地传统的经济价值越小，对土地的依赖程度越低。文化程度、政治声望、收入水平和职业地位越高的阶层对土地的社会价值和存在价值的认知也越高。

**假设2　不同阶层的土地依赖程度、阶层意识和阶层特征是导致农村社会阶层土地流转意愿和行为选择差异性的主要原因。**

长期以来，农民对土地的依赖形成了农民强烈的土地情结。在农民的意识中土地的重要性远远大于流转土地后的效益产出。因而土地对农民的重要性在一定程度上决定了农民是否愿意流转土地。有学者指出："影响土地对农民的重要性的因素有人均收入、受教育程度、非农产业的发展水平、农民的财富存量、人均土地数量等。农业产值与工业产值的比例与土地流转呈负相关，即非农产业的发展水平越高，流转越多；人均耕地面积与土地流转正相关，即人均耕地面积越多，流转越多；人均土地面积与农业产值/工业产值二者之间有着高度的正相关性，这意味着在人均耕地少的地方，农民为了更好的生活，迫不得已离开土地，发展非农产业，寻找新的出路。"①可以说，不同阶层的土地依赖程度是导致农村社会阶层土地流转意愿和行为选择差异性的根本原因。同时，由于不同阶层的阶层意识和特征的存在差异性，因此，不同阶层土地流转的意愿和行为选择也必然存在差异性。因为，

① 贺振华：《农村土地流转的效率：现实与理论》，《上海经济研究》2003年第3期。

不同阶层构成的一个最大的差别就是他们职业的差别。职业差别进一步影响着阶层间的经济差别，这也使得不同阶层的农民对土地依赖程度的大小不一。

**假设3　土地流转的速度与规模不同程度地受到农村社会阶层职业类型、文化程度、收入水平、土地价值认知和土地流转动机的差异性的影响。**

农村社会阶层土地价值认知的差异性源于其职业类型、文化程度、收入水平等阶层构成特征的差异性。而农村社会阶层土地依赖程度的差异性，会反映其土地价值认知的差异性。由于不同阶层的土地依赖程度是导致农村社会阶层土地流转意愿和行为选择差异性的根本原因，因此，土地流转的速度与规模会不同程度地受到农村社会阶层职业类型、文化程度、收入水平、土地价值认知和土地流转动机的差异性的影响。在改革开放之前，我国农村的阶层结构单一，基本上处于一种“去阶层化”的状态之中。这一时期，农村居民主要从事农业生产活动，没有出现职业分化，农村社会中基本上以农业劳动者阶层为主。各阶层对土地的依赖程度都比较大，土地是其生存的基本保证，土地收入既是生活资料的主要来源，又是社会保障的重要依托。所以，农村社会阶层对土地价值的认识比较一致。改革开放以来，中国农村经济快速发展，乡镇企业异军突起，农民职业出现了分化，有了职业选择的自由，这样，他们的土地依赖程度也出现了差异性。因此，各个阶层必然会重新审视土地对于自身的，不同的阶层必然会得出不同的结论。各个阶层这种对土地价值认识上的差异，反映到实际中就是其进行土地流转的速度与规模会有差异。李培林研究员曾指出：“在研究一种经济行为、经济组织或经济制度时，经济学家习惯于从人们趋利避害的行为动机出发，去探讨其产生的原因和建立起逻辑清晰的因果关系。而社会学家则习惯于从嵌入的特定社会关系网络出发，探讨这些社会关系网络的联接方式和运行法则。因为社会学家认为，经济动机也许是一般动机，但是某些特殊的附加动机也会改变事物运行的轨迹成为一般规则。"[①]市场经济条件下的农民也会成为理性的"经济人",其行为会越来越理性,这种理性的基础就是经济收益。所以,农村社会阶层进行土地流转自然也会遵循经济规则。但是,农村社会阶层在遵循经济这个主要规则的同时,会根据其阶层构成特征增加一些特殊的附加规则,而这些附加规则反映在土地流转问题上即土地流转目的。因此,农民的非农职业化程度、收入水平的高低、土地价值认知、土地流转期望值等因素都会影响土地流转的速度和规模。

**假设 4　土地流转越活跃的阶层,职业分层、经济分层和主观分层就越明显。**

农村阶层分化从整体上来看,是一个社会成员结构宏观变动的社会化过程,是一个由传统农业领域走向工业、商业等其他社会活动领域的渗透转化过程。当前,城市化和现代化带动我国传统农业向工商业等其他行业渗透,传统的农业劳动者阶层也随之出现职业分化,渗透转化到其他阶层甚至形成新的阶层。在这其中,土地流转扮演了非常重要的角色。在传统农业社会里,土地是农民生产最基本的生产资料,加上我国以前的限制农村人口流动的社会政策——户籍制度的约束,农村居民基本上被牢牢地束缚在土地上。随着农业现代化的发展,特别是户籍制度的松动,农村社会流动的加快,集中表现在土地流转对农村阶层分化的影响上。本研究集中从三个方面来进行探讨:一是土地流转对农村职业分层的影响。在传统农村生产体系中,农民主要从事农业生产,农业劳动是其主要的职业。而在现代农村生产体系中,农民的职业出现分化,特别是土地流转的发生会加剧部分农业劳动者离开土地,在非农业产业谋求新的职业,这进一步加剧了农民的职业分化。二是土地流转对农村经济分层的影响。在传统农村社会,农民因为从事相同的职业而经济收入相近,在现代农村社会,土地流转会加剧农民的职业分化,而农民职业分化的一个直接后果是其收入的分化,收入差距由此会

① 李培林:《村落的终结》,商务印书馆 2004 年版,第 58 页。

拉大。而在土地流转对阶层分化的影响因素中，土地流转的动因和土地流转的强度应该是最显著性的因素。因为，土地流转动因反映农村社会阶层进行土地流转的目的和可能性，而土地流转的强度则反映农村社会阶层进行土地流转的程度。三是土地流转对农村主观分层的影响。土地流转越活跃的阶层，其主观认同感可能就越强，阶层意识和阶层归属取向可能就越明显。这在心理认同上可能会加剧农村的阶层分化。

**假设5　农村社会阶层土地利益分配的不均衡性是土地流转过程中阶层冲突产生的根本原因。**

土地流转实质上是农村利益分配的一种重要方式。土地流转利益分配的不均衡必然引发阶层冲突。不同的农村社会阶层会因土地流转而进行不同程度的利益“博弈”。农村的经济精英和政治精英会因其强势地位而在这个“博弈”过程中获得更多的利益。这就必然引起农村弱势阶层的不满。因此，土地流转也可能会加剧农村阶层冲突。农民的公正观由于其主体的多层性而直接受外部社会的影响，因此，在土地流转过程中，农村社会阶层之间的矛盾冲突，虽然受到农民对所处的村落社会领域的评价的影响，但是，其根本性原因是农村社会阶层土地利益分配的不均衡性。

## 第二节　变量界定

由于土地流转与农村阶层分化是相互影响、相互作用的，因此，在本研究的定量分析中，土地流转既是农村阶层分化的自变量，又是农村阶层分化的因变量；农村阶层分化也既是土地流转的自变量，又是土地流转的因变量。因此，本研究对于测量变量不作严格的自变量与因变量之分，而只将其划分为农村社会阶层和土地流转两种类型进行具体的操作化。

### （一）“农村社会阶层”变量的操作化

根据以上五个研究假设，本研究对“农村社会阶层”这一测量变量从阶层类型、阶层特征、阶层分化、阶层冲突四个维度进行操作化。

1. **农村社会阶层类型**。本研究在参照陆学艺教授关于农村社会阶层划分方法的基础上将“农村社会阶层类型”操作化为以下八种类型：(1)普通农业劳动者阶层(普通农户)，指承包集体耕地，从事种植业、养殖业劳动，全部或大部分依靠农业所得收入作为生活来源的阶层；(2)农村技术人员阶层，指在农村从事教育、科技、医药、文化、艺术等智力型职业的知识分子；(3)个体工商经营者阶层，指拥有某项专门技术或经营能力，自有生产资料或资金，从事某项专业劳动或经营小型的工、商、服务行业的劳动者和经营者；(4)私营企业主阶层，指企业的生产资料私有、自主经营、以赢利为目的且雇工在8人以上的企业主；(5)企业管理者阶层，指乡村集体所有制企业的经理、厂长以及主要科室领导和供销人员；(6)农村管理者阶层(乡镇管理者群体和村级管理者群体)，指农村政治、经济、社会生活的组织者、管理者；(7)农业大户，指在农村从事农业规模经营的农户(一般指土地规模在10亩以上)；(8)无业人员，指既没有土地又无正式职业的人员。① 此外，需要说明的是，由于本研究调查区域主要在农村，调查对象也主要是留守在农村的人员，农村中发生土地流转的一些群体没有调查到或由于样本量不够不具备统计学意义，而没有将其纳入本研究的分析框架中，如农民工、雇工等。另外，在土地流转过程中，农村阶层出现了一些新的变化，比如农村“白领阶层”、“食利阶层”等，这些阶层在目前农村中虽然还没有完全构成一个阶层体系，甚至可以说还不是一个学科意义上的阶层，但是他们在许多方面又有别于陆学艺先生所提出的八大阶层的特征。因此，在具体的分析中，本研究的分析视阈并没有完全按照陆学艺先生的八个阶层进行。

2. **农村社会阶层特征**。本研究将“农村社会阶层特征”操作化为以下几个方面：

(1)农村社会阶层的文化程度：小学及以下、初中、高中及以上。

(2)农村社会阶层的婚姻状况：已婚、未婚和再婚。

---

① 陆学艺：《当代中国社会阶层研究报告》，社会科学文献出版社2002年版，第178页。

(3)农村社会阶层的职业类型：一般农户、个体工商户、农村技术人员、农业工人、农村工商管理人员、农场企业主(含一般农业大户)、私营企业主、乡镇管理人员、村级管理人员、无业人员。

(4)农村社会阶层的政治面貌：党员和非党员。

(5)农村社会阶层的家庭人口结构：家庭劳动人口数、家庭中从事纯农业生产的人数、从事非农业生产的人数。

(6)农村社会阶层的收入水平。本研究以年平均收入为标准，将农村社会阶层分为五个层次：500元以下者为下层；500－2500元者为中下层；2500－4500元者为中层；4500－6500元者为中上层；6500元以上者为上层。

(7)农村社会阶层的收入来源：农业收入和非农业收入。

(8)农村社会阶层的生产方式：分散小户经营和规模经营。

(9)土地收入在农村社会阶层总收入中所占比例。

(10)农村社会阶层非农就业的质量：非农就业的可能性、工资水平、单位环境、劳动时间、劳动强度、岗位的社会声誉。

(11)农村社会阶层对土地经济价值的认知：包括对土地是否是收入的主要来源、土地是否作为职业的主要依赖的认知。

(12)农村社会阶层对土地社会价值的认知：包括对土地的生活保障、养老保障、就业保障、医疗保障、福利保障等功能的认知。

(13)农村社会阶层对土地存在价值的认知：包括对土地的生态功能、景观功能、代际功能的认知。

(14)农村社会阶层土地流转的动机：外出打工、外出经商、在本地从事非农生产、种地赚钱少、种地太辛苦、国家征用、开发商开发。

(15) 土地流转意愿：是否愿意转入土地、是否愿意转出土地。

(16)农村社会阶层的利益分配关系：农业劳动者与农业劳动者之间的利益分配关系、农业劳动者与私营企业主之间的利益分配关系、农业劳动者与村级管理者之间的利益分配关系、农业劳动者与乡镇管理者之间的利益分配关系、村级管理者与村级管理者之间的利益分配关系、村级管理者与私营企业主之间的利益分配关系、村级管理者与乡镇管理者之间的利益分配关系、乡镇管理者与私营企业主之间的利益分配关系、乡镇管理者与乡镇管理者之间的利益分配关系、私营企业主与私营企业主之间的利益分配关系。

3. **农村阶层分化**。本研究将其操作化为职业分层、经济分层和主观分层三个方面。

4. **农村阶层冲突**。本研究将其操作化为争吵、械斗、打官司、个体上访、有组织抗争五种方式。

### （二）"土地流转"变量的操作化

土地流转是指农村土地集体所有的性质不发生改变，实行土地经营权的转移。简而言之，即在保留承包权的基础上，灵活地转让土地经营权。根据土地流转的范围不同，人们对土地流转的理解也有所不同。土地流转有两个范围：一是土地流转在农业内部发生；二是土地流转从农业外部发生。土地流转在农业内部发生，主要是指土地在不同的耕种者之间流转，土地的用途没有改变。人们通常将这个范围内的土地流转称为狭义的土地流转。土地流转在农业外部发生，主要是指土地从农业转变为非农用及其之后的土地交易。这两个范围的土地流转加在一起就是人们所说的广义上的土地流转。实际上，无论是从哪个范围内来讲，判断土地流转是否实现的标准只有一个，那就是看土地权利的主体是否改变。如果发生了改变，我们就可以看作是发生了土地流转。[①] 据以上五个研究假设，本研究对"土地流转"这一测量变量从速度、规模和方式三个维度进行操作化。

1. **土地流转速度**。本研究将其操作化为农村社会阶层在单位时间内所发生土地流转的次数。在逻辑回归模型中，土地流转速度又被操作化为快和慢。

2. **土地流转规模**。本研究将其操作化为农村社会阶层在单位时间内所发生的土地流转量。在逻辑回归模型中，土地流转规模又被操作化为大和小。

---

① 史志强：《国外土地流转制度的比较和借鉴》，《东南学术》2009年第2期。

3. **土地流转方式**。目前，土地流转的形式多样，如转让、转包、互换、入股、出租、反租倒包、拍卖、国家征用等。关于转让、转包、互换、入股、出租、反租倒包等变量的界定，本研究采用浙江大学丁关良教授的观点。

(1)转让：土地承包经营权转让，是指转让方（原土地承包经营权人）在通过农村土地承包方式取得的物权性质土地承包经营权有效存在的前提下，在承包期限内依法将部分或者全部承包地物权性质土地承包经营权转移给受让方（新土地承包经营权人）的行为。其结果是，转让方丧失部分或者全部承包地上物权性质土地承包经营权，受让方依法取得部分或者全部承包地上物权性质土地承包经营权；同时，转让方与发包方之间部分或者全部承包地上的承包关系终止，确立受让方与发包方之间部分或者全部承包地上物权性质土地承包经营权的法律关系，如转让方依法将全部承包地上物权性质承包经营权转移给受让方，其原土地承包经营权人法律资格和原拥有的物权性质土地承包经营权同时消失。①

(2)转包：土地承包经营权转包，是指转包方（原土地承包经营权人）在通过家庭承包方式取得物权性质土地承包经营权有效存在的前提下，在承包期内并保留物权性质土地承包经营权，以一定期限依法将部分或者全部承包地上从物权性质土地承包经营权中分离出来的部分权能转移给同一集体经济组织的其他农户（受转包方）的行为。②

(3)互换：土地承包经营权互换，是指在存在两个通过家庭承包方式取得有效的物权性质土地承包经营权前提下，并限于同一发包方的农村土地的两个物权性质土地承包经营权基础上，土地承包经营权人之间依法互相调换物权性质土地承包经营权和承包地块的行为。③

(4)入股：土地承包经营权入股，是指入股者（土地承包经营权人）在通过农村土地承包方式取得物权性质土地承包经营权有效存在的前提下，将土地承包经营权量化为股权，依法将承包地转移给有农业经营能力的合作

---

①②③均选自丁关良：《土地承包经营权流转方式之内涵界定》，《中州学刊》2008年第5期。

社或者股份公司等经济组织占有和使用的行为。土地承包经营权入股后，入股者（土地承包经营权人）将拥有合作社或者股份公司等经济组织的股份，享有股权，依法取得红利；合作社或者股份公司等经济组织依法占有和使用承包地。①

（5）出租：土地承包经营权出租，是指出租方（原土地承包经营权人）在通过农村土地承包方式取得物权性质土地承包经营权有效存在的前提下，在承包期内并保留物权性质土地承包经营权，以一定期限依法将部分或者全部承包地转移给承租方占有和使用的行为。②

（6）反租倒包：是指集体经济组织向农户租用土地，再包给个人或法人单位经营，以便统一管理，实现规模经营的一种形式。③

（7）拍卖：土地承包经营权拍卖，主要是指"四荒地"的使用权的拍卖。其承包方式与耕地基本相同，唯一的区别是承包期限更长一些，拍卖其使用权，谁购买、谁治理、谁受益，使用期限一般可达50－100年，同时使用权可转让、入股、出租、抵押。

（8）国家征用：土地承包经营权国家征用，是指国家出于公共利益的需要，而把农户的土地使用权收归国有进行的一种使用方式。在加快城市化的背景下，土地征用在大、中、小城镇的周围有扩大的趋势，而由于对农户的补偿不到位或者政府征用过程中，采取的方式、方法不当而导致农民上访不断，是引致农村阶层冲突的主要原因。④

## 第三节 资料来源与样本介绍

### （一）资料来源

本研究的资料收集方法主要采用文献收集法、问卷调查法和结构式访谈法等。文献收集法主要是收集了20世纪80年代以来国内有关土地问题

①②③均选自丁关良：《土地承包经营权流转方式之内涵界定》，《中州学刊》2008年第5期。

④ 杨涛、王雅鹏：《土地抛荒与土地流转问题的理论探析》，《调研世界》2003年第10期。

研究和阶层结构研究方面的论文、专著和调查报告。问卷调查于2005年4－12月在湖南、广西、浙江三省进行。调查对象是具有户籍身份意义上的农民。由于土地流转的速度、规模和方式均受到经济发展水平的影响，因此，该次调查将浙江作为经济发达地区的样本来源，将湖南作为中等发达地区的样本来源，将广西作为不发达地区的样本来源。从全国的发展水平来看，发达地区的强县必然能够代表全国的经济发展先进水平，中等发达地区的强县必然能够代表全国的经济发展中等发达水平，而不发达地区的弱县也必然能够代表全国的经济欠发达水平。因此，该次调查采取判断抽样的方法，在发达地区的浙江抽取了奉化、余姚2个县，在中等发达地区的湖南抽取了长沙、浏阳和岳阳3个县，在不发达地区的广西抽取了武鸣、隆安2个县，作为调查资料的整体样本区。在确定了整体样本区之后，该次调查又按照分阶段整群抽样的方法，从每个县中随机抽取了2个行政村。随后又从这14个行政村中各随机抽取了100户家庭进行问卷调查，共计1400个样本。该次调查共回收了1260份问卷，其中有效问卷1128份。此外，该次调查又采用简单随机抽样方法从被抽取的14个行政村中各抽取了3个家庭样本进行了深度结构式访谈，以获得有关土地流转和农村社会阶层结构变化的感性资料。此后，本研究又于2007年1－12月在黑龙江、辽宁、陕西、河南、甘肃、湖北、贵州、山东、云南、福建等十个省份各选择了四个样本进行了深度结构式访谈，以验证2005年问卷调查的分析结论，从而进一步丰富了本研究的感性资料。

### （二）样本介绍

1. **样本的地区分布情况。**见表3－1。

**表3－1　样本的地区分布（%）**

| 地区 | 发达地区 | | 中等发达地区 | | | 不发达地区 | | |
|---|---|---|---|---|---|---|---|---|
| | 余姚 | 奉化 | 长沙 | 浏阳 | 岳阳 | 武鸣 | 隆安 | 总计 |
| 样本数 | 160 | 160 | 162 | 168 | 160 | 158 | 160 | 1128 |
| 百分比 | 14.2 | 14.2 | 14.4 | 14.8 | 14.2 | 14.0 | 14.2 | 100.0 |

**2. 样本的基本情况**。见表 3 - 2、表 3 - 3、表 3 - 4。

**表 3 - 2　样本的年龄特征(%)**

| 年龄(岁) | 17 ~ 19 | 20 ~ 29 | 30 ~ 39 | 40 ~ 49 | 50 ~ 59 | 60 ~ 69 | 70 ~ 79 | 合计 |
|---|---|---|---|---|---|---|---|---|
| 频数 | 6 | 102 | 298 | 328 | 258 | 110 | 26 | 1128 |
| 百分比 | 0.5 | 9.0 | 26.4 | 29.1 | 22.9 | 9.8 | 2.3 | 100.0 |

**表 3 - 3　样本的文化程度特征(%)**

| 文化程度 | 从未上学 | 小学 | 初中 | 高中(中专、技校) | 大专以上 | 合计 |
|---|---|---|---|---|---|---|
| 频数 | 70 | 368 | 356 | 224 | 110 | 1128 |
| 百分比 | 6.2 | 32.6 | 31.5 | 19.9 | 9.9 | 100.0 |

**表 3 - 4　样本的家庭人口数和劳动人口数(%)**

| 家庭人口数 | 频数 | 百分比 | 劳动人口数 | 频数 | 百分比 |
|---|---|---|---|---|---|
| 1 人 | 6 | 0.5 | 1 人 | 136 | 12.3 |
| 2 人 | 70 | 6.2 | 2 人 | 518 | 45.8 |
| 3 人 | 240 | 21.3 | 3 人 | 192 | 16.4 |
| 4 人 | 360 | 31.9 | 4 人 | 194 | 17.5 |
| 5 人 | 228 | 20.2 | 5 人 | 58 | 5.2 |
| 6 人 | 108 | 9.6 | 6 人 | 24 | 2.2 |
| 7 人 | 62 | 5.5 | 7 人 | 4 | 0.4 |
| 8 人以上 | 54 | 4.9 | 8 人 | 2 | 0.2 |
| 合计 | 1128 | 100.0 | 合计 | 1128 | 100.0 |

**3. 样本村的基本情况**。在土地流转过程中,样本的基本特征可能是土地流转的一个重要的外显形式。因为不同的地区,其经济发展水平、产业结构以及人口结构的不同可能在土地流转上存在显著性差异。按照一般逻辑,经济发展水平越高,土地流转发生的比例也就越大,土地流转的速度与规模也会越快、越大;一个地区社会流动越频繁,其土地流转的比例、速度与规模也应该越明显。基于此理论研究的需要,本研究对样本村的经济状况与人口构成进行了详细的调查。

(1)经济状况。样本村的经济状况如下:1. 人均收入水平。发达地区10427.50元;中等发达地区为5108.50元;不发达地区为1330.62元。2. 产业结构。发达地区一、二、三产业所占比重分别为23.4%、45.1%和31.5%;中等发达地区一、二、三产业所占比重为41.6%、40.8%和17.6%;不发达地区一、二、三产业所占比重为86.4%、10.5%和3.1%。具体状况见表3-5、表3-6。

**表3-5　样本村的人均收入水平状况(%)**

| 地区 | | 人均收入 | | | |
|---|---|---|---|---|---|
| | | 2001年 | 2002年 | 2003年 | 2004年 |
| 奉化 | 平均值 | 9490 | 9930 | 11015 | 12645 |
| | 标准差 | 650.538 | 240.416 | 62.35 | 7.071 |
| 余姚 | 平均值 | 586.67 | 9783.33 | 9926.67 | 11043.33 |
| | 标准差 | 598.777 | 721.688 | 80579 | 861.181 |
| 岳阳 | 平均值 | 2550 | 2750 | 3400 | 300 |
| | 标准差 | 1060.661 | 1160.262 | 1555.635 | 2262.741 |
| 浏阳 | 平均值 | 3721.50 | 4382 | 5747.25 | 6475 |
| | 标准差 | 633.411 | 876.152 | 1301.321 | 1087.432 |
| 长沙 | 平均值 | 6052 | 6909.2 | 7435.51 | 7979.50 |
| | 标准差 | 1018.071 | 1006.543 | 1281.042 | 1326.182 |
| 隆安 | 平均值 | 1080 | 1225 | 15 | 1440 |
| | 标准差 | 403.092 | 579.863 | 621.285 | 859.073 |
| 武鸣 | 平均值 | 1291.56 | 1420.11 | 1707.8 | 1925.56 |
| | 标准差 | 678.511 | 792.337 | 1157.409 | 1340.482 |

表 3－6　样本村的产业结构状况(%)

| 地区 | | 产业结构状况 | | | |
|---|---|---|---|---|---|
| | | 2001 年 | 2002 年 | 2003 年 | 2004 年 |
| 奉化 | 第一产业 | 26.0 | 24.0 | 23.0 | 20.0 |
| | 第二产业 | 62.0 | 63.0 | 63.0 | 64.0 |
| | 第三产业 | 12.0 | 13.0 | 14.0 | 16.0 |
| 余姚 | 第一产业 | 30.0 | 28.0 | 24.0 | 22.0 |
| | 第二产业 | 53.3 | 55.0 | 56.0 | 57.0 |
| | 第三产业 | 16.7 | 17.0 | 20.0 | 21.0 |
| 岳阳 | 第一产业 | 65.0 | 62.5 | 62.0 | 60.0 |
| | 第二产业 | 10.0 | 10.0 | 12.0 | 15.0 |
| | 第三产业 | 25.0 | 27.5 | 26.0 | 25.0 |
| 浏阳 | 第一产业 | 33.6 | 34.0 | 27.5 | 32.3 |
| | 第二产业 | 36.6 | 41.2 | 50.0 | 51.0 |
| | 第三产业 | 29.8 | 24.8 | 22.5 | 16.7 |
| 长沙 | 第一产业 | 25.0 | 18.0 | 11.0 | 12.5 |
| | 第二产业 | 63.0 | 68.0 | 74.5 | 72.0 |
| | 第三产业 | 12.0 | 14.0 | 14.5 | 15.5 |
| 隆安 | 第一产业 | 60.0 | 55.0 | 45.0 | 40.0 |
| | 第二产业 | 20.0 | 27.5 | 30.5 | 40.0 |
| | 第三产业 | 20.0 | 17.5 | 24.5 | 20.0 |
| 武鸣 | 第一产业 | 60.6 | 58.0 | 57.1 | 56.4 |
| | 第二产业 | 14.4 | 16.4 | 16.7 | 16.1 |
| | 第三产业 | 25.0 | 25.6 | 26.2 | 27.5 |

注:2004 年人均收入为预计值。

(2)样本村的人口构成状况。样本村的人口构成主要是指其外来人口在本地人口中所占的比例。社会流动的频率是反映一个地区经济发展水平的重要指标,同时也是反映不同地区可能发生土地流转的外在条件。因为,只有能够为农村社会阶层提供社会流动条件的地区，人们才能从土地中走出来，土地流转才能够真正的进行。为了更加精确的了解各个地区社会流动的现状，本研究主要了解样本村的本地常住人口、本地外出人口和本地外来人口在总人口中所占比例状况。见表3－7。

**表3－7　样本村的人口流动状况（%）**

| 在总人口中的比例 | 奉化 | 余姚 | 岳阳 | 浏阳 | 长沙 | 武鸣 | 隆安 |
|---|---|---|---|---|---|---|---|
| 本地常住人口 | 69 | 73.4 | 71.2 | 67.7 | 80.3 | 73.1 | 76.9 |
| 本地外出人口 | 18.7 | 15.4 | 26.4 | 25.6 | 9.3 | 21.4 | 22.8 |
| 本地外来人口 | 12.3 | 11.2 | 2.4 | 6.7 | 10.4 | 5.5 | 0.3 |

以上数据显示，在经济中等发达地区外出人口的比例很高，如岳阳和浏阳其外出人口分别占总人口的26.4%和25.6%，有四分之一多，但本地外来人口分别只占2.4%和6.7%；在经济不发达地区的武鸣和隆安，外出人口比例分别占总人口的21.4%和22.8%，但本地外来人口分别只占5.5%和0.3%；而在经济发达地区无论是外出人口还是外来人口在总人口中所占比例都比较显著。如奉化和余姚外出人口占18.7%和15.4%，外来人口也占12.3%和11.2%。这些数据说明，在经济中等发达和不发达的地区，人口流动以流出为主，而在经济发达地区，则人口流出、流入都比较频繁。

## 第四节　资料分析方法

本研究对通过问卷调查获得的第一手实证资料采用定量分析的方法进行处理；而对通过文献收集法和结构式访谈法获得的文献和个案资料则采用定性分析的方法进行处理。

**（一）定量分析法**

为了充分挖掘所获得的实证资料的数量特征，本研究采用SPSS11.5统计软件进行了数据处理与分析，具体运用了频数分析、因子分析、逻辑回归分析、多元线性回归分析等具体方法。由于本研究中定序与定类变量居多，因此，对这些变量的处理，本研究先是通过基本的描述统计，获得相关的频数和百分比，然后采用非参数相关法求出相关矩阵，初步分析所有自变量和因变量之间的相关性；最后采用因子分析方法，进一步分析一些自变量和因变量之间的相关性，探寻多个变量中所隐含的公共因子及其意义。此外，对土地是否流转、流转过程中是否存在阶层冲突等二分变量的处理，先是通过建立逻辑回归模型，找出其中起显著性作用的变量，然后结合频数、百分比等情况，对所获得的实证资料进行比较全面的统计分析。

### （二）定性分析法

文献研究法和个案研究是本研究采用的两种具体的定性分析法。本研究对所收集的有关土地流转和社会阶层结构方面的论文、著作和调查报告进行了梳理和分类，了解了学术界在这一领域的研究进展，把握这一领域的研究前沿，从而确立研究者对这一领域的独特视角，并构建起土地流转研究的全新分析框架。此外，在实地调查中，本研究又在各个样本区的有关部门查阅了大量有关土地、土地流转、阶层分化与阶层冲突的文献资料，并在正式调查之前进行了试调查。可以说，本研究对文献资料的分析紧密结合了当前农村土地流转的实际，因而是建立在实践基础上的。同时，本研究还对一些个案访谈材料进行了归纳总结，在定量分析的同时结合典型个案分析，以增强研究成果的说服力。

# 第四章
# 农村社会阶层的土地价值认知

土地价值认知是农村社会阶层进行土地流转的心理基础。一般来说，人的行为有两种逻辑取向：一种是理性的，侧重经济价值，以获得经济满足为主要目标；一种是道德的，侧重情感价值，以获得情感满足为主要目标。农村社会阶层在土地流转中必然面临着行为逻辑选择。而土地价值认知则是影响农村社会阶层行为逻辑选择的心理致因。具体而言，土地价值认知通过影响农村社会阶层的土地流转意愿与行为选择，进而影响土地流转的速度与规模。因此，分析农村社会阶层土地依赖程度的差异、土地价值认知的差异、土地价值认知的特征以及土地价值认知的影响因素，是分析农村社会阶层的土地流转意愿与行为选择、揭示土地流转与农村阶层分化的逻辑起点。

## 第一节　农村社会阶层土地依赖程度的差异

要了解农村社会阶层对土地价值的认知，首先必须了解目前我国农民对土地依赖程度的认知状况。本研究认为，不同地区的农民由于社会经济发展水平不同，农民对土地的依赖程度是不尽相同的。而这种对土地依赖

程度上的差异,必然会影响到农民土地价值的认知。具体见表4-1。

**表4-1 不同地区农民的土地依赖程度(%)**

| 地区 | 对土地的依赖程度 | | | | |
|---|---|---|---|---|---|
| | 非常弱 | 比较弱 | 一般 | 比较强 | 非常强 |
| 发达地区 | 2.3 | 4.5 | 5.1 | 16.1 | 78.8 |
| 中等发达地区 | 2.2 | 5.1 | 5.2 | 37.9 | 56.9 |
| 不发达地区 | 3.0 | 3.6 | 2.9 | 29.1 | 68.0 |
| 总体 | 8.5 | 13.1 | 3.8 | 21.6 | 53.0 |
| N=1128 $x^2=15.153$ $P<0.05$ | | | | | |

上表表明:第一,当前,中国农民依然对土地有很强的依赖性,三个地区总体比例高达74.6%(比较强和非常强视为强烈)。千百年来,土地承载着农民的衣食住行,为他们的生老病死提供基本保障。人们与土地的这种生死相依的关系使得人们赋予了土地一种崇高的价值,土地成为中国农民无法舍弃的“命根子”。可以说,中国上下几千年的农耕文化造就了中国农民对土地强烈的依赖意识。第二,对土地的依赖呈现明显的地区差异。从上表可以看出,由于发达地区、中等发达地区和不发达地区所处地域不同,地区文化不同,农民的土地价值意识呈现显著差异。如,土地依赖意识非常强烈的农民,为发达地区最多,占了78.8%,不发达地区次之,占了68.0%,中等发达地区最少,占56.9%。本研究认为造成这种差异的原因,可能有以下两个方面:第一,中等发达地区经济发展相对落后,该地区的农村富余劳动力纷纷外出务工。据此次调查的数据显示,中等发达地区高达49.6%的农民有外出务工经历,位居所调查的三地区之首。大量农民的外出,使他们对土地的依赖性下降。第二,在发达地区由于土地的相对效益增值很快,反而增加了农民对土地的依赖。这是由于发达地区的非农产业非常发达,基本上形成了“公司+农户”的经济发展模式,这种经营模式加速了农产品的市场流通,提高了土地的经济附加值,提高了农民经营土地的经济效益,发达地区的农民也因此倍加重视自己的土地,这将强化他们对土地的依赖意识。

而在不发达地区，由于受交通等自然条件限制，大部分农民只能留在土地上，其他经济又不活跃，土地收入几乎是他们的唯一收入来源，因此对土地有着深深的依赖，其土地依赖意识也就更显强烈。“农村真穷，农民真苦。”这是本研究在不发达地区调查中的深刻体会。普通农民对土地有着深深的依赖。可以说，土地就是农民的全部希望所在。（见个案“任土地如何流转命根子地位不动摇。”）

**任土地如何流转　命根子地位不动摇**

个案C，浙江省余姚县S村村民，高中文化，52岁，他的土地已经发生了几次流转，目前拥有两亩田地，这片田地在中水南。

个案C对土地的依赖程度很高，他自己的两亩地相比于其他地方的大农场虽然不大，但依靠自己的劳动还能给家里带来一些基本的生活保障，农民离不开土地，必须依赖于土地。个案C认为土地就是命根子。他一直持着“土地与农民密不可分”的观点。

同样，在中部的湖南省，农民们也普遍认为，土地就是农民的命根子。个案W为一名53岁的中年男子，家住湖南省T村，已婚，高中文化程度。家庭年收入大概在四万左右，其中农业收入两万、非农业收入两万，生活收入来源主要是承包土地的收入。提及土地价值的时候，他显得很兴奋，他认为土地对农民来说是至关重要的。没有土地农民无以为生，农民对土地的依赖程度非常之高。而且随着这些年国家对农民、农村、农业的重视，土地的经济价值越来越大，土地可谓是农民的衣食父母。对于他们而言土地就是赖以生存的命根子，没有什么比土地更重要，用他们自己的话说农民嘛，就是靠土地生存的。

个案L今年62岁，湖南省X村村民。家庭成员为他和老伴，只有一个养女嫁到衡阳去了。L文化水平不高，但对土地的感情是非常浓厚的。他告诉我像他们这些没什么文化的老人，祖祖辈辈都是靠这点田土来过日子。如果没田土的话，农村不知有多少老人还要挨饿。年轻人能打工还好，能挣点钱。老人就没办法了，儿女多的可以负担一点，像个案L就一个养女，没

有田土生存肯定是个大问题。

个案M，广西武鸣县C村人，今年46岁。个案M对土地有一定依赖，他家祖祖辈辈都是农民，他自己的3亩地虽然不大，但依靠土地还能给家里带来一些基本的生活保障，所以他觉得土地是他生活的根本。农民有了土地就有了基本生活保障。种地虽然不能过得很富有，但至少是个保障，大儿子这些年在外打工，但也不固定，挣钱也不多，等过些年也许还会回家种地的。他觉得人老了有自己的地还是有安全感些。土地毕竟是命根子，即使出去打工以后还是要回来的，所以还是不愿失去土地，放弃土地承包权的。

由此可见，无论东部、中部地区，农民普遍认为土地就是命根子。在中国辽阔的土地上，农民对土地的感情有多么深厚。当然，由于地区不同，经济发展水平不一样，在土地的依赖性上有着显著的地区性差异。在个案访谈中，我们明显感到，年轻一代对土地的感情已非常淡漠。（见个案“没有土地的农民”）

**没有土地的农民**

个案S今年27岁，广西省武鸣县C村村民，家庭成员包括父母和一个姐姐，姐姐已结婚，住在城市内。家里土地全部被征用，已不是那种真正意义上的农民了，但他们的父辈是。在土地流转中，自然会有很多人对土地存在很多感情，但是社会在进步，不能光靠以前的农田劳作了，而且他们村子的土地也不是很肥沃，如果能换一种生活方式自然是很好。即使就现在这样，大家都不再是农闲时才有时间，因为靠近市区，他们通常晚上会去夜校学习。

个案S和老一辈关于土地的观点不大相同，他认为，“土地的生态价值，主要是看这个土地肥不肥沃，能种什么，还有它周围的发展。一个城市要发展，就要占用土地，而且政府的政策也很关键”。“现在时代发展了，土地不再是命根子，农民除了种地，还可以干好多事情，可以像城里人那样，弄个小门面，或者跑跑运输，不再是那种‘面朝土背朝天’的时候了，也可以弄个农场，现在的农民都是新型农民了。”

那么，农村社会阶层对土地的依赖是不是也存在着差异呢？本研究认为，由于农村社会阶层的收入来源、职业类型等不尽相同，其对土地的依赖程度也应该存在差异，且这种差异必然与其阶层特点相关。调查表明，在农村的各个阶层中，对土地依赖强烈的阶层排在前四位的依次为一般农户、无业人员、乡村管理者和从事渔、牧、林的农业大户。通过数据，我们可以发现在对土地依赖非常强的阶层中，最高的是一般农户阶层，其比例达 64.1%，最低的是企业管理者阶层，其比例仅为 17.5%。而且，从数据中可以发现，农村社会阶层的职业特点越是与土地联系不紧密的阶层其依赖性也就越小。具体见表 4－2。

**表 4－2　农村社会阶层土地依赖程度的差异(%)**

| 农村社会阶层 | 对土地的依赖程度 | | | | |
|---|---|---|---|---|---|
| | 非常弱 | 比较弱 | 一般 | 比较强 | 非常强 |
| 一般农户 | 1.4 | 3.2 | 4.8 | 26.5 | 64.1 |
| 个体工商经营者 | 3.6 | 15.4 | 35.1 | 17.3 | 28.6 |
| 农村技术人员 | 4.2 | 13.2 | 32.3 | 22.5 | 27.8 |
| 私营企业主 | 18.2 | 21.4 | 30.7 | 11.6 | 18.1 |
| 企业管理者 | 21.2 | 31.4 | 21.5 | 8.4 | 17.5 |
| 从事渔、牧、林的农业大户 | 3.7 | 2.4 | 9.6 | 41.2 | 43.1 |
| 乡村管理者 | 1.2 | 3.8 | 5.6 | 42.3 | 47.1 |
| 无业人员 | 3.5 | 4.7 | 11.4 | 23.5 | 56.9 |
| $N = 1128 \quad x^2 = 13.124 \quad P < 0.001$ | | | | | |

此外，农村不同阶层对土地的依赖程度还反映在土地收入在农村社会阶层总收入所占比重上。数据显示，土地收入在农村社会阶层总收入中所占比重分化严重。在所有收入中，土地收入占了一般农户的 86.3% 和农业大户的 83.2%，而只占企业管理者的 11.3%。由此可见，随着农村阶层分化进一步加快，土地收入在农村社会阶层收入中的作用与地位也在下降。具体见表 4－3。

**表 4－3　农村社会阶层土地收入在总收入中所占比重（%）**

| 农村社会阶层 | 百分比 | 个案数 |
| --- | --- | --- |
| 一般农户 | 86.3 | 189 |
| 个体工商经营者 | 47.5 | 156 |
| 农村技术人员 | 64.2 | 155 |
| 私营企业主 | 21.6 | 148 |
| 企业管理者 | 11.3 | 151 |
| 从事渔、牧、林的农业大户 | 83.2 | 127 |
| 乡村管理者 | 68.6 | 113 |
| 无业人员 | 34.7 | 89 |
| 平均 | 52.2 | 141 |

另外，通过对调查数据的分析可知，除了地区差异影响着农民土地的依赖意识外，农村社会阶层的阶层构成特征也是影响土地依赖意识的一个重要原因。如被调查者的文化程度、家庭劳动人口数、家庭人均收入、土地收入占家庭总收入的比重以及农民外出务工质量等情况的不同，都在不同程度上影响着他们对土地的依赖。那么，这些因素是怎样影响农村社会阶层对土地的依赖程度的？由于因变量是二分变量，故本研究采用逻辑回归模型来分析上述各阶层特征因素变量对土地依赖的影响程度。具体见表4－4。

**表 4－4　以农民的土地依赖意识为因变量建立的逻辑回归模型**

| 自变量 | 农民土地依赖意识 |
| --- | --- |
| 文化程度 | .070(.169) |
| 家庭劳动人口 | .177(.157) |
| 专门务农人口 | .141 *(.011) |
| 家庭人均收入 | .000(.000) |
| 土地收入占总收入比重 | .617 * *(.160) |
| 外出务工的质量 | -.262 *(.018) |
| 样本量 | 1128 |

注：1. 表内各变量系数为未经标准化的回归系数，括号内为标准值；

2. * P<0.05，* * P<0.01。

结果表明，专门务农人口和土地产出占收入的比重，这两个变量对农民的土地依赖意识有显著正向影响，而外出务工质量则对土地依赖意识有显著的负向影响。具体来说：(1)土地收入占家庭总收入的比重越大，农民对土地的依赖意识越强，依据物质决定意识的原理，这是符合常理的；(2)家庭专门务农人口越多，农民对土地的依赖意识越强。其原因可能是家庭专门务农的人口多，说明该家庭成员的职业分化不明显，他们所接触到的非农职业和有关非农信息并不多，致使其成员越倾向于重视土地；(3)外出务工质量，其根本体现是年平均收入的多少。外出务工质量越高，年平均收入就越多，对土地的依赖性越低。(见个案“承包大户的心声”)

**承包大户的心声**

个案A，女，33岁，湖南省浏阳市S村村民，已婚，初中文化程度，现为当地个体工商经营户。

家庭年收入为30000~50000元，收入来源主要为个体经营所得，家庭年支出为20000~30000左右，主要用于农业种植。家中，丈夫健康状况良好，收入为15000~25000元/每年，主要是承包小部分土地种植果蔬所得，支出情况不太清楚；儿子身体健康，现在当地小学就读；目前，家庭在本村的社会地位一般(自己也不是很清楚)，经济水平在当地属于中等，而社会声望也是一般。如今，一家人居住的房屋结构为两层楼房，住房面积达一百五十平方米，家庭中拥有的耐用消费品有彩电、洗衣机、电冰箱、女士摩托车等。

个案A承包了七亩地准备搞果蔬种植，加上原先自己的三亩，一共是十亩地。个案A所居住的村庄家庭农场相当普遍，主要以小型的养殖场为主。因为主要从事个体经营的缘故，个案A家庭对土地的依赖程度不太强.

个案A说：“我现在虽然承包了土地，搞些规模经营，也不见得没了土地我就不能活了。孩子现在学习还可以，条件允许的话，我们会供他出去读大学，将来就能有出息。只要孩子自己能努力好起来，就是我们最大的幸福了。至于他是在农村还是留在城市，那是他的自由。土地有的话就给他留着，没有也就算了，到时他还不一定要不要呢，没必要为孩子想太多，让他自己去弄吧。”

## 第二节　农村社会阶层土地价值认知的差异

农村社会阶层对土地价值的认知主要是对土地经济价值、社会价值和存在价值的认知。在传统农业社会，土地的经济价值比较突出，社会价值和存在价值没有引起农民的关注，随着农业现代化进程的加快，被统称为土地的现代价值的社会价值和存在价值逐渐凸显，引起农民的关注。具体而言，土地的经济价值是指土地由其承载功能、生长功能——为人类提供最基本的物质资料以及凝聚资本的功能、土地所有权经济实现与市场实现的主要方式等体现出来的价值；土地的社会价值是指土地由其社会保障功能、社会地位功能等体现出来的价值；土地的存在价值是指土地由其生态系统维护功能、景观功能、气候的调节功能和消除污染功能等体现出来的价值。

### （一）农村社会阶层土地经济价值认知的差异

土地经济价值是土地的实际利用的价值，是最直观的价值，是人们首要关注的价值。土地的经济价值会因土地的质量、劳动、区位等不同变得千差万别。对土地经济价值的认知，是反映农村社会阶层对土地的依赖程度的首要指标。在具体的研究中，本研究用土地是否是主要的生活来源和土地是否是主要的职业这两个指标来反映不同阶层对土地经济价值的认知。数据表明，不同阶层对土地经济价值的认知呈现出显著差异。见表4－5。

表4－5　不同阶层对土地是否是生活的主要来源、主要的职业的认知（%）

| 农村社会阶层 | 是生活的主要来源 | | | 是主要的职业 | | |
|---|---|---|---|---|---|---|
| | 同意 | 一般 | 不同意 | 同意 | 一般 | 不同意 |
| 一般农户 | 83.4 | 11.5 | 5.1 | 98.4 | 1.6 | — |
| 个体工商经营者 | 57.5 | 23.9 | 61.9 | 12.1 | 38.6 | 49.3 |
| 农村技术人员 | 46.3 | 23.4 | 11.4 | 16.7 | 43.2 | 40.1 |
| 私营企业主 | 34.5 | 25.8 | 11.4 | 64.1 | 24.2 | 11.7 |
| 企业管理者 | 14.2 | 14.6 | 15.7 | 7.4 | 34.8 | 57.8 |

续表

| 农村社会阶层 | 是生活的主要来源 | | | 是主要的职业 | | |
|---|---|---|---|---|---|---|
| | 同意 | 一般 | 不同意 | 同意 | 一般 | 不同意 |
| 从事渔、牧、林的农业大户 | 87.9 | 10.4 | 1.5 | 82.1 | 24.6 | 64.2 |
| 乡村管理者 | 56.8 | 21.4 | 21.8 | 75.6 | 18.9 | 5.5 |
| 无业人员 | 58.1 | 32.4 | 9.5 | 11.2 | 11.6 | 6.3 |
| 平均 | 62.4 | 20.4 | 17.2 | 45.9 | 24.7 | 29.4 |
| | $x^2=11.416$　$P<0.05$ | | | $x^2=10.221$　$P<0.05$ | | |

表4－5的数据表明，农村社会阶层对土地经济价值的认知，从总体上呈现出显著差异性。第一，土地仍然是一般农业生产者主要的生活来源。其中一般农民对这一问题表示认同的占83.4%，农业大户占87.9%，最低的是企业管理者阶层仅占14.2%。对这一问题总的认知是，表示同意的占62.4%。第二，对农业生产是否是农村社会阶层主要职业问题的认知上差异显著。有98.4%的一般农业生产者和82.1%农业大户认为土地是其主要的职业，但是却只有7.4%的企业管理者阶层这样认为。而在整个农村阶层中有45.9% 的人对这一说法表示"同意"，另外，还有24.7%的人认为"一般"。而"不同意"这一说法的人数也占了总数的29.4%。可见，农村非农产业的飞速发展，使得农民的职业选择趋向多样化。（见个案"土地不能承载之轻"）

### 土地不能承载之轻

个案Z，现年41岁，湖南省浏阳市G村村民，高中文化。除了种田，个案Z平时还会在附近打零工帮别人砌房子。

个案Z所在的村庄有一条国道贯穿，不过他家比较偏远，离公路约2.5公里，距其他的交通要道也比较远。算是一个相对比较贫穷和落后的村子。因为贫穷，也没有什么稍有规模的工厂，只有三两个小型花炮厂，给当地一些闲赋在家的妇女提供了简单的工作机会，农闲的时候她们就会去花炮厂做花炮贴补家用。外来人口也比较少，倒是村里很大一部分年轻力壮的青年男女都出去打工了，一般是留下老人和孩子在家里。像个案Z他们这样从一而终守在农村的比较少。个案Z也是因为有砌房子的手艺在身，所以没有外出。如果仅凭田地里的收益是不够一家人开销的。他这一辈子是没想过要离开了，也没想过要把土地转让出去，但是他还是希望儿子能够走出土地，走出农村，走向外面更广阔的世界。年轻一辈在农村种田算是没出息的了。

个案Z所在村庄流转土地涉及本村农户的比例不大，而且都是小规模单户转让，大家对土地流转并无特殊看法，反正是你情我愿的事情，很正常。想种就种，不想种就转让，愿意要的就要，双方协商好了就好。以前大家只能干农活，靠土地的收益为生，没有了土地就没有办法生存，土地多的就是地主、富农，没有土地的就是贫农，是穷人。但是现在不一样了，相对来说土地的收益算是比较小的，所以才会有那么多人不种地跑出去打工挣钱。现在倒是觉得愿意种地的人越来越少了，甚至有时候有人想要转让土地却还没人愿意接收。

农村各个阶层对“土地是否是农民重要的生产资料”的认知上也存在显著差异。在这一问题上，从事渔、牧、林的阶层有89.9%的人表示“赞同”，农村技术人员阶层有92.9%的人表示“赞同”。也就是说农村绝大多数的人仍然认为土地是农村最基本的生产资料。相反，总的来说，对“土地是农民的一种负担”的说法却有86.6%的农民持反对意见，持表示“赞同”的仅占5.6%。可见，土地作为农村最基本的生产资料的地位仍然没有改变。具体见表4－6。

表 4－6 不同阶层对土地是否是重要生产资料、一种负担的认知（%）

| 农村社会阶层 | 不同阶层对土地是否是重要生产资料的认知 | | | 农村社会阶层对土地是农民的一种负担的认知 | | |
|---|---|---|---|---|---|---|
| | 赞同 | 说不清 | 不赞同 | 赞同 | 说不清 | 不赞同 |
| 一般农户 | 72.4 | 24.1 | 3.4 | — | 10.3 | 89.7 |
| 个体工商经营者 | 87.0 | 9.3 | 3.7 | 1.9 | 1.9 | 96.2 |
| 农村技术人员 | 92.9 | 7.1 | — | 7.1 | — | 92.9 |
| 私营企业主 | 85.4 | 6.3 | 8.3 | 13.0 | 4.3 | 82.6 |
| 企业管理者 | 72.7 | 27.3 | — | — | 27.3 | 72.7 |
| 从事渔、牧、林的农业大户 | 89.9 | 6.1 | 4.0 | 4.0 | 11.1 | 84.9 |
| 乡村管理者 | 87.5 | 12.5 | — | — | — | 100.0 |
| 无业人员 | 80.0 | 20.0 | — | 20.0 | — | 80.0 |
| 平均 | 86.7 | 9.4 | 3.9 | 5.6 | 7.8 | 86.6 |
| | $x^2=9.823$　$P<0.05$ | | | $x^2=11.122$　$P<0.05$ | | |

### （二）农村社会阶层土地社会价值认知的差异

土地既是农民的衣食之源，又是农民的生存之本。随着人类对土地的进一步开发与利用，人们已经认识到现实的土地已由此前的单纯的自然综合体，演变为一个综合了由各项自然因素和人类劳动成果的自然——经济综合体。在当代，土地仍集养育功能、承载功能、积蓄和增殖资产功能以及信用担保功能于一身，这些功能转换为农民的基本生活保障、养老保障、就业保障和医疗保障等。长期以来，我国的社会保障制度在农村一直是一个薄弱环节。国家目前还无力完全承担占全国70%的农村人口的社会保障支出。[①] 因此，农民的生老病死仍主要依赖土地。具体见表 4－7。

① 陈成为、赵玲：《当前农村阶层的土地价值认知研究》，《湖北社会科学》2008 年第 12 期，第 10 页。

**表 4－7　农村社会阶层对土地社会价值的认知(%)**

| 农村社会阶层 | 是否是基本生活保障的认知 | | 是否是基本养老保险的认知 | | 是否是基本就业保障的认知 | | 是否是基本医疗保障的认知 | |
|---|---|---|---|---|---|---|---|---|
| | 是 | 否 | 是 | 否 | 是 | 否 | 是 | 否 |
| 一般农户 | 96.3 | 3.7 | 93.4 | 6.6 | 71.5 | 28.5 | 86.4 | 13.6 |
| 个体工商经营者 | 10.9 | 89.1 | 10.4 | 89.6 | 1.5 | 98.5 | 0.2 | 99.8 |
| 农村技术人员 | 56.2 | 43.8 | 53.4 | 46.6 | 81.2 | 18.8 | 16.7 | 83.3 |
| 私营企业主 | 3.9 | 96.1 | 9.4 | 90.6 | 3.6 | 96.4 | 3.8 | 96.2 |
| 企业管理者 | 2.8 | 97.2 | 11.6 | 88.4 | 25.7 | 74.3 | 7.4 | 92.6 |
| 从事渔、牧、林的农业大户 | 84.7 | 15.3 | 85.8 | 14.2 | 86.3 | 13.7 | 74.1 | 25.9 |
| 乡村管理者 | 7.3 | 92.7 | 14.6 | 85.4 | 5.7 | 94.3 | 7.4 | 92.6 |
| 无业人员 | 94.5 | 5.5 | 95.2 | 4.8 | 81.4 | 18.6 | 24.1 | 75.9 |
| 平均 | 50.8 | 49.2 | 50.5 | 49.5 | 44.6 | 55.4 | 27.5 | 72.5 |
| | $x^2=9.416$ $P<0.05$ | | $x^2=11.351$ $P<0.05$ | | $x^2=10.121$ $P<0.05$ | | $x^2=10.331$ $P<0.05$ | |

从上表中的数据来看，农村社会阶层对土地社会价值的认知差异显著。在回答“土地是否是农村社会阶层基本生活保障”这一问题时，普通农户中96.3%的人给予了肯定的回答，是所有阶层中认同度最高的阶层；企业管理者中2.8%的人给予了肯定的回答，是所有阶层中认同度最低的阶层。二者比较后发现，最高认同阶层与最低认同阶层之间竟然相差了93.5个百分点。类似情况同样也出现在对土地的其他几种社会价值的认知上。如，在回答“土地是否是基本养老保障”问题时，无业人员是最高认同阶层，高达95.2%的无业人员肯定这个问题；私营企业主是最低认同阶层，只有9.4%的私营主肯定这个问题。二者之间相差85.8个百分点。在回答“土地是否是就业保障”问题时，从事渔、牧、林的农业大户是最高认同阶层，86.3%的人表示认同；个体工商经营者是最低认同阶层，只有1.5%的人表示认同。二者之间相差84.8个百分点；在回答“土地是否是基本医疗保障”问题时，一般农

户是最高认同阶层，86.4%的人表示认同；个体工商经营者是最低认同阶层，只有0.2%的人表示认同。二者之间相差86.2个百分点。

可见，不管对哪种社会价值的认知，各个阶层之间的差异十分明显，这也说明土地对农村各个阶层的功能和作用是不尽相同的。

在关于农村社会阶层对“土地是否是农民的命根子”和“土地是否是农民最重要的生存保障”这两个问题的调查来看，认同率仍然很高，表示“赞同”的平均分别占86.9%和93.4%，而在不同阶层之间其认同的差异性也比较显著，这进一步证明了农村各个阶层在土地社会价值的认知上是显著不同的。具体见表4－8。

**表4－8　不同阶层对土地是否是农民的命根子、农民最重要的生存保障的认知(%)**

| 农村社会阶层 | 农村社会阶层对土地是否是农民的命根子的认知 | | | 农村社会阶层对土地是否是农民最重要的生存保障的认知 | | |
|---|---|---|---|---|---|---|
| | 赞同 | 说不清 | 不赞同 | 赞同 | 说不清 | 不赞同 |
| 一般农户 | 89.7 | 10.3 | — | 79.3 | 20.7 | — |
| 个体工商经营者 | 96.2 | 1.9 | 1.9 | 83.4 | 9.2 | 7.4 |
| 农村技术人员 | 92.9 | — | 7.1 | 100.0 | — | — |
| 私营企业主 | 82.6 | 4.3 | 13.1 | 91.7 | 4.1 | 4.2 |
| 企业管理者 | 72.8 | 27.2 | — | 100.0 | — | — |
| 从事渔、牧、林的农业大户 | 84.8 | 11.1 | 4.1 | 92.9 | 5.1 | 2.0 |
| 乡村管理者 | 100.0 | — | — | 100.0 | — | — |
| 无业人员 | 80.0 | — | 20.0 | 100.0 | — | — |
| 平均 | 86.9 | 7.8 | 5.3 | 93.4 | 4.9 | 1.7 |
| | $x^2=11.128 \quad P<0.05$ | | | $x^2=10.735 \quad P<0.05$ | | |

当然，也有村民认为，由于大多数青壮年劳力在城市打工，已经淡薄了土地是命根子的概念，这也是阶层分化导致不同阶层社会心理变化的结果。(见个案Z)

个案Z,男,46岁,羌族,广西省G市S村村民,已婚,高中文化,政治面貌曾经为团员,身体健康,无业人员,现在本地打临时工。家庭生活的主要来源靠打工收入,每年收入大概3万元左右,由于耕地被占用,原先的农业收入没有了。

Z说,家里主要是靠打工收入,因为老婆生病,照顾了一段时间,土地基本上不怎么种植了,也荒废了。政府征用也正好。至于土地是命根子,倒是说不上。土地流转是否影响后代对土地的占有,影响肯定是有的,回头他们没有了土地。不过,就我家那两个孩子,就算给他们留了土地,他们也不会愿意回来种的,在城市打工远比在家种地要舒服得多。所以,我觉得,不需要也没必要考虑这些问题。

### (三)农村社会阶层土地存在价值认知的差异

土地的存在价值是经济学中一个全新的概念。英国经济学家皮尔斯认为,土地存在价值的发现是新经济学最为重要的成果之一。具体来说,土地的存在价值主要包括以下三个方面:一为生态价值。土地是不可再生资源,一旦失去就意味着永远失去,如土地的沙化、碱化以及建筑用地等。二为自然景观价值。自然景观一旦破坏就会产生不可逆的后果。三为代际传递价值。即土地使用的代际传递功能。土地虽然是不可再生资源,但它的使用具有代际传递性,是农民世代生活的物质基础。对土地无节制的消费会影响土地的使用功能,进而影响到子孙后代的生存。土地作为一种不可再生的稀缺资源,其存在价值的重要作用随着人类的发展和环境对人类的不断作用,开始受到人类的重视。对土地的存在价值的认知应包括以下几个方面的内容:第一,人与土地是一个整体;第二,人的生存离不开土地,即人隶属于土地,而土地决不隶属于人;第三,土地的生态价值问题产生的实质是文化价值问题,绝非经济和技术问题;第四,后代对土地的拥有权利和我们一样多,我们有道德和义务留给后代足够的发展空间。[①]

---

① 王英:《城郊农户农地流转的意愿研究》,华中农业大学硕士论文,2008年5月。

这同时也是人类对土地存在价值认知的意义之所在。在现代社会，我们必须要树立“人地共荣”，“保护土地光荣，损害土地可耻”，“保护土地就是保护我们的生命线”，“不能吃祖宗的饭，断子孙的路”等新型土地存在价值观，实现土地的可持续发展。但是，目前我国部分农村的地方政府不顾实际情况，在农村盲目地搞经济开发区，上项目，结果是开发条件不成熟，资金不能到位，致使大量土地被荒置，农民生产资料被挤占。这种盲目的土地流转造成了土地资源的严重浪费，已经影响到农村的可持续发展。（见个案“失地之痛”）

**失地之痛**

个案L，男，45岁，小学文化，湖南省长沙县S村人，无业人员。L一辈子都是在土里“刨食”的，在1999年，发生一件让他始料未及的事。一次村里一个消息灵通人士偷偷告诉他，他们这里要办开发区了，文件也已经下达了，他们所在的村子即将进行集体搬迁。他要L马上盖新房，而且村里很多人都在盖房子。让L不明白的是，为什么要搬迁了还要盖房子呢。原来国家搬迁一般会按照房子的新旧程度进行补偿。但L是一个老实人，他觉得这种钱不能要，更何况L从心里就不愿意搬离这个他住了几十年的家。没过几天，村干部来到他家，给他讲了一大堆让L似懂非懂的道理。没有办法，为了支持国家建设，L随乡亲们一道搬到了几里以外的镇上，住进了国家为他们专门修建的房子。从内心来说新房子比他那老屋要舒适的多，但L还是住得不塌实。

一年过去了，L想回去看看。来到以前房子所在的地方，那里所有的房子都被推掉了，周围用水泥和钢筋围起了一道栅栏，地上还能依稀看到一些遗弃的砖头和木材。L感到这么好的地方要是用来种稻谷该多好啊，就这样白白地荒废了一年，他的心好象被针扎了一样。第二年的时候，L又想回去看看，他希望在那里能看到高大的厂房和轰隆的机器。但是，他很失望。因为那里除了被栅栏围着荒草外什么也没有。第三年，仍然是这样，只是那荒草越来越茂盛，还长出了一棵棵小树，已经有一人高了。

“作孽啊！”L想，“以后子孙后代没有土地了，该怎么办啊。”他无奈的摇摇头，在夕阳里走向他的新家。

那么，农村社会阶层对土地存在价值是否有认知？他们的认知是否存在差异？存在着怎样的差异？本研究分别对农村社会阶层关于土地存在价值的三个方面进行了专门调查。见表4－9。

表4－9　农村社会阶层对土地社会价值的认知(%)

| 农村社会阶层 | 对土地是否具有生态价值的认知 | | 对土地是否具有景观价值的认知 | | 对土地是否具有代际价值的认知 | |
|---|---|---|---|---|---|---|
| | 是 | 否 | 是 | 否 | 是 | 否 |
| 一般农户 | 17.5 | 82.5 | 14.6 | 85.4 | 15.7 | 84.3 |
| 个体工商经营者 | 27.9 | 72.1 | 30.4 | 69.4 | 55.6 | 44.4 |
| 农村技术人员 | 46.3 | 53.7 | 23.4 | 76.6 | 11.4 | 88.6 |
| 私营企业主 | 14.5 | 85.5 | 10.8 | 89.2 | 7.4 | 92.6 |
| 企业管理者 | 47.9 | 52.1 | 70.4 | 29.6 | 68.5 | 21.5 |
| 从事渔、牧、林的农业大户 | 6.3 | 93.7 | 14.6 | 85.4 | 55.3 | 44.7 |
| 乡村管理者 | 57.7 | 42.3 | 23.4 | 76.6 | 50.2 | 49.8 |
| 无业人员 | 34.5 | 65.5 | 25.8 | 74.2 | 13.9 | 86.1 |
| 平均 | 31.6 | 68.4 | 26.7 | 73.3 | 34.7 | 65.3 |
| | $x^2=10.654$ | $P<0.05$ | $x^2=10.426$ | $P<0.05$ | $x^2=11.018$ | $P<0.05$ |

表4－9的统计表明，农村社会阶层对土地存在价值均有认知，但认知呈现较明显的阶层差异。总体而言，首先，普通农户阶层对土地存在价值认知较低，而且表现在对土地存在价值三个方面的认知都普遍较低。其次，农村社会阶层之间在对土地存在价值的认知上，分化比较明显，且是在土地存在价值的三个方面的分化都比较明显。具体而言，对生态价值的认知上，乡村管理者阶层认同率最高，有57.7%的人表示认同，从事渔、牧、林的农业大户阶层认同率最低，只有6.3%的人表示认同，二者相差51.4个百分点；在对

景观价值的认知上，企业管理者阶层认同率最高，有70.4%的人表示认同，私营企业主阶层认同率最低，只有10.8%的人表示认同，二者相差59.6个百分点；在对代际价值的认知上，企业管理者阶层认同率最高，有68.5%的人表示认同，私营企业主阶层认同率最低，只有7.4%的人表示认同，二者相差61.1个百分点。这种差异性的产生，本研究认为主要有两个方面的原因：第一是农村社会文化程度存在阶层差异。认知主体的文化程度会影响对土地存在价值这一全新概念的理解。农村社会阶层由于文化程度的差异，对这一概念的认知和理解必然会存在一定程度的差异，认同也就不尽相同。如普通农户相对而言文化程度较低，所以在对土地存在价值的各个指标的认同上也普遍较低。第二是农村社会阶层对土地各价值的依赖程度存在差异。就目前来说，由于我国农村经济发展还比较落后，土地仍然是农村社会阶层的主要生活来源和社会保障，土地的经济与社会功能仍然是农村社会阶层的主要依赖对象，因此，在这一背景下，土地的存在功能就往往容易被忽视。

## 第三节 农村社会阶层土地价值认知的特征

通过以上分析可知，目前我国农民土地价值认知的变化主要有两个方面的特征：一是传统的土地价值意识和现代的土地价值意识相互交融；二是呈现出“理性实用主义”的取向。

### （一）传统价值与现代价值的交融

当前农民土地价值认知变化在总体上呈现出传统土地价值意识与现代土地价值意识交融的时代特征。在城市化迅猛发展的21世纪，农民的传统土地价值意识依然比较强烈，这是中国传统农耕文明沿袭至今的结果。对于传统的乡土中国来说，土地不仅是农民安身立命的根本，更是他们生活方式的构成部分。中国绵延数千年的农耕文明使得土地不仅是传统农民一切财富的最终来源，也是其赢得社会声望和权利地位的物质基础。[①] 儒家的道德准则规定了农业是立国之本，工商为末，因此，传统农民摆脱贫困追求财富的道德选择就是“本富为上，末富次之，奸富最下”，拥有土地成为社会声誉的象征。因此，即使“以末致富”，也要“以本守之”。这种视土地为“命根子”的乡土传统沿袭，是造成当今农民传统土地价值意识依然强烈的根本原因。然而，在农村城市化过程中，无商不活、无工不富又对现代农民造成了极大的诱惑，特别是1978年改革开放以来，农民的致富心理得到了强烈的刺激，激发他们在地域和职业的流动中寻找致富的捷径，在这一流动过程中势必导致农民土地价值意识发生具有现代性特征的变化。[②] 但是，在传统与现代交互作用的过程中，农民强烈的传统土地价值意识只会慢慢淡化，不可能旦夕之间全盘剔除。“几年前我去广州打工，可是我在城里呆了一个月，找了一个月的工作都没有找到，在城里找工作实在太难了，住在那里还得要办这个证那个证的。还是种田容易啊！没地我可咋办啊！”这是本研究在发达地区访谈时遇到的一个被城市拒之门外的农民的真实感受。这表明，在现代化的过程当中农民要离开土地进入非农产业还存在一些障碍，这些障碍主要是经济发展水平的不一致、乡镇企业发展的困境、城乡二元结构所造成的排斥性制度等。因此，多数农民只能被束缚在土地上以种地谋生。即使农民谋得了一份非农职业，但要想以非农职业为唯一生存依托变成城市居民也太难了。因此，家里必须要保留一份田地，以便进退自如。土地是他们抵御风险的最基本心理防线。此外，城市化过程中出现的现代保障体系相当程度地剥离了农民——土地以往的依附关系，从而加速了农民土地价值意识的现代性变化。以上诸多要素共同作用导致了我国当代农民的土地价值意识呈现出历史的特殊性。周晓红教授指出：“传统与现代并非总是作为一对互为排斥的概念存在，两者不仅可以共存，而且还可以相互渗透并融

① 陈光金：《中国乡村现代化的回顾与前瞻》，湖南出版社1996年版，第73页。
② 周晓虹：《现代化进程中的中国农民》，南京大学出版社1998年版，第178页。

合。”[①]可以说，目前我国农民的土地价值意识正好体现了这一传统与现代交融的时代特征。

### 土地已是一个符号

个案X，32岁，是湖南省岳阳县R村村民，常年在市区居住，以开车跑运输为业。家里有老婆和两个儿子。老婆30岁，大儿子10岁，小儿子8岁。个案X只读过小学，初中没有毕业就不读书了，他老婆初中毕业。两个儿子都在读小学。

个案X对土地没有什么特别的感情，也没有想过这土地以后怎么办。在老家，他家里有四亩地，其中两亩是水田，两亩旱地，还有些树。但是由于地形限制，地多是小块小块的，耕种起来十分麻烦。当然承包出去也不可能。现在他家的地送给了他的表兄弟耕种，基本属于白送，什么东西也没要。也有将地租给别人的，但是租金很低，一亩地每年也就100斤稻谷。因此，他根本就不对那些东西抱什么希望。至于国家的补贴，倒是归他所有，只是太少，有没有没有很大的区别。现在他们村里的地多是种一季稻谷，说是为了防止上面来查土地撂荒。待在农村的基本都是带孩子的妇女和老人，他们村现在基本很少看到年轻人。每次回去都是冷冷清清的，连过年的时候人都不多。

个案X虽然不认为土地是自己的负担，但是也不认为土地就是自己的命根子。在他看来，现在家里的土地只是让他记得每年要回去看看。如果实在发生什么情况，在城市里待不下去了，还可以回家生活。他不希望自己的儿子以后回去种地，也不希望自己的儿子以后在背负农民的名声。在他看来，农民是很差的职业。如果自己在城市里过得好，管什么社会保障。对中央关于农村土地流转政策利弊的看法，个案X说自己不知道，反正农民日子不好过！

---

① 周晓红：《现代化进程中的中国农民》，南京大学出版社1998年版，第38－41页。

### （二）“理性实用主义”取向

当前农民的土地价值认知变化的又一特点是在土地价值意识“理性实用主义”取向。本研究的实地调查表明，从表面上看，三个地区农民的土地价值意识差异很大，但如果深入探讨就可看出三个地区的相同更多于差异。无论是不发达地区、发达地区农民的非常强烈的传统土地价值意识，还是中等发达地区农民的相对淡薄的传统土地价值意识，其实质是相同的。此次调查的数据及访谈的资料有效地证实了这一点。三个地区的农民对土地价值认知表面的差异性正是本质一致性的反映。发达地区的花木种植、食品加工等发达的第二、三产业使当地的土地经济价值得到有效发掘，土地的经济产出加大，即带给人们这样的认知：经营土地也能产生高利润。不发达地区的农民由于第二第三产业的不发达，无法给农民提供其他的就业机会，农民只能向土地讨生活，他们的衣食住行统统要依靠土地，土地承载着他们全部的希望。因此，在这两个地区，土地的传统价值得到提升，人们的传统土地价值意识非常强烈。而中等发达地区的农村，由于周边城市的非农产业比较发达，农民纷纷进城务工，寻求比经营土地更为理想的谋生方式。

随着进城务工人员的增多，更多的生活在农村，尤其是年轻一代的人们的眼界更为开阔，城乡之间的差距刺激着他们的生活、消费以及心态改变。国家今年的政策也在鼓励农村的生活现代化。“三下乡”活动的开展更刺激了农村市场，现在农民的生活方式已经开始改变，吃水、吃饭、买菜、用汽、用电等等，正是这些新的消费方式刺激了农民不能单纯的依赖土地收入，即使是土地的耕种也不能仅仅是依照老办法种植粮食，所以慢慢的副业就会不断发展，外出工作的也在增加。耕种土地的人在农村占有的比例还不到三分之一，土地流转对农民来说似乎是有一个途径来重新分工，其实质只不过是从原来的花钱雇用别人的机械耕种、收割，改变到他们更自主的耕种，然后给你转租费用。如果国家的社会保障能更完善，特别是农村的社会保障能更完善的话，农民会更放心的进行土地流转。而那些转入土地的个人或者公司可以反过来雇用当地老百姓来帮工，还可以搞深加工，发展规模经营，这对双方都是有利的。可是在政策的贯彻和实施阶段，因为从信息的宣传到信息在农村慢慢普及和接受需要一个过程，而且不同的地方，不同的人也会有不一样的反应和担心，这就需要有政策支持，有带头人、有保障才能被接受。

在访谈调查中，本研究坚持布鲁默的定性社会调查研究方法准则。他认为要认识经验社会就必须参加到群众中去，以第一手的直接考察为基础。并指出找一些熟悉情况的人讨论要比抽样调查有用的多。在初步的调查了解中发现，对于农村土地流转问题的访谈要因地、因人而异，对于社会政策的出行、实施和普及程度要实践和宣传。具有对土地流转的普遍的、正确的社会意识还需要很长的路。这里本研究分析的三个个案分别是城郊的私营企业主，乡镇的个体经营户和偏僻的农村农户。他们因为不同的个人社会地位和社会经历，对于土地流转问题给予了不同的回答。在我的访问调查中，忽然意识到农村市场的扩大，无论从生活消费方面还是从关注国家政策、关注农村发展上都比别人估计的要更积极，认识也更清晰。他们对未来的发展都有自己的打算，并且在脚踏实地的前行，真正体现了"理性实用主义"。

**理性的农民**

个案S，是浙江省奉化县C村人，今年40岁，高中毕业、非党员。谈到对土地的依赖程度，他说父辈就是靠着这片土地养活了他们，虽然不种地了，但是还是觉得有地让他踏实，等到老了把这些经营交给他下一代，他也想回家种地养老了。因为耕地面积越来越少了，新兴的类似于他家的这种厂房占地也越来越多了，由于政府的审查和环境要求很高，他对土地的价值认识程度很高，在他看来城郊的土地价值会不断升高，因为房价一直在涨，房地产的开发利润依然惊人。三年前刚买的房子，花了15万，同样的房子今年他家对门就以24万的价格出售了。三年就涨了十万块。虽然现在土地对社会保障的作用在减少，政府的医疗保障也在普及完善，他仍然认为土地在农民心理上的依赖程度还很强。现在耕种的机械化程度很高，各种农业投入也很高，其收入和支出都在扩大，算算每亩地的利润并不高。他说现在明显的感觉家里的空气要比在厂子里好得多，由于当地是化工重地，06年还有过一起甲醛泄露事件，现在人们的环保意识增强了好多。在他看来耕地不能算命根子，土地流转对子孙后代有好处，也有坏处。他很支持规模经营，在他看来机械化程度越高越适合规模经营，把那么多劳动力拴在土地上是一种浪费。

在土地流转问题上，他说自己没有土地流转的经历，主要是自己的耕种土地面积太少，而且父母也还年轻可以耕种，过两年可能会把土地承包给别人。具体会给什么样的人，他说现在农村还是有很多人想要耕种更多的土地的，应该给平时关系比较好的，也能够很好经营的人。当然能有正规的合同最好。土地流转的困难主要是责任制初期，大多数地方承包土地是按照高、中、低产田分类平均发包给农户的，导致面积不大、地块多，难以连片，规模经营难度大。

现在的土地流转大部分都是因为农民在外打工或者创业而没有时间经营土地，私人之间的流转，选择的都是亲戚或者关系比较好的朋友，矛盾在流转中比较少，但是他说差不多流转的都是固定的每亩地的价钱，例如每亩每年300块钱，可是在耕种的过程中，像咱们这去年干旱，小麦歉收，可能承包的人就不愿意了，辛辛苦苦白干一年，到最后付给的租金都是亏本的钱，那他就不愿意。当然开始谈好的价钱，转租的人家是一定要收钱的。对于国家的法规他说了解是很少的，因为平时很忙，对这方面也不是很关心，所以知道的很少。关于土地被国家征用，他说现在政府征用土地，他们最担心征用款会被一层层剥夺，农民到手的钱特别少，而且都是一次性补偿吧，以后的生活就没人管了。其实现在农民很穷，解决好被征地农民的就业、住房、社会保障问题真的很重要。

他说政府鼓励土地流转是好事，但是估计一时半会很难实现。他认为现在农村用承包地养活一家人的生活还是很普遍的，打工还只是补贴家庭生活的一种方式，而且大部分在农闲的时候。所以他觉得土地流转在现在的经济发展水平上看，只能是小规模的、零散的，个别的地区和个人，实现规模经营还很难。他说农民不可能把土地都流转出去，至少现在不会。

## 第四节　农村社会阶层土地价值认知的影响因素

影响农村社会阶层对土地价值认知的因素主要有两个方面的原因：一是土地本身因素差异原因；二是不同阶层自身的原因。为了深入研究造成农村社会阶层对土地价值不同认知的原因，本研究根据变量的不同类型，分别采用因子分析和回归分析的方法进行探析。

### （一）土地自身对农村社会阶层土地价值认知的影响

土地自身因素是影响农村社会阶层对土地价值认知的一个重要原因。因子分析的目的，是要从影响农村社会阶层对土地价值认知的众多变量中找出最关键的影响因子(factor)。因子分析要求各个变量为定距变量。而本研究要研究的土地价值中有些是定类和定序变量，因此本研究将其转换为虚拟变量加以研究。本研究将农村社会阶层对土地的价值认知作为因变量，构成土地价值的众因素作为自变量，假定各个变量是定距变量，而且存在直线关系。这里主要研究在构成土地价值各要素中，究竟是什么因素使农村社会阶层对土地价值认知产生差异。本研究将经济价值、社会价值和存在价值的影响因子分别设立评价标准，进行分级，赋予敏感性评价值，然后进行加权统计，最终所得的因子共量值最高的因子即为其产生影响的主因。具体见表4－10、表4－11。

表4－10 土地价值分级标准及权重因子

| 价值因子 | 评价标准 | 分级 | 敏感性评价值 | 权重 |
|---|---|---|---|---|
| 经济价值 | 是生活的主要来源 | 1 | 关键 | 5++ |
| | 是主要的职业 | 2 | 一般 | 3+ |
| | 在收入中所占比重 | 3 | 不关键 | 1 |

续表

| 价值因子 | 评价标准 | 分级 | 敏感性评价值 | 权重 |
|---|---|---|---|---|
| 社会价值 | 是主要的生存保障 | 1 | 关键 | 5 + + |
| | 是主要的养老保障 | 2 | 一般 | 3 + |
| | 是主要的医疗保障 | 3 | 不关键 | 1 |
| 存在价值 | 具有重要的代际价值 | 1 | 关键 | 5 + + |
| | 具有重要的生态价值 | 2 | 一般 | 3 + |
| | 具有重要的景观价值 | 3 | 不关键 | 1 |

**表 4 - 11 不同阶层对土地价值认知的因子矩阵**

| 农村阶层 | 经济价值 | 社会价值 | 存在价值 |
|---|---|---|---|
| 普通农户 | .78 | .02 | .03 |
| 个体工商经营者 | .68 | .09 | .26 |
| 农村技术人员 | .01 | .60 | .47 |
| 私营企业主 | .34 | .09 | .87 |
| 企业管理者 | .65 | .21 | .62 |
| 从事渔、牧、林的农业大户 | .42 | .79 | .05 |
| 乡村管理者 | .79 | .67 | .73 |
| 无业人员 | .08 | .38 | .11 |
| 共量 | .67 | .64 | .28 |
| 本征值 | .36 | .68 | .39 |
| 平均方差 | 12 | 23 | 13 |

因子分析显示，在影响农村社会阶层对土地价值的各因子中，虽然不同阶层在影响程度上有所差别，但是起关键作用的因子都表现为经济价值（共量为.67）和社会价值（共量为.64）。其中，经济价值是最关键的因子。相反，存在价值在农村社会阶层对土地价值认知所产生的影响很少，其共量仅为.28。这说明：第一，农村各社会阶层普遍认为土地仍然是他们生活的主要来源和保障。由于在农村尚未建立起完善的社会保障体系，农民的“失地

恐慌”心理在较长一段时间内将普遍存在；第二，传统的“土地崇拜”情结在农民的心中根深蒂固，使得农民对土地有一种难以割舍的情感，而相对非农产业的高效益，土地又成为农民口中的“鸡肋”，食之无味，弃之可惜。

### （二）阶层构成对农村社会阶层土地价值认知的影响

本研究主要用文化程度、政治面貌、收入水平、生活来源和职业等各个阶层自身的特征作为自变量，以土地价值为因变量建立逻辑回归模型来探讨不同阶层对土地价值认知的差异。

1. **阶层构成对土地社会价值认知的影响。**土地的社会价值对农村社会阶层土地价值认知的影响仅次于土地经济价值。这是因为，在传统农村，农民的生、老、病、死几乎都依赖土地，农村的社会保障就是建立在土地基础上的。改革开放以后，农村开始建立基本的社会保障制度，但是由于我国是一个农业大国，且城乡差异的历史积淀太深，社会保障体系还不可能在短时期内覆盖到整个农村。农民的就业、医疗和养老等社会保障还不能完全离开土地。但是，由于农村社会阶层的职业已经开始分化，收入来源的结构开始调整，一部分阶层对这种社会保障的依赖也开始多样化。因此，不同阶层对土地的社会保障价值的认知程度必然会存在差异。见表 4－12。

**表 4－12　以土地社会价值为因变量，不同阶层特征为自变量建立的逻辑回归模型**

| 自变量 | 因变量 = 土地社会价值（社会保障功能） | | | | | | | |
|---|---|---|---|---|---|---|---|---|
| | 模型一 | 模型二 | 模型三 | 模型四 | 模型五 | 模型六 | 模型七 | 模型八 |
| 文化程度 | .126 | .054 | .013 | .082 | .220 * * | .101 | .026 | .046 |
| 政治面貌 | .067 | .181 | .198 | .097 | .147 | -.054 | .041 | .113 |
| 收入水平 | .543 * * | .023 | .135 | .109 | .248 | -.055 | .037 | .148 |
| 职业 | .142 | .121 | .112 | .118 * | .173 | .076 | .057 | .205 * * |
| 生活来源 | .132 | .024 | .132 | .176 | .112 | .125 * * | .076 * | .114 |
| 似然比 | 798.68　卡方　8.67 | | | | | | | |

注：1. 自由度：6；

2. 显著度：P * <0.05，P * * <0.01；

3. 模型一 = 普通农户；模型二 = 个体工商经营者；模型三 = 农村技术人员；模型四 = 私营企业主；模型五 = 企业管理者；模型六 = 从事渔、牧、林的农业大户；模型七 = 乡村管理者；模型八 = 无业人员

从上表可以发现，阶层特征影响着农村社会阶层对土地社会价值的认知，农村社会阶层的阶层构成因素各不相同，这种不同使得他们对土地社会价值的认知差异显著。如，收入水平这一阶层构成因素是影响普通农户阶层土地社会价值认知的显著因素，回归系数为 0. 543，这说明土地生产收入占家庭总收入的比重越高，土地的社会保障功能越凸显；没有一个阶层构成因素是农村技术人员阶层土地社会价值认知的显著因素；职业这一阶层构成因素是影响私营企业主阶层土地社会价值认知的显著因素，回归系数为 0. 118，这说明越是以农业生产为主要职业的人，越要依靠土地为其提供社会保障；文化程度这一阶层构成因素是影响企业管理者阶层土地社会价值认知的显著因素，回归系数为 0. 220，这说明文化程度越高的人越是认识到土地的社会保障功能；生活来源这一阶层构成因素是影响从事渔、牧、林的农业大户阶层和乡村管理者阶层的土地社会价值认知的显著因素，其回归系数分别为 0. 125 和 0. 076；这说明生活来源若主要依靠土地，则会对土地的社会价值认识比较深刻；职业这一阶层构成因素是影响无业人员阶层的土地社会价值认知的显著因素，回归系数为 0. 205，这说明越是没有职业，越是对土地有较强烈的依赖性。

2. **阶层构成对土地存在价值认知的影响。**以土地存在价值为因变量，不同阶层特征为自变量建立逻辑回归模型，见表 4 – 13。

**表 4 – 13　以土地存在价值为因变量，不同阶层特征为自变量建立逻辑回归模型**

| 自变量 | 因变量 = 土地存在价值（生态功能） | | | | | | | |
|---|---|---|---|---|---|---|---|---|
| | 模型一 | 模型二 | 模型三 | 模型四 | 模型五 | 模型六 | 模型七 | 模型八 |
| 文化程度 | .112 * | .021 | .113 * | .067 | .122 * * | .011 | .051 | .016 |
| 政治面貌 | .035 | .014 * | .128 * * | .023 | .152 * | .031 | .101 | .003 |
| 收入水平 | .212 * * | .123 * | .021 | .019 | .143 * | .023 | .127 | .018 |

续表

| 自变量 | 因变量 = 土地存在价值(生态功能) | | | | | | | |
|---|---|---|---|---|---|---|---|---|
| | 模型一 | 模型二 | 模型三 | 模型四 | 模型五 | 模型六 | 模型七 | 模型八 |
| 职业 | .102 | .021 | .013 | .108 * | .126 * | .016 | .086 | .017 |
| 生活来源 | .115 * | .124 * | .024 | .041 | .102 * | .105 * * | .065 * | .025 |
| 似然比 | 490.31 卡方 6.52 | | | | | | | |

说明:1. 自由度:6;

2. 显著度:P * <0.05, P * * <0.01;

3. 模型一 = 普通农户;模型二 = 个体工商经营者;模型三 = 农村技术人员;模型四 = 私营企业主;模型五 = 企业管理者;模型六 = 从事渔、牧、林的农业大户;模型七 = 乡村管理者;模型八 = 无业人员

综合表4 - 12 和表4 - 13 可得知:在自变量不变的情况下(以文化程度、政治面貌、收入水平和职业等阶层构成因素为自变量),以土地存在价值为因变量的模型中的似然比和卡方检验值(分别为 490.31 和 6.52)都低于以社会价值为因变量的模型中的似然比和卡方检验值(分别为 798.68 和 8.67)。在影响普通农户对土地存在价值认知的各因素中,最为显著的影响因素是收入水平因素,生活来源和文化程度这俩因素次之,其相关系数分别为.115 和.112。这说明普通农户最关注的依然是土地的经济价值。影响个体工商户阶层土地存在价值认知的最显著的因素是生活来源和收入水平。对农村技术人员阶层土地存在价值认知的影响最为显著的因素则是政治面貌和文化程度,这两个因素也是影响农村技术人员对土地存在价值认知的关键因素。在影响私营企业主阶层土地存在价值认知的因素中,没有因素具有显著性。这说明,私营企业主对土地的存在价值不够重视,他们更多地关注土地的经济利益。对于企业管理者阶层而言,各个因素对他们的土地存在价值认知的影响都比较显著。这是因为,企业管理者阶层属于农村社会中的经济精英,他们的文化水平相对来说是比较高的,所以,他们对土地存在价值的认知也就更加深刻。在影响从事渔、牧、林的农业大户阶层土地

存在价值认知的各因素中,生活来源是主要的影响因素,其他各个因素都不具显著性。在影响乡村管理者阶层土地存在价值认知的因素中,政治面貌因素具有显著性。这是因为,乡村管理者属于农村社会的政治精英,相对来说,他们的文化程度也比较高,视野比较开阔,能够从长远的角度来认知土地存在价值。对于无业人员阶层,模型中的各个因素对其土地存在价值的影响都没有显著性。处于农村社会最底层的无业人员是社会的弱势群体,他们的经济地位、社会地位和职业声望都比较低,他们中的一些已经离开了土地,一些则失去了土地。因此,他们的基本生活都可能很难得到保障,当然也就无暇去思考土地的存在价值了。

综合以上分析,农村社会阶层在土地价值的认知上存在显著差异。这些差异主要表现在文化程度、政治面貌、收入水平、职业类型和生活来源这些阶层自身的构成特征上。也就是说,文化程度、政治面貌、收入水平、职业类型越高和生活来源越多的阶层对土地价值(社会价值与存在价值)的认知也越高,越深刻。可见本研究所提出的研究假设 1 只得到了部分验证。

## 第五节　小结

通过本章研究,可以得出以下结论:

### (一)农村社会阶层的土地依赖程度与土地价值认知均存在显著差异

首先,由于农村社会阶层在职业特点、文化水平、收入水平和收入来源等方面的不同,其对土地的依赖程度是不一样的。根据数据显示,关于农村社会阶层对土地的依赖呈现出两个明显的特点:一是不同地区农民对土地的依赖程度有显著差异。经济发达地区和经济不发达地区的农民对土地的依赖程度比较高,而经济中等发达地区的农民对土地的依赖程度相对较低。二是在农村阶层体系内部,不同阶层对土地的依赖也呈现出显著差异。总的来说,从职业特点来看,从事非农业生产的阶层对土地的依赖程度较低;而从事纯农业生产的阶层对土地的依赖程度较高。

其次，农村社会阶层在对土地的价值认知上存在着显著差异，具体表现在两个方面：第一，从农村整个阶层体系来看，农村社会阶层之间在对同一种土地价值的认知上存在显著差异。受农村社会阶层特点的影响，一方面土地对每一个阶层的作用是各不相同的，另一方面，农村社会阶层对土地的依赖程度也各不相同，这些必然会反映到不同阶层对土地价值的认知上。如对土地依赖程度高的普通农业劳动者阶层对土地的经济价值认知较高；而对土地依赖程度较低的私营企业主阶层则对土地的存在价值和社会价值认知较高。第二，从土地价值的内容来看，农村社会阶层对土地价值的不同内容认知存在显著差异。农村社会阶层在对土地的三种价值的认知上也是各不相同的。从总体上来看，农村社会阶层对土地的经济价值的认知远远高于对社会价值和存在价值的认知。

### （二）经济发展水平、阶层构成特征是影响农村社会阶层土地价值认知的根本原因

通过以上分析，本研究发现，在经济发展水平不同的三个地区，农村社会阶层对土地的依赖程度存在显著差异。人类文明发展到今天，尤其是城市化启动以来，人们已愈来愈趋向于理性，农民也不例外。他们对土地的重视程度以及对土地依赖与否逐渐趋向于建立在土地的效益上，而非以往的盲目崇拜上。土地产出所占比重，很大程度上决定了农民对土地价值的判断和对土地的依赖程度。近年来，随着农村城市化、工业化步伐进一步加快，农民纷纷进城务工，农村副业收入大大增加，土地经营所占比重大幅降低。土地作为农民赖以生存的基础地位已发生了动摇，非农收入成为农民生活的主要来源，大部分青壮年劳动力外出从事非农产业，老弱病残留守。此外，经济发展水平还通过决定农民受教育的机会进而影响农民的土地产权意识。良好的家庭经济状况为农民接受更高层次的教育提供了可能。实践表明，人们的文化程度直接影响着人们接受外界信息的意愿以及对信息的理解能力，文化程度高的人表现为更加愿意接受外界信息，也能更快更准确地理解所接受的信息。可见，文化程度更高的农民愿意更多地、更深刻地

了解土地价值,他们会比较关注国家的农业、土地政策,这使得他们的土地产权意识更加明晰。

通过以上对影响农村社会阶层土地价值认知的因素分析可知,农村中不同阶层的阶层构成特征与其土地价值认知不同的变化有着显著的相关性。本研究认为,这主要有以下两个方面的原因:一是阶层间的职业差异。职业的差异决定了各阶层主要收入来源不同,则其对土地的依赖程度也就不同。如家庭主要收入是依靠土地的阶层会比较重视土地的经济价值,而对于土地的其他价值不太敏感;家庭收入不完全依靠土地的阶层则不会非常关注土地的经济价值,转而比较关注土地经济功能之外的其他功能,如土地的存在价值和社会价值。二是阶层间的文化程度差异。土地社会价值和存在价值是土地的现代价值,它们在农村现代化进程中逐渐凸显出来。对土地现代价值的认知需要具备相应的文化水平,农村社会阶层文化程度上的差异影响着他们对土地社会价值和存在价值的认知。

# 第五章
# 农村社会阶层的土地流转意愿与行为选择

前面的研究发现，由于阶层特点和阶层属性不同，因此，农村社会阶层的土地依赖程度和土地价值认知均存在着显著差异。在这两个差异的综合作用下，农村社会阶层进行土地流转的意愿与行为选择也会不同。在进行土地流转的过程中，有些社会阶层希望实现土地的"经济利益最大化"，而另一些对土地又有着深深的眷恋。农村社会阶层的土地流转意愿与行为选择直接影响到土地流转的速度与规模。钟涨宝教授等认为，农户作为农地经营的主体，他们的意愿与行为对于一个地区的土地使用权的流转以及机制和模式的选择有着根本的影响，进而影响该地区土地市场的发展和完善。[①] 因此，分析农村社会阶层的土地流转意愿与行为选择，是揭示土地流转与农村阶层分化互动关系的前提。

---

① 钟涨宝、汪萍：《农地流转过程中的农户行为分析》，《中国农村观察》2003 年第 6 期。

# 第一节　农村社会阶层土地流转的基本情况

土地的类型比较多，包括耕地、山林地、河、湖、滩等，耕地又可细分为水田和旱地。问卷虽然将此分门别类进行表述，但回答的问题主要集中在水田上，为了便于统计，本章的研究只考虑水田的流转情况。

(一)土地流转的频率

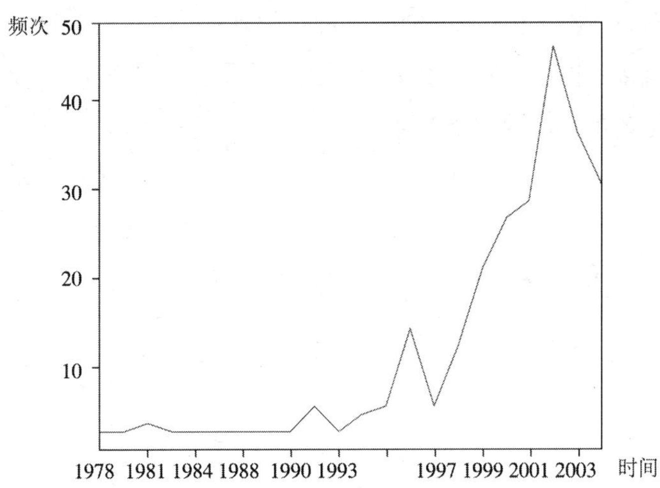


**图 5 – 1　土地流转的频率**

从图 5 – 1 可以看出，第一次土地流转时间主要发生在 1997 年以后，这与以往的研究基本一致。张红宇认为，20 世纪 90 年代中期以前，土地使用权流转的发生率一直偏低。① James 根据其 1995 年的农业调查结果指出，尽管全国有 75.0% 的乡村进行了土地流转，但是土地流转率仅为 3.0%，即使是在非农产业发展较快的地区，土地流转率也没有达到 8.0%。② 而 20 世纪末以后，土地流转频率加快。如农业部 1999 年对浙江、河北等 6 个省的土地

---

① 张红宇：《中国农地调整与使用权流转：几点评论》，《管理世界》2002 年第 5 期。

② JAMES：《Off – farm labor markets and the emergence of land rental markets in rural China》，《Journal of Comparative Economics》2002 年第 30 期。

流转调查数据显示,1998 年, 24.5% 的农户从事了土地流转,土地流转率平均为 14.3% 。在土地流转率较高的浙江省,流转土地的农户更是高达 33.3%,土地流转率为 35.0% 。陈和午等根据国务院发展研究中心农村部 2002 年对福建、黑龙江省的抽样调查指出,将近 25.0% 的农户参与了土地出租市场,土地流转率平均为 21.8% 。[①] 戴中亮指出:"截止 2003 年底,全国农村耕地流转和集中的面积占全国耕地总面积的 7.0% ~10.0%,是 1992 年土地流转水平的 2~3 倍,且流转速度和规模呈不断上升趋势。"[②]并且农村土地流转渐呈规模化、加速化趋势。以全国城乡统筹试验区重庆为例,目前全市土地流转面积高达 217.39 万亩,占承包耕地总面积的 10.84% 。[③]

### (二)土地的转出量与转入量

土地流转是一个动态过程,一些农户可能发生过多次流转。为了便于统计分析,本研究只对最近一次发生的土地流转量进行分析。

**表 5-1　农户土地流转的基本情况(%)**

| | 1 亩以下 | 1-2 亩 | 2-3 亩 | 3-4 亩 | 4 亩以上 | 均值(亩) |
|---|---|---|---|---|---|---|
| 转入 | 27.7 | 33.7 | 11.9 | 7.9 | 18.8 | 3.6 |
| 转出 | 29.1 | 41.0 | 9.4 | 8.5 | 12.0 | 2.4 |

表 5-1 表明,现阶段我国农村进行土地流转的规模依然小。在土地转入方面,平均每户转入土地只有 3.6 亩;在土地转出方面,平均每户转出土地则只有 2.4 亩。土地转出的数量和转入的数量的众数均为"1-2 亩"。在水田流转方面,转出的水田超过 2 亩的人只占 29.9%,平均每户水田的承包量也只有 4.2 亩。从转入的情况来看,水田转入在 2 亩以下的占 61.4%。可见,多数农户只流转了自己的一部分土地,这离土地规模经营相差还比较遥远。所以说,土地经营规模小是中国的国情。

---

① 陈和午、聂斌:《农户土地出租行为分析——基于福建省和黑龙江省的农户调查》,《中国农村经济》2006 年第 2 期。

② 戴中亮:《农村土地使用权流转原因的新制度经济学分析》,《农村经济》2005 年第 1 期。

③ 刘健、丛峰、郭立:《土地流转遭遇三难》,《瞭望》(新闻周刊)2007 年第 48 期。

从本研究的调研来看,主要是农民的恋土情结及土地零散,导致了承包土地流转难。部分农民小农经济意识比较强,视承包田为“保命田”,即使外出打工,进城经商,也要保留承包田,不愿长期转让或转包他人经营。这种思想上的“防线”,导致他们行动上不愿放弃土地经营权,宁愿荒芜、半荒芜也不愿意流转给他人经营。虽然我国经济发展迅速,大量农村劳动力走出农村就业,但由于农村劳动力技能、技巧不强,文化素质不高,导致农村劳动力就业门路不多,土地仍是他们收入的重要来源,增加了农民对土地的依赖性。还有,在“小富即安”的思想影响下,有些农民只满足于现状,停留在种好“自家的田”,不想扩大经营。正是由于农民小农经济意识的影响和自然条件的制约,影响了目前农村土地流转的进程。同时大部分地区粮田分散,单位面积小,实行归堆集中的难度较大,难以实现有效的土地流转,这也是导致土地流转规模小的直接原因。实际上,农地细碎分割是我国当前发展规模农业、提高农地产出效率和农产品竞争力的最大障碍。[①]（见个案“小心翼翼的土地流转”）

**小心翼翼的土地流转**

个案L,女,50岁,浙江省奉化县C村人,已婚,小学毕业,非党员,健康状况良好。家庭年收入一万五千元左右,主要是农业收入五千元左右,爱人在外打工一万元左右。

当地人对土地依赖程度很强,每人拥有2.5亩承包地,主要种植小麦、玉米等。土地在当地一直是家庭开支的主要来源,也是基本生活保障、养老保障的主要来源。她家的土地一直是流入的,主要是村里其他人外出打工而转租给她的,之前她家是12.5亩耕地,转入7亩,去年因为修路被占用土地3.5亩,大部分耕地种植小麦、玉米、大豆。流转是口头的,没有期限,也就是当转出的人要收回土地的时候两家再协商归还。转入的土地能增加一部分收入,而被占用的土地会得到政府相应的补偿。这种转入在当地是很普遍

① Elizabeth Brabec, Chip Smith. Agricultural land fragmentation: the spatial effects of three land protection strategies in the eastern United States, Landscape and Urban Planning2002(58): 255 ~ 268.

的，因为大面积的土地流转和长时间合同制的土地流转让会令他们害怕。她举了一个例子给我，其实三十多年前，村里曾经集体跟南方的一些人签了一份转让合同，大概有300多亩地，当时还是连队生产，不光那一个村，还有两个村庄一起，说是当时签了15年，当时签字的是村长他们。但是等到了十五年期限才发现合同变成了永久性的，人家不肯归还土地，据说当时转让土地的钱用来置办村里的大型拖拉机之类的，但是谁也没有想到结果是这样，直到四年前才把土地收回。对于土地流转，村里人是一朝被蛇咬，十年怕井绳。即使有机会他们也是很保守的观点。

她还介绍，不久前就有一北京的公司有意愿从村子里转包200亩土地发展葡萄种植业，开出的条件也很高，本村人除了可以拿到转租的费用外还可以帮忙管理葡萄园，现在还在商讨中，因为这涉及到很多家农户的土地，而且只有十年的合同，十年以后土地归还。这样就引起很大的的争论，有同意的人认为这是件好事，可以增加收入，但不同意的人认为十年中土地会因为种植葡萄肥力下降，甚至不能再种植庄稼。还有人就是不敢把土地交给别人十年，总觉得没有了土地以后就会连生活也难有保障，外面工作难找也挣不了很多钱。还有人说这是个骗局，各种声音都有。但是很多事情按照当地人的话说是"肉落千人口，有罪一人受"，没有人愿意带头走这一步，如果好了，享受成果是大家享有，但若是不成功，愧疚由他一个人承受。所以到现在还是没有一个结果。

本研究调查的地区人口密集，人多地少，农地细碎化程度更高，因此，通过土地流转提高土地利用的效率也更为显著，其土地流转市场发育对土地资源的重新配置和整体经济的贡献不容忽视。

### （三）土地流转的需求与供给

在发生土地流转的农户中，47.1%的农户只转出过土地，22.6%的农户只转入过土地，仅10.3%的农户既转入过土地又转出过土地。可见，农村土地流转中供给大于需求，这与张照新在《中国农村土地流转市场发展及方式》一文中所得出的结论并不一致。据其1998年的调查显示，湖南省1996

年至1998年有33.3%的农户转入过土地，只有9.0%的农户转出过土地。[①] 钱忠好通过对中国当前农村土地承包经营权市场流转的理论与实证分析，得出结论：中国农地承包经营权市场面临着需求大于供给的不均衡状态，农地承包经营权市场流转陷入困境的原因在于有效供给不足。[②] 于洋、关立新通过对当前中国农产品价格、非生产性收益、生产性成本、非生产性成本、土地使用成本、土地交易成本等因素对农地供求影响的考察，指出：中国农村土地市场流转供求态势既存在有效供给不足，同时还存在有效需求不足。为此，促进中国农村土地使用权市场流转，其前提是打破垄断，培育市场，大力发展与农业经营紧密相关的"非农产业"，创造市场需求主体。[③] 陆文聪、朱志良以上海为例，对上海郊区土地流转供求状况进行了实证分析。实证结果显示，不同类型的农地流转在供求关系上会表现出不同的失衡状态，制约粮田流转的主要因素是农民对土地的需求不足，而制约菜田流转的关键因素是农民缺乏土地供给意愿，以致影响农业经营规模的扩大。[④]

### 土地流转 需求不足

个案X，湖南省浏阳市G村村民，63岁，初中文化，中共党员，身体健康状况良好，家庭成员共5人，其本人常在离家稍近的城区打工，每隔几个月回家一次。

因为村子所处的位置交通不太便利，土地不集中，土地价值低，再加上水利设施老化，很难统一进行耕种并形成规模经营，山顶上离水远的土地基本已荒废，这些年因大部分劳动力外流，土地几乎形成了谁愿种谁就种的局面。

他说土地让给别人种不是以营利为目的，只是怕不种地就荒了，日后自

① 张照新：《中国农村土地流转市场发展及其方式》，《中国农村经济》2002年第2期。

② 钱忠好：《农村土地承包经营权产权残缺与市场流转困境：理论与政策分析》，《管理世界》，2002年第7期。

③ 于洋、关立新：《中国农地流转供求态势探析》，《学习与探索》2006年第2期。

④ 陆文聪、朱志良：《农地流转供求关系实证分析——以上海为例》，《中国农村经济》2007年第1期。

己回来再重新种时就比较麻烦。再说地本来就少，只有2亩，租出去也没有多少收入。土地流转在村里还比较多，转入土地的农民都是本村的熟人，主要是因为他们身体好，有劳动能力种植。由于大家都很熟，再说也没有什么太大的经济利益，因此，也没有必要签定合同，一般都是采用口头协议。他们最多转入5亩地，都是用来耕种粮食。转入的土地一般都位于自己土地的旁边，耕种起来比较方便，如果别家的地离自家的远也就没人愿意转入。多种些地每年除去支出，每亩也有五六百元的收入。这些既方便又好的地，转入户在身体状况允许的情况下还是愿意一直耕种下去的，直到转出户自己回来后要重新耕种为止。

总之，学者们的研究与本研究均认为，目前土地流转既有供给不足，也有需求不足，在中央农村政策利好的情况下，在非农就业普遍不足的形势下，对土地有着深深眷恋的中国农民，不会轻易转出土地；同时，在农业比较利益仍然低下的大背景下，转入土地无利或微利的情况下，理性的中国农民有效需求显然是不足的。

## 第二节　农村社会阶层土地流转意愿的差异

农村社会阶层土地流转的意愿必然摆脱不了其阶层构成特征的制约，更脱离不了其土地依赖程度和对土地价值认知的影响。这些因素共同作用于农村社会阶层的土地流转，是影响农村社会阶层土地流转意愿的最直接、最根本的原因。

### (一)土地流转意愿与阶层属性的关系

据此次调查，37.9%的农户有进行土地流转意愿，62.1%的农户则没有意愿进行土地流转。那么，农村不同阶层的土地流转意愿又分别是怎样的？是否存在差异，如果存在差异，这种差异又是否与他们的阶层属性有关系，有什么样的关系？基于此考虑，本研究建立了如下的分析框架，来进一步探讨土地流转意愿与阶层属性的关系。（见图5－2）

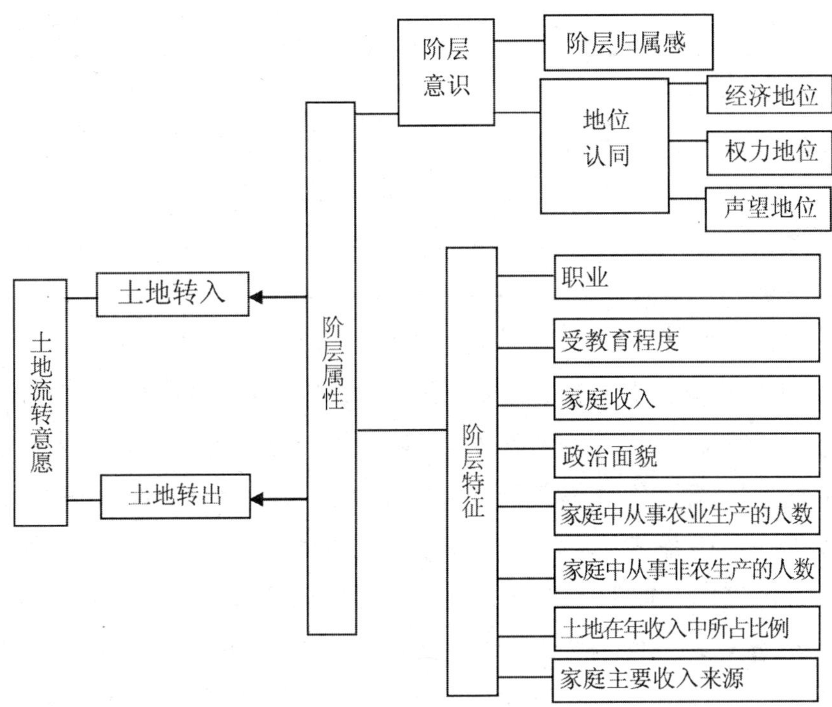


**图 5－2　农村社会阶层土地流转意愿分析框架**

本章在上述框架的基础上，以愿意转出/不愿流转，愿意转入/不愿流转作为因变量，建立两个回归模型。采用条件参数估计原则（Forward condition）自动选择显著的自变量，发现能够进入模型的自变量很少，转出模型只有家庭年收入、家庭非农业劳动力人数以及家庭主要收入来源；转入模型只有家庭年收入、纯农业劳动力人数以及家庭主要收入来源。具体见表 5－2。

**表 5－2　土地流转意愿的逻辑回归模型**

| 自变量 | 模型一<br>愿意转出/不愿流转 | 模型二<br>愿意转入/不愿流转 |
|---|---|---|
| 家庭年收入 | 1.061 * | 0.893 * |
| 家庭非农业劳动力人数 | 1.176 * * | — |
| 家庭纯农业劳动力人数 | — | 1.416 * |
| 家庭主要收入来源 | 4.498 * * * | 0.352 |

续表

| 自变量 | 模型一<br>愿意转出/不愿流转 | 模型二<br>愿意转入/不愿流转 |
|---|---|---|
| Constant | -3.381 | 0.663 |
| -2loglikelihood | 361.972 | 433.597 |
| N | 470 | 644 |

说明：P＊<0.05，P＊＊<0.01，P＊＊＊<0.001

从整体来看，阶层意识没有一个变量纳入模型，无论是被调查者阶层归属感还是地位认同，均对土地流转的意愿不产生统计学意义。从纳入模型的4个变量来看，它们在模型中又存在一定的关联性。家庭年收入越高，愿意转出土地的意愿越大，（家庭年收入每增加1000元，转出土地的意愿提高0.161倍），家庭年收入越高，转入土地的意愿反而会降低（家庭年收入每增加1000元，转入土地的意愿降低0.107倍），并且家庭年收入无论是对转出模型，还是转入模型，都呈显著的相关性，也就是说，家庭年收入越高，就越有可能转出土地。家庭主要收入来源与土地流转的意愿呈现显著相关性：家庭主要收入来源以非农业为主的农户，其转出土地的意愿是家庭主要收入来源以农业为主的4.498倍，家庭收入以非农业为主的农户，转入土地的意愿是家庭主要收入来源以农业为主的农户的0.352倍。可见，越是以非农业为主要收入来源的越倾向于转出土地，反之则倾向于转入土地。从纯农业劳动力和非农业劳动力人数的exp(b)系数来看，家庭农业劳动力越多，越倾向于转入土地。这与问卷中的土地转入原因是基本一致的，见表5-3。

**表5-3　土地转入原因的分析（%）**

| | 频数 | 百分比 |
|---|---|---|
| 有劳动力耕种 | 414 | 41.4 |
| 要扩大农业经营规模 | 234 | 23.4 |
| 要进行农业专业化经营 | 63 | 6.3 |

续表

| | 频数 | 百分比 |
|---|---|---|
| 为了再次流转获利 | 45 | 4.5 |
| 从事非农经营 | 63 | 6.3 |
| 其他 | 180 | 18.0 |
| 合计 | 1000 | 100 |

在土地转入的原因分析中,41.4%的人选择了"有劳动力耕种",23.4%的人选择了"要扩大农业经营规模",选择"要进行农业专业化经营"和"从事非农经营"这两个的原因的所占比例都比较低,都只有6.3%,"为了再次流转获利"的人最少,仅占总体的4.5%。可见,户主的职业分层和家庭收入层次与土地流转意愿有显著的相关性,多数人并没有将土地与农业专业化经营联系起来,只是利用土地流转作为中介获利的人目前也还只是少数,但随着转型进程的加快,这种现状可能会发生改变。

土地流转意愿与家庭收入层次有显著相关性还可以通过家庭收入层次与土地流转形式交叉列联表发现,具体见表5-4。

**表5-4　家庭收入层次与土地流转形式的交叉列联表(%)**

| | 上层 | 中上层 | 中层 | 中下层 | 下层 |
|---|---|---|---|---|---|
| 转出 | 27.6 | 18.4 | 10.2 | 25.5 | 18.4 |
| 转入 | 12.0 | 5.4 | 14.1 | 50.0 | 18.5 |
| 既转出又转入 | 4.5 | 4.5 | 9.1 | 36.4 | 45.5 |
| N(636) | 117 | 72 | 75 | 237 | 135 |
| $x^2=32.042$　df = 8　$P<0.001$ | | | | | |

从上表可以看出,在转出土地意愿方面,家庭收入属于上层和中下层的土地转出意愿最为强烈,处于中层的土地转出意愿最低。这与逻辑回归模型得出的结论基本一致:收入高的阶层,其转出土地的意愿也强烈。在转入土地意愿方面,家庭收入属于中下层的土地转入意愿最为强烈,比上层高出了三倍多,比中上层则高出了八倍多,比下层也高出了将近两倍。原因可能

是家庭收入属于中下层的农户主要生活来源是土地生产，土地对他们来说很重要。在土地既转出又转入的意愿方面，意愿最强的是家庭收入属于下层的农户。从此次调查所做的深入访谈来看，原因在于处于下层的农民既有对土地的深深眷念，又有对土地价值的追求，他们对于土地有一种爱恨交加的感情。

那么，职业分层与土地流转又有怎样的关系呢？具体见表 5－5。

**表 5－5　职业分层与土地流转形式的交叉列联表(%)**

| | 上层 | 中上层 | 中层 | 中下层 | 下层 |
|---|---|---|---|---|---|
| 转出 | 46.4 | 72.0 | 40.7 | 32.3 | 36.0 |
| 转入 | 42.9 | 22.0 | 51.9 | 11.2 | 7.4 |
| 既转出又转入 | 10.7 | 6.0 | 7.4 | 8.1 | 14.6 |
| N(576) | 56 | 100 | 108 | 134 | 178 |
| $x^2=19.366$　df = 6　$P<0.05$ | | | | | |

本研究根据周如倡先生以社会地位为主要指标对农村职业等级分层的方法，将农村分为上层（乡村管理者）、中上层（农村技术人员）、中层（私营企业主、企业管理者）、中下层（从事渔、牧、林的农业大户）、下层（普通农户、无业人员）五个阶层。① 从上表可知，土地流转形式因职业层次不同而呈现显著差异。职业分层中处于中上层的，更多地倾向转出土地，转出土地的比例为 72.0%，所占比例最高，其次是上层，转出土地的比例为 46.4%。职业分层中处于中层的则愿意转入土地，所占比例为 51.9%。出现这种情况的原因主要有：第一，本研究的地区之一是经济发达的浙江省，这一地区的农村规模经营比较发达。许多私营企业主因农业规模经营的效益比较高而纷纷在当地进行大规模农业生产；第二，私营企业主阶层兴起在农村投资办厂热潮，厂房建设等需要大规模地转入土地。转入土地意愿最低的是职业分层中处于中下层和下层的，分别占 11.2% 和 7.4%，这可能是由于这部分人

① 周如倡：《农村发展社会学》，蓝天出版社 1989 年版，第 222－225 页。

在经济分层中也处于中下层或下层，土地对他们来说虽然很重要，但却没有经济实力转入土地，显得“心有余而力不足”（见个案“租不出去的土地”）。而土地发生双向流转所占（即既转入又转出土地）比例最高的是职业分层中处于下层的，这也是与经济分层相关。

**租不出去的“土地”**

个案N，男，高中文化，30岁，广西隆安人，农民工。隆安位于广西的西部，是一个农业县，同时也是一个劳动力输出大县。据本研究在县民政部门了解的资料，现在该县有将近6万青壮年劳动力在沿海地区打工。

N与妻子是2000年去广州一家公司打工的，到今年已经有整整5个年头了。过完春节，他们就必须回公司上班。可是，这几天N很烦躁。因为过年前，他的朋友李到他家来说，他今年也要出去打工，不想再租他家的承包地了。在去上班之前，他必须要把地租出去，因为政府有规定，田地不能荒芜，否则罚款。过了初五，他来到村里有名的种田大户，村支书M家。这已经是他问的第6家了。

“已经有几家来要我租他们的田了。”村支书说，“我现在已经承包了10多亩田地，一个人实在忙不过来啊！你还是找别人家吧。”

“我的地租金很低，只要您种，您就随便给我几百斤谷子就可以了。”N感觉到自己几乎是在央求了。

“实在对不起，我不能再租，我一个人实在种不了那么多地啊。”

从村支书家里出来，N实在想不明白，为什么以前分地的时候，大家抢着要，现在怎么就没有人要呢？再租不出去，自己那2亩多好地就只好荒芜了。

综上所述，收入和职业这两个反映阶层属性的变量与农村社会阶层的土地流转意愿呈显著相关性。一方面，从收入和职业的阶层等级来看，在收入分层中处于上层的阶层转出土地的意愿最强，处于中下层的转入土地的意愿最强；在职业分层中处于中上层的转出土地的意愿最强，处于中层的转入土地的意愿最强。另一方面，从收入分层与职业分层的关系来看，一般地，职业层次与收入层次是呈正相关的。也就是说，要加快农村土地流转，就必须提高农民的收入阶层等级，即使农民增收，只有这样才能降低他们对土地的依赖性或者是增加他们转入土地的能力，才能从根本上促进土地流转，否则一切都是空谈。

### （二）未发生土地流转农户的土地流转意愿

在未发生土地流转的农户中，仅11.0%的农户愿意转出自己的土地，而89.0%的农户不打算转出现有土地。钱文荣的《浙北传统粮区农户土地流转意愿与行为的实证研究》中：关于“您对承包地使用权的流转意向如何”的问题回答中，不转移占46.7%，希望转入的占24.8%，希望部分转出的占22.5%，没想过的占6.0%，没有人选择“希望全部转出”。[①] 这主要是因为尽管从生产性收益的角度来讲，农户进行土地经营有可能处于亏损状态。但是，由于非生产性收益的存在，也就是说，由于土地对农民有多重效用，包括生活保障、提供就业机会等，在“目前农村社会保障体系不健全、保险市场失灵，我国约80%的农村居民游离于社会保障网络之外，农村社会保障体系存在层次低下、覆盖面小、项目不全、社会化程度不高，保障标准不够科学等缺陷”[②] 的情况下，保有土地就是保有自己的生命线，因此，即使亏损，农户也不愿意转出土地（见个案《土地流转的旁观者》）。

#### 土地流转的旁观者

个案L，浙江省余姚县N村人，42岁，初中文化，非党员。他家没有发生过土地流转，说其原因，他认为现在耕种很方便，种和收都是机械化了，忙不了几天，自己还不老，而且刚买了房子，觉得耕种土地还是挺好的。如果以后要流转的话，可能就把土地给他的兄弟耕种，他说流转过程中，应该不会有合同的，自家兄弟弄这些会闹不愉快。对于土地流转的最大困难，他认为是社会保障的不完善，使土地成了他们的命根子，一些人害怕万一有一天，在外打工不行了，就没了保障。所以会很担心而不愿意把土地轻易流转出

---

① 钱文荣：《浙北传统粮区农户土地流转意愿与行为的实证研究》，《中国农村经济》2002年第7期。

② 钱忠好：《中国农村土地制度变化和创新研究》，社会科学文献出版社，2005年第5页。

去。即使是流转,他们也会把流转对象局限在亲朋好友那里,原因很明显,亲友之间不受合同限制,一旦进城务工有变,可以协商将其收回,而不用受合同制约,即使转包的价格要少一些也还是愿意的。土地流转中的困难,主要是有些人担心土地全部流转出去后生活没有着落,思想上有顾忌。对于规模经营的主体来说,由于农业生产受天气等自然条件的制约,一旦遭遇自然灾害,要承担很大的风险。

近年来国家增加了对耕地的有利政策,粮食直接补助也在增加,而且都是直接打入账号,这对于老百姓来说真的是看得到的实惠,近年来粮食价格尤其是农副产品的价格不断增长,农民对土地的价值认识也更明显。近年来种地真的挺不错,所以,今年从城市转回家乡搞种植业、养殖业的大有人在。村里现在分给每人的土地不多,想要承包的人可以去申请报名,因为报名的人很多,每次搞承包都得抓票,能抓到承包票的人才能得到承包地,现在私下里土地流转的数量也在增加,而且转包的价格越来越高。

本研究的调查也说明了此问题:农户的土地流转意愿与被调查农户的经济地位存在显著相关性,具体见表5-6。

**表5-6　未流转者的土地转出意愿与经济分层的交叉列联表(%)**

| | | 上层 | 中上层 | 中层 | 中下层 | 下层 | N (412) |
|---|---|---|---|---|---|---|---|
| 转出意愿 | 打算转出 | 9.8 | 6.2 | 7.1 | 12.5 | 10.2 | 44 |
| | 不打算转出 | 90.2 | 93.8 | 92.9 | 87.5 | 89.8 | 368 |
| $x^2 = 10.150$　df = 4　$P < 0.05$ | | | | | | | |
| 转入意愿 | 打算转入 | 0 | 9.7 | 29.0 | 11.9 | 14.9 | 54 |
| | 不打算转入 | 100 | 90.3 | 71.0 | 88.1 | 85.1 | 340 |
| $x^2 = 10.150$　df = 4　$P < 0.05$ | | | | | | | |

表5-6显示:总体上来说,打算转出土地的农户所占比重较小,而且随着经济分层等级的上升,农民打算转出土地的意愿在下降。这可能是因为当土地经营和转移收入占农户总收入比重微不足道时,他们就会丧失进行土地流转的欲望了。在钱文荣所作的浙北调查中,将样本户按人均收入从

低到高分成户数相等的10组，并分析不同组别农户的农地流转意愿，结果发现，从第2组到第9组对农地流转表示“无所谓”的人数比例有下降趋势，其中第9组（人均收入9374.13元，最低8160元，最高10100元）的比例最低，为2.6%；而收入最高的第10组（人均纯收入为22650.92元，最低10200元，最高80000元）的比例突然提高，达到了16.2%，比第9组高出13.6个百分点，比平均数6.0%也高出10.2个百分点。由此判断，农民年人均纯收入达10000元左右时，他们不愿意花太多的时间和精力来处理土地的转让问题，但只要转出土地的交易费用足够低，他们会比其他农户更愿意放弃土地。① 从这一点来看，收入水平是农户决定是否转入或转出土地的先决条件。

土地的转入同样与经济地位存在显著相关性。在经济分层中处于上层的无一人愿意转入土地，处于中层的打算转入土地的所占比例最大，为29.0%，且上层与中上层打算转入土地的所占比例总和明显比中层和中下层所占比例之和要小。农户不打算转入土地的原因见表5-7。

**表5-7 影响农户土地转入意愿的原因（%）**

| | 频数 | 百分比 |
|---|---|---|
| 有更好的就业门路 | 27 | 4.6 |
| 无劳动力耕种 | 273 | 46.9 |
| 承包的土地太多 | 9 | 1.5 |
| 种地没钱赚 | 141 | 24.3 |
| 不想从事农业生产 | 72 | 12.4 |
| 其他 | 60 | 10.3 |
| 合计 | 582 | 100% |

上表显示，影响农户土地转入的意愿最主要的原因是“无劳动力耕种”，有46.9%的被调查者如此认为，其次是“种地没钱赚”，在被调查者中有

① 钱文荣：《浙北传统粮区农户土地流转意愿与行为的实证研究》，《中国农村经济》2002年第7期。

24.3%的人选择了这个选项。但这两个原因并不是彼此独立的，而是相互联系的。因为经营土地收益低推动了农村劳动力离开土地，寻求其他“赚钱”方式，乡镇、城市经济的发展又拉动农村劳动力进城打工从事经济收益较高的职业。所以，种地赚钱少是农民打算转出承包地的首要原因。详见表5－8。

**表5－8　转出承包地的原因(%)**

| 打算转出承包地的原因 | 百分比 | 不愿意转出承包地的原因 | 百分比 |
| --- | --- | --- | --- |
| 要外出打工 | 12.3 | 土地是农民的命根子 | 40.6 |
| 要外出经商 | 12.2 | 除种地外无其他谋生技能 | 14.1 |
| 要在本地从事非农经营 | 3.8 | 无其他就业门路 | 11.8 |
| 种地赚钱少 | 35.1 | 国家重视农业 | 11.8 |
| 种地太辛苦 | 7.9 | 种地也能赚钱 | 8.3 |
| 开发商开发 | 16.5 | 对承包地有特殊感情 | 6.7 |
| 国家征用 | 12.2 | 其他 | 6.7 |
| 合计 | 100.0 | | 100.0 |

打算转出承包地的农户相对较少，其转出承包地的最主要原因是农业利益比较低，而在不愿转出承包地的农户中，绝大部分是鉴于土地对农民的重要性。钱文荣的浙北调查中，对于“您为什么不想放弃农地使用权”这一问题，农户选择的顺序是：第一，非农就业不稳定，怕失业后没退路；第二，怕粮食供应一旦紧张，有钱买不到粮食；第三，种地还是有利可图的；第四，怕土地私有化，现在放弃使用权后会长期失去土地；第五，集体分的土地，不要白不要；第六，放弃土地得不到多少钱，但又很麻烦；第七，土地会愈来愈值钱，放弃土地损失太大。从农民的回答中可以看出，他们之所以不愿放弃土地使用权，既有利益和安全的原因，也有害怕因土地产权结构变化而长期失去土地的原因。①

① 钱文荣：《浙北传统粮区农户土地流转意愿与行为的实证研究》，《中国农村经济》2002年第7期。

表5－9显示，一方面，超过一半的农民认为自己迫切需要社会保障，另外一方面，90%以上的农村尚无完善的社会保障体系。在这种供需严重失衡的情况下，农民只能将目光转向土地，土地成为农民最后和最根本的保障。

**表5－9 农村社会保障的存在状况与需要程度（%）**

| | 存在状况 | | 需要程度 | | | | |
|---|---|---|---|---|---|---|---|
| | 有 | 无 | 很需要 | 比较需要 | 一般 | 不太需要 | 很不需要 |
| 养老保险 | 1.2 | 98.8 | 41.0 | 22.6 | 12.7 | 21.2 | 2.5 |
| 医疗保险 | 16.6 | 83.4 | 43.0 | 26.3 | 9.4 | 18.1 | 3.2 |
| 失地保险 | 1.5 | 98.5 | 30.5 | 26.6 | 15.1 | 24.3 | 3.4 |
| 最低生活保障 | 7.5 | 92.5 | 34.9 | 24.0 | 14.4 | 21.9 | 4.9 |
| 土地流转风险保险 | 0 | 100 | 27.3 | 24.7 | 15.9 | 26.6 | 5.5 |

目前，农村各种社会保险的严重缺失状况令人堪忧，而土地作为社会保障的替代物，为占中国人口绝大多数的农民提供了基本生活保障，在社会保障体系不完善或根本不存在的情况下，土地的社会保障功能不可忽视。必须强调的是社会保障虽然具有维护公平的意义，但更重要的是它对效率的正面作用。社会保障的一个基本作用是使生产力不至于在突发破坏性事件（如疾病、失业等）发生时遭到毁灭性的打击[①]。因此，可以说，农村社会保障体系的不完善是导致土地流转缓慢的核心原因，要农民完全放弃土地融入城市生活还有一道鸿沟，他们对自己日后的生活尚有许多顾虑。

但是，土地收入在农民收入来源中的重要性和农民收入水平会一定程度上削弱土地的社会保障功能。在发达地区，农村居民的收入来源多样化，他们绝大部分收入来自土地以外，土地收入的重要性下降，其保障功能也被弱化；同时，总收入的提高使得人们提高用货币收入抵御风险的能力，实物形式的保险会被弱化。这在不发达地区则刚好相反。所以，发达地区与不

---

① 姚洋：《中国农地制度：一个分析框架》，《中国社会科学》2000年第7期。

发达地区在土地流转方面存在较大的差异。

通过以上数据和模型分析表明，农村社会阶层土地流转的意愿，无论是转入还是转出，都与其目的密切相关。在进一步的原因分析中本研究发现，农村社会阶层的构成特点，特别是阶层意识的变化是造成农村社会阶层流转意愿差异的深层原因。杜文星、黄贤金依据对长江三角洲地区4市7镇319份实地随机抽样样本，采用Logistic模型对影响农户土地流转意愿的因子进行定量分析，结果表明非农就业率、家庭最高受教育水平、单位面积农业纯收益、家庭与等级公路的距离、家庭恩格尔系数、地区经济发展水平、农户户口所在地等因子对农户流转参与意愿起着决定性的作用，而处在不同经济发展水平的上海、南京、泰州、扬州，起决定作用的影响因子的排序有所不同。[①]

中国从20世纪90年代中期以后，一方面是乡镇企业资本有机构成不断提高，每创造一个就业岗位所需要占用的固定资产不断增加，对农村劳动力的吸纳能力下降。1984—1987年，乡镇企业年均增加职工1400万人，而1988—1992年年均增加只有355万人，1992年后，这一数字进一步降低，从而导致非农产业就业机会的减少。另一方面，城市下岗失业不断增加。如此的就业形势首先排挤的是农民工，从而造成非农产业就业机会的缺乏。因此，非农产业就业机会的减少，导致农户收入的减少。在此种情况下，普通农户增加收入的主要来源就只有土地产出了。这就是农户对土地流转需求增加的原因。[②] 中国虽然地大物博，却存在人地矛盾、人均资源短缺的问题，在户均耕地规模小且总耕地面积不断减少的客观情况下，能够转出土地的农户是有限的。因此，少数能够获得非农产业就业机会的农户转出的土地必然难以满足大量需要转入土地以增加收入的农户的需求，土地流转市场必然是供不应求。这说明，土地流转参与意愿不仅与阶层意识、阶层属性

---

① 杜文星、黄贤金：《区域农户农地流转意愿差异及其驱动力研究——以上海市、南京市、泰州市、扬州市农户调查为例》，《资源科学》2005年第6期。

② 于洋、关立新：《中国农地流转供求态势探析》，《学习与探索》2006年第3期第15页。

有关，而且与地区经济发展水平，最主要的是与非农就业机会有关。

这主要因为，我国农村目前正处于市场经济和传统经济两种不同经济体制激烈交锋的关键时刻，“土地崇拜”和“工商精神”造成了农民对待土地的矛盾心理。农村社会阶层由于阶层构成特征上的差异，主要是职业上的不同，使他们在对土地的价值认识以及依赖程度上产生差异。因此，本研究认为抛开经济发展水平的因素，农村社会阶层的阶层意识和阶层特点是影响其土地流转意愿的主要原因。

## 第三节　农村社会阶层土地流转行为选择的差异

调查发现，农村社会阶层对土地的流转类型的选择各不一样，对土地流转的方式、途径的选择，以及在流转过程中所遇到的困难都存在差异，具体情况如下：

### （一）土地流转类型的选择：转出与转入的选择

通过前面的分析可知，多种因素共同制约人们进行土地流转的意愿，一般来说，转入土地或是想要转入土地的阶层认为土地可以带来比较大的价值，此次调查发现，普通农业劳动者阶层转入土地的意愿比较强，村级管理者阶层、承包大户以及其他阶层转入土地的意愿较弱，具体见表 5 – 10。

**表 5 – 10　承包地转入对象（%）**

| | 一般农户 | 村集体 | 承包大户 | 其他 | 合计 |
|---|---|---|---|---|---|
| 频数 | 330 | 33 | 3 | 9 | 375 |
| 百分比 | 88.0 | 8.8 | 0.8 | 2.4 | 100 |

从上表可以看出，在对承包地转入对象的统计中，一般农户阶层是承包地的最大转出阶层，所占的比例最高，达 88.0%。在村级管理者阶层中，虽然只有少数人转入土地，但每次转入土地的面积却比较大，这说明虽然一般农户阶层相对其他阶层而言是土地的最大需求者，但其他阶层特别是村级管理者阶层因其土地转入规模巨大而对农村土地流转的冲击是普通农户不

能相比的，这一点应该引起我们的重视。

表5－12是对承包地转出对象的统计。结果显示，一般农户也是承包地的主要转出者，在所有承包地转出对象中占55.4%，这应该受到农村劳动力向第二、三产业转移的影响。其次是村级管理者，他们要将转入的土地再转出，通过土地流转实现土地的价值升值，从而谋取土地升值的利益。而养殖、种植专业户中转出土地的人很少，所占总体比例不到4%。这一结果反映出我国农村土地市场发育还不成熟，难以形成规模经营。

**表5－12　承包地的转出对象（%）**

| | 频数 | 百分比 |
|---|---|---|
| 乡村基层组织 | 78 | 20.0 |
| 乡镇企业 | 15 | 3.8 |
| 个体工商户 | 33 | 8.5 |
| 工商私营企业主 | 12 | 3.1 |
| 养殖种植专业户 | 12 | 3.9 |
| 一般农户 | 216 | 55.4 |
| 其他人员 | 24 | 6.2 |
| 合计 | 390 | 100.0 |

## （二）土地流转方式

属于不同阶层的农户进行土地流转的方式并不存在显著差异，但不同地域的农户进行土地流转的方式则存在较大的差异，这表明土地流转的方式受地域的影响较大。见表5－13。

**表5－13　土地转出、转入方式与地域的交叉列联表（%）**

| | 代耕 | 转包 | 反租倒包 | 出租 | 转让 | 拍卖 | 承租 | 其他形式 | N |
|---|---|---|---|---|---|---|---|---|---|
| 余姚 | 27.8 | 11.0 | 0 | 1.1 | 16.7 | 0 | 11.1 | 22.2 | 36 |
| 岳阳 | 32.3 | 22.6 | 0 | 29.0 | 9.7 | 0 | 3.2 | 3.2 | 62 |
| 奉化 | 0 | 25.0 | 0 | 50.0 | 25.0 | 0 | 0 | 0 | 8 |
| 武鸣 | 14.3 | 0 | 0 | 42.9 | 42.9 | 0 | 0 | 0 | 14 |

续表

| | 代耕 | 转包 | 反租倒包 | 出租 | 转让 | 拍卖 | 承租 | 其他形式 | N |
|---|---|---|---|---|---|---|---|---|---|
| 浏阳 | 50.0 | 0 | 0 | 9.1 | 31.8 | 0 | 4.5 | 4.5 | 44 |
| 隆安 | 21.4 | 57.1 | 0 | 0 | 7.1 | 0 | 7.1 | 7.1 | 28 |
| 长沙县 | 22.2 | 3.7 | 7.4 | 40.7 | 14.8 | 7.4 | 0 | 3.7 | 112 |
| 合计 | 29.3 | 15.4 | 1.6 | 23.6 | 17.9 | 1.6 | 4.1 | 6.5 | 304 |
| $x^2=76.477$　df = 42　$P<0.001$ | | | | | | | | | |
| 余姚 | 66.7 | 11.1 | 5.6 | 16.7 | 4.5 | 0 | 0 | 0 | 36 |
| 岳阳 | 58.1 | 6.4 | 0 | 0 | 7.1 | 0 | 32.3 | 3.2 | 62 |
| 奉化 | 0 | 94.7 | 0 | 0 | 0 | 0 | 5.3 | 0 | 38 |
| 武鸣 | 0 | 0 | 0 | 100 | 0 | 0 | 0 | 0 | 2 |
| 浏阳 | 40.0 | 0 | 0 | 0 | 0 | 0 | 35.0 | 25.0 | 40 |
| 隆安 | 75.0 | 0 | 0 | 25.0 | 0 | 0 | 0 | 0 | 8 |
| 长沙县 | 28.6 | 0 | 0 | 0 | 2.7 | 14.3 | 57.1 | 0 | 14 |
| 合计 | 43.0 | 21.0 | 1.0 | 4.0 | 1.0. | 1.0 | 22.0 | 7.0 | 200 |
| $x^2=173.416$　df = 42　$P<0.001$ | | | | | | | | | |

注:表的上半部分是土地转出方式与地域交叉表;下半部分是土地转入方式与地域交叉表。

从上表可以看到,土地转出方式、转入方式均与地域显著相关。转出土地时,农户主要采取代耕、出租、转让和转包这四种方式。这四项的总量所占总体比例达86.2%,其中代耕方式又是人们最喜欢采取的转出土地的方式,占总体的29.3%。并且,以上四种土地转出方式因地域不同呈现出一定程度的差异性。如余姚、岳阳、浏阳的土地转出以代耕方式为主;奉化、武鸣和长沙县以出租方式为主,并且在长沙县还出现了土地拍卖的方式;隆安以转包方式为主。

转入土地时,农户主要采取代耕、转包和承租三种方式,其中代耕是最主要的方式,这种方式占总体的43.0%。土地转入方式也因地域不同而呈

现显著差异。例如在浙江奉化，绝大部分的农户选择转包，这一比例达94.7%，而此次调查的其他六个地区，鲜有农户采取这种方式。

### （三）土地流转的协议形式

事实上，农村土地流转在国家没有出台相关政策之前，村里的农民之间就已经有土地出租、互换的。但都是口头协议，没有正规合同文本，不规范。问卷将土地流转的协议形式分为两种：书面协议和口头协议。数据结果表明，土地转出的案例中约有77.5%的以口头协议方式，书面协议方式仅为22.5%；土地转入的案例中约有89.0%的以口头协议方式流转，以书面协议方式流转的仅为11.0%。由此可见，土地流转的协议形式主要是口头协议，书面协议所占比重相对较小。以口头协议为主要形式的农村土地流转存在着规范性和合法性的隐患，这将为土地流转规范的制定提供现实依据。将土地流转的协议方式与土地流转的数量、土地流转的年限作相关分析，并未显现出显著统计相关性。本研究与张照新在《中国农村土地流转市场发展及其方式》一文中所阐述的"湖南省土地流转采用口头协议的占95.2%，采用书面协议的为4.8%"①的结果基本相似。

究其原因，可能主要与土地流转的对象有关。一方面，土地流转大多数发生同处一个村的乡邻或是亲戚朋友之间，土地流转的对象彼此熟悉，信用风险比较小，不需要用书面合同来约束交易双方的行为，保障双方的利益。另一方面，受中国道德传统的熏陶，中国人注重乡亲邻里的人际关系和谐，注重人情脸面，订立字据被认为是对乡亲邻里的不信任，会增添彼此的生疏感，会破坏彼此之间的人际关系。正因为此种原因，农户与自己不了解或不熟悉的对象进行交易的意愿会大大降低，因而不利于拓宽农户土地转包的交易对象，相当程度上降低了土地流转的效率和规模。

深度访谈的个案C现年67岁，是湖南省长沙县K村村民。一个祖祖辈辈都在土地上劳作，自己也劳作了一辈子的农民，陈老汉对土地的感情是很

---

① 张照新：《中国农村土地流转市场发展及其方式》，《中国农村经济》2002年第2期。

深的。虽然现在不能再干农活了，也不能靠土地生活了，但是他还是说，自己一辈子都不想离开这片土地，就算百年之后，也是要安葬在这里的。村里很大一部分年轻力壮的青年男女都出去打工了，一般只留下老人和孩子在家里。他对土地流转的看法比较开放，他认为土地流转对后代利大于弊，只要能用好就行了。他的一亩二分地三年前就转让给别人种了，也没想过要索要什么报酬，只要土地没荒废就好。转让是口头协议的，乡里乡亲之间不流行那些麻烦的东西，一般也不会有什么矛盾。土地的户口也没发生变化。土地转让的过程一般是不存在什么问题的，但是很多时候没有人需要土地。

事实上，采用口头协议多的地方，是由于农民朴素的土地情感和乡情，但更主要的是由于经济发展程度的落后，有需求意愿的农户很少。但即使有书面协议，由于协议不规范，条款内容不清楚，面对利益时，发生纠纷后出现调解困难。如郑村镇郑村村民陈某与同一集体组织的村民程某是亲戚关系，经协商后，陈某将自己承包的 0.7 亩水田转给程某耕种，双方有书面协议。2008 年这块水田以每亩 2.6 万元的补偿标准被征用，在利益面前，尽管程某已经种了十多年，双方还是为补偿费的问题发生争执。陈某认为水田是给程某耕种而不是归他所有，程某说水田是转让给他的，是承包关系调整。据基层反映，土地承包纠纷中，因土地流转而引发的纠纷占到 60% 以上。

由此看来，土地流转方式应该与村民的文化程度无关。实证调查的数据也证明了这一观点。见表 5－14。

**表 5－14　土地转出方式与学历的交叉列联表(%)**

| | 口头协议 | 书面协议 | N(360) |
|---|---|---|---|
| 从未上过学 | 60.0 | 40.0 | 15 |
| 小学 | 77.4 | 22.6 | 93 |
| 初中 | 85.2 | 14.8 | 162 |
| 普通高中 | 68.8 | 31.3 | 48 |
| 职高、技校 | 25.0 | 75.0 | 12 |
| 中专 | 80.0 | 20.0 | 30 |
| $x^2=9.768$　$df=5$　$P>0.05$ | | | |

从上表可以明显看到，土地流转的协议方式与被调查的文化程度无统

计相关性。

即使生活在农村，因为地理位置不同，人们的生活水平和生活方式甚至生活态度都有很大差距。本研究访谈的A村的时先生是典型代表之一，是代表着他们这一群从农村走出去独立创业的一群，对社会对政策都有很深的接触和看法，能够跟着时代的前进步伐，对政策的接受和反应也会很长远。但相反的到了乡镇上和村里面，访谈结果就会相差甚远，很多政策农民根本就不知道，或者存在很多曲解，大家很少看新闻，很少接触这些相关政策。然后对于有些部门或者个人对群众的欺骗甚至有违法行为，大家只是互相传说，不敢去维护自己权利，反过来更不相信政府。受访者李女士的话让我看到上一代父母的期许，也是对城市的向往，教育是生在农村的孩子走出去的最可能的道路，可是农村如果能够赶在好的政策的实施中不断发展，大胆的争取开拓创新，缩小这种差距，农村也能吸引更多的人才，拥有更好的保障。土地流转在推行过程中困难也很大，要解决土地流转后农民的基本生活保障才有可能把土地从农民手中转出，要解决好由转出土地过程中出现的剩余劳动力问题，要解决土地流转合同所带来的一系列矛盾等等。要解决这些问题需要政府部门的引导和管理，土地流转必须坚持“依法、自愿、有偿、规范”等原则。要充分尊重农民的意愿，把农业发展和农民增收放在第一位。要将流转收益归农户所有，积极做好土地流转合同的签订，避免土地流转中的矛盾，促进土地流转规范化。

### （四）土地流转的途径

在这一问题上，本研究将所选答案进行了归类，将“自己联系”和“乡亲联系”归类为人际关系渠道；将“乡镇组织联系”和“村组织联系”归类为制度化渠道，结果见表5－15。

**表5－15　土地流转途径(%)**

| | 人际关系渠道 | 制度化渠道 | 中介渠道 | N |
|---|---|---|---|---|
| 土地转出 | 89.4 | 10.6 | — | 363 |
| 土地转入 | 69.9 | 30.1 | — | 303 |

上表显示，土地转出与土地转入在土地流转的途径方面呈现出高度的一致性：人际关系渠道是人们采取的最主要的渠道，制度化渠道虽然位居第二，但它所占的比例是非常小的，并且，在此次调查中竟无一人通过中介渠道进行土地流转。这也引发了我们对于当前服务于农村土地流转的中介机构系列问题的思考：为什么此类中介机构没有在土地流转过程中发挥应有的作用？它的现状如何？是否能适应土地流转发展的要求？是否已经形成自上而下、网络状、多功能的中介服务体系？2001 年浙江省 8 个城市的调查显示，在土地流转中，共有各类中介组织 3069 个，其中，2910 个为村级中介服务组织（占94.8%），153 个为乡级中介服务组织（占5%）。流动中介服务组织数量占村总数的比例为 7.8%。①

土地流转多以民间自发为主，政府管理职能缺位，集体组织功能弱化。集体组织对土地流转大多采取放任态度，实践上缺少干预措施。集体组织内存在缺地农户，而集体组织内的一些农户却把承包地向集体组织以外的成员转让。《中华人民共和国农村土地承包法》已经实施多年，乡镇基层政府大多没有建立土地流转的备案和变更登记制度。并且土地流转具有较强的亲缘关系，流转基本上是在亲戚朋友之间进行。由于土地流转没有完善的市场机制，一家一户的土地比较零碎，没有集体组织的引导不可能大规模集中流转，土地流转大多在"小圈子"内进行。但圈内流转的大户生活得越来越"滋润"（见个案《圈内进行的土地流转》）。

**圈内进行的土地流转**

个案 C，43 岁，男，浙江省奉化县 K 村人，已婚，高中文化程度，党员，身体状况一般，家庭年收入大概在三万到五万左右（这是一个比较保守的数字），全部为农业收入，生活收入来源的主要依赖是承包土地耕种。

个案 C 这些年一直进行土地承包，从中受益不少。当国家政策放宽，允许职工进行土地承包的时候，他敏锐的意识到这是一次千载难逢的好机会，

---

① 浙江大学农业现代化与农村发展研究中心与浙江省农业厅联合调查组：《农村土地流转：新情况、新思考》，《中国农村经济》2001 年第 10 期.

于是他向亲戚朋友到处借钱凑够了第一次承包土地的两万块钱，向村里申请承包了一部分土地，在辛勤劳作了一年之后，皇天不负苦心人，这一年的收成非常好，他很快还上了借来的钱，之后每一年他都承包土地，而且承包规模越来越大。从他和妻子两个人干活到现在农忙的时候要雇用十几个人干活，并且全部实现自动化。他完成了一个农民的蜕变。此次，他个人承包了四十公顷的土地，承包费用九万多。他这些年一直以承包土地为主，也是本村的承包大户，生活水平也在逐年提高。在问及承包土地的原因时，他说是因为这种有效的土地流转使自己的生活有了很大的改变，所以他坚持把这条路走到底。村集体在召开会议后与个人签订了书面的承包合同，承包期限是一年。在下一年，村里又会重新分配土地。在土地流转后，他认为家庭收入有了明显的提高，社会地位及社会声望也都得到了提高。提到这一点他也很有感慨，在承包土地之前，他在村里默默无名，家里姊妹还很多，没有人会想起他。但是这些年来，他通过自己的努力，生活条件得到了极大的改善，目前他是该村里数一数二的大户，家里的耐用消费品彩电、空调、冰箱、洗衣机、摩托车、汽车一应俱全，村里的很多场合和会议都有了他的身影，他的话语也有了一定的影响力。村里很多人还要为他打工，他的腰板比过去直多了，信心也比过去大多了。他认为这种社会地位和社会声望的提高与土地流转有着密切的关系，如果没有土地流转政策也许今天的他还在为生活辛苦的奔波着。

土地流转的途径以人际关系渠道为主，但它是否会受到地域以及社会分层的影响？本研究对此进行了分析，研究结果见表 5－16、表 5－17、表 5－18、表 5－19。

**表 5－16　土地流转渠道与地域的交叉列联表（%）**

| | 余姚 | 岳阳 | 奉化 | 武鸣 | 浏阳 | 隆安 | 长沙县 | N(408) |
|---|---|---|---|---|---|---|---|---|
| 人际关系渠道 | 35.6 | 72.8 | 33.3 | 11.1 | 62.5 | 81.8 | 56.6 | 285 |
| 制度化渠道 | 64.4 | 27.2 | 66.7 | 88.9 | 37.5 | 18.2 | 43.4 | 123 |
| $x^2=26.866$　df＝6　$P<0.001$ | | | | | | | | |

从表5－16可以看出，土地流转渠道与地域呈显著相关性，在经济发达地区，依靠制度化渠道流转的比例明显高于经济中等发达地区和经济不发达地区，而通过人际关系渠道流转的情况则相反。

**表5－17 土地流转渠道与经济分层的交叉列联表(%)**

| | 上层 | 上中层 | 中层 | 中下层 | 下层 |
|---|---|---|---|---|---|
| 人际关系渠道 | 78.6 | 73.7 | 72.7 | 72.7 | 51.9 |
| 制度化渠道 | 21.4 | 26.3 | 27.3 | 27.3 | 48.1 |
| N(354) | 84 | 57 | 33 | 99 | 81 |
| $x^2=5.426$ df=4 $P>0.05$ | | | | | |

从表5－17我们可以看到，土地流转渠道与经济分层没有显著关系。

**表5－18 土地流转渠道与教育分层的交叉列联表(%)**

| | 未上过学 | 小学 | 初中 | 高中 | 大专及以上 |
|---|---|---|---|---|---|
| 人际关系渠道 | 42.9 | 64.9 | 78.1 | 61.1 | 80.0 |
| 制度化渠道 | 57.1 | 35.1 | 22.0 | 38.9 | 20.0 |
| N(387) | 21 | 111 | 171 | 54 | 30 |
| $x^2=6.076$ df=5 $P>0.05$ | | | | | |

从表5－18同样可以看到，土地流转渠道与教育分层没有显著关系。

**表5－19 土地流转渠道与职业分层的交叉列联表(%)**

| | 上层 | 上中层 | 中层 | 下层 |
|---|---|---|---|---|
| 人际关系渠道 | 80.0 | 82.6 | 84.4 | 50.0 |
| 制度化渠道 | 20.0 | 17.4 | 15.6 | 50.0 |
| N(242) | 20 | 46 | 64 | 112 |
| $x^2=10.426$ df=4 $P<0.05$ | | | | |

表5－19显示，土地流转渠道与农户的职业层次存在显著差异，而且在职业分层中处于中层以上的倾向于采取人际关系渠道，处于下层的倾向于采取制度化渠道。在土地流转过程中，农户采取何种渠道应该受到土地对农户的重要性的影响。贺振华从不同阶层对土地重要性的认识出发，认为

来自土地的收入在农民收入结构中的比重，或者说，土地对农民的重要性是一个比土地的租金更为重要的影响土地流转的因素，土地能否流转不在于流转后效率有多高，而在于土地对农民的重要性有多高。① 实证结果表明，土地对农户的重要性不仅影响农户土地流转的意愿，还会影响农户土地流转的渠道，土地的重要性越低，越倾向于采取人际关系渠道，反之，则越倾向于采取制度化渠道。

此外，土地流转的期限也影响着土地流转的途径和协议方式。土地流转的协议方式可以近似地看成定类变量，结果表明，土地流转的期限越长，土地转入越是倾向于采取制度化渠道和书面协议方式，具体见表5－20。

**表5－20　土地流转期限、流转途径与协议方式的相关分析**

| | 土地流转期限 | | 土地流转途径 | |
|---|---|---|---|---|
| | 转出期限 | 转入期限 | 土地转出途径 | 土地转入途径 |
| 土地转出的协议方式 | 0.315＊＊ | — | 0.297＊＊ | — |
| 土地转入的协议方式 | — | 0.274＊ | — | 0.320＊ |

说明：＊＊P<0.01；＊P<0.05

可见，土地流转的期限越长，越可能采用制度化渠道和书面协议方式。但目前土地流转的期限一般不是很长，所以主要方式还是非制度化渠道和口头协议方式。

### （五）土地流转中遇到的困难

不同阶层在回答“土地流转中遇到的困难”这一问题时，不存在显著差异。在钱文荣的浙北调查中，按照农户选择的顺序，希望转入而没有转入土地的主要理由是：第一，与别的农户谈判太麻烦；第二，不知道有谁愿意转出土地；第三，没有人愿意转出土地；第四，等待集体统一调整。想转出土地而没有转出土地的原因则主要有以下几点：第一，没有人愿意要；第二，不知道有谁愿意要；第三，与别的农户谈判太麻烦；第四，等待集体统一调整。由此

① 贺振华：《农村土地流转的效率：现实与理论》，《上海经济研究》2003年第3期。

可知，有转移土地意愿而最终没有转移的原因主要有信息不灵、交易费用高和消极等待集体的调整等几个方面。[①] 本研究的调查结果与这一结论是一致的。在此次调查中，28.3%的农户认为自己的权益没有得到应有的保护，究其原因，32.3%的被调查者认为是“缺乏能真正代表和维护农民土地流转权益的组织”，这一原因排在第一位；21.9%被调查者认为是“政策法规的执行力度不够”，这一原因排在第二位；“政策法规不符合本地的实际情况”这一原因排在第三位。此外，有14.6%的被调查者认为是“缺乏相应的政策法规”，和15.6%的被调查者认为是其他原因。在西部地区的土地流转访谈中，本研究发现当地村民认为土地流转最大的困难是如何规范土地流转。（见个案“土地流转的困难”）

**土地流转的困难**

个案G，女，40岁，广西省隆安县X村人，已婚，高中文化程度，群众，身体健康，当地中学教师，在学校旁开一小超市。家庭生活的主要来源是果树种植，每年大概7万元左右。G家庭对土地的依赖程度较高，当初较早承包了山地，专门从事果蔬种植，一下子富裕了起来，成为村里有名的先富者。

“土地流转最大的困难就是如何处理好和政府、转出户之间的利益关系，如果处理不好，两头都会翻脸，一翻脸大家都做得不安逸，镇上最怕群众闹事了，整天没完没了的。说句实话，这个土地流转倒是给乡政府出了个很大的难题。土地转承包是在大家自愿的基础上，由镇政府出面，三方签订转承协议，每年从收益中拿出一部分付给他们。当初还是存在挺多的问题，总是纠缠不清，一天到晚到家里闹，特别是那段时间，看到我们种果树的收益后，他们就提出想要回土地，自己搞，幸好有镇政府作证，按照协议办事，他们才住口，要不然得闹死。就我个人认为，土地流转中大家都获利：本来签订这个协议时，大家都是想实现自己的利益，有收成了，按照协议，我一分钱都不少他们的。关于土地承包政策，我们作为土地承包户怎么能不了解这

① 钱文荣：《浙北传统粮区农户土地流转意愿与行为的实证研究》，《中国农村经济》2002年第7期。

些政策呢，其实，国家还是挺照顾我们这些承包户的，好多政策都替我们着想。

其实，中央提出的关于农村土地流转政策都是真心替我们农民着想，但是，就是不知道为什么，一到下面就乱套了。我们村委对这个政策宣传的还是太少，大多数人还是不了解，所以老是出现一些很糟糕的纠纷，如果宣传到位的话，这个工作就好做多了。换个角度，我也体谅政府和村委，现在忙重建，他们一个个忙的要死，每天都下村，有时候在村里一待就是一周。至于政策有什么好的地方和不足的地方，关键是到当地落实时，那个自愿有偿原则和标准。到底赔偿多少，怎么赔偿，因为各个地方都不一样，这个赔付的标准也不一样，标准在化分的过程中，肯定会忽视很多问题，一旦实施了，大家都盯着最好的补偿金额，也不看看前面的补偿标准，不顾自家土地的类型，只要土地被挪用或是转包出去了，就照着最高标准要钱了，镇政府的基层工作真的不好做啊！”G说。

以上数据和模型表明，农村社会阶层的土地流转行为选择，无论是土地流转的对象选择、土地流转的方式选择、土地流转的协议形式选择和土地流转的途径选择，都是和农村社会阶层的阶层意识与阶层特点密切相关的。因此，农村社会阶层的阶层意识和阶层特点是影响农村社会阶层土地流转的行为选择的主要原因。可见，假设2得到了验证。

### （六）土地流转的效果

**1. 社会地位的变化。**本研究采用韦伯社会分层的方法，分别从财富、权力、声望三个方面将被调查者的社会地位划分为上层、中上层、中层、中下层、下层五个层次，并分别给这五个层次赋值，依次为5、4、3、2、1分，再用土地流转后的分值减去土地流转前的分值，得到新的分值，如果新分值为正值，表明社会地位上升，如果为负值，则表明社会地位下降，如果为0则表示社会地位没有发生变化。详见表5－21。

表 5－21 社会地位的变化(%)

| | | −5 | −4 | −3 | −2 | −1 | 0 | 1 | 2 | 3 | 4 | 5 | 均值 |
|---|---|---|---|---|---|---|---|---|---|---|---|---|---|
| 土地转出 | 经济 | 0 | 0.9 | 0 | 0 | 3.8 | 65.1 | 17.9 | 9.4 | 2.8 | 0 | 0 | 0.38 |
| | 权力 | 0 | 0 | 0 | 0.9 | 2.8 | 75.5 | 12.3 | 8.5 | 0 | 0 | 0 | 0.25 |
| | 声望 | 0 | 0.9 | 0 | 0.9 | 3.8 | 79.2 | 9.4 | 4.7 | 0 | 0.9 | 0 | 0.13 |
| 土地转入 | 经济 | 0 | 0 | 0 | 1.0 | 3.1 | 73.2 | 15.5 | 5.2 | 1.0 | 1.0 | 0 | 0.28 |
| | 权力 | 0 | 0 | 0 | 1.0 | 2.0 | 89.7 | 5.3 | 1.0 | 1.0 | 0 | 0 | 0.07 |
| | 声望 | 0 | 0 | 0 | 0 | 4.2 | 86.5 | 8.3 | 0 | 0 | 1.0 | 0 | 0.09 |

上表显示，发生土地流转（无论是土地转出还是土地转入）的农户的经济地位、权力地位和社会声望均发生了变化，但是变化不大。从均值来看，经济、权力、声望的均值皆为正数，这表明农户的社会地位整体来说是上升了。但比较土地转出的农户和土地转入的农户可发现，土地转出的农户均值要高于土地转入的农户，在经济地位、权力地位和社会声望上分别高出0.10、0.18和0.04。这说明，转出土地的农户比转入土地的农户的社会地位上升得要高些。

2. **家庭收入来源的变化**。从只发生土地转出的农户的情况来看（见表5－22），土地流转前，农业生产（自雇）收入是所占总体的比例最大的家庭收入来源，为31.8%，土地流转后下降为11.8%，下降了20%；个体经营收入所占总体的比例则由土地流转前的19.6%上升为土地流转后的34.3%，上升了近15%，成为土地流转后所占比例最大的家庭收入来源。可见，只发生土地转出的农户的家庭收入来源发生了较大的变化。从只发生土地转入的农户的情况来看，家庭收入来源也发生了变化，但变化很小。农业生产（自雇）收入所占总体的比例没有上升，而是下降了2.6%。从发生了土地双向流转的农户来看，农业生产（自雇）收入所占总体的比例亦在土地流转后大幅度减小。

表5-22　土地流转前后家庭收入来源的变化（%）

| 主要收入来源 | 转出 | | 转入 | | 既转入又转出 | |
|---|---|---|---|---|---|---|
| | 流转前 | 流转后 | 流转前 | 流转后 | 流转前 | 流转后 |
| 打零工 | 23.9 | 22.5 | 12.8 | 9.7 | 22.7 | 26.3 |
| 在企业从事管理和技术工作 | 1.9 | 4.9 | 1.1 | 2.2 | 0 | 0 |
| 在企事业单位从事一般工作 | 12.1 | 7.8 | 3.2 | 3.2 | 9.7 | 5.3 |
| 个体经营 | 19.6 | 34.3 | 1.1 | 1.1 | 0 | 0 |
| 开办企业 | 1.9 | 3.9 | 10.6 | 9.7 | 4.5 | 5.3 |
| 从事乡村管理 | 0.9 | 2.0 | 1.1 | 1.1 | 0 | 5.3 |
| 从事教书医务工作 | 6.5 | 7.8 | 4.3 | 1.1 | 0 | 5.3 |
| 房屋租金.利息.股息分红 | 0 | 1.0 | 0 | 2.2 | 0 | 0 |
| 农业生产（自雇） | 31.8 | 11.8 | 61.7 | 59.1 | 59.1 | 42.1 |
| 农业雇工（他雇） | 0.9 | 1.0 | 1.1 | 1.1 | 0 | 0 |
| 政府及他人的资助 | 0.9 | 0 | 2.1 | 2.2 | 0 | 0 |
| 非政府组织管理 | 0 | 2.9 | 0 | 2.2 | 0 | 0 |
| 其他 | 0 | 0 | 1.1 | 5.4 | 4..5 | 5.3 |
| N | 107 | 106 | 94 | 94 | 22 | 20 |

表5-23　土地流转前后家庭收入来源构成的变化（%）

| | 转出 | | 转入 | | 既转入又转出 | |
|---|---|---|---|---|---|---|
| | 流转前 | 流转后 | 流转前 | 流转后 | 流转前 | 流转后 |
| 农业收入 | 33.6 | 12.7 | 62.8 | 62.4 | 59.1 | 47.4 |
| 非农业收入 | 66.4 | 87.3 | 37.2 | 37.6 | 40.9 | 52.6 |
| N | 107 | 106 | 94 | 94 | 22 | 20 |

本研究将农业生产（自雇）收入和农业雇工（他雇）收入合并，称为农业收入，将除此之外的其他收入合并，称之为非农收入，然后再比较二者的变化，见表5-23。可以发现，土地流转前后，农户的家庭收入来源并未发生较大的变化，也就是说，土地流转对农村社会阶层分化的作用十分有限，这与

当前中国的土地流转尚处于低层次的初级阶段有关。因此，不能说当前农村的土地流转加速了农村社会流动和阶层分化。于此相反，正因为农村土地不能实现高层次和高效率的流转，而在一定程度上影响了农村社会的合理流动和阶层分化。（见个案《土地流转刚刚起步》）

**土地流转　刚刚起步**

个案L，男，46岁，湖南省长沙县K村人，已婚，初中文化，党员，健康状况良好，家庭年收入5万，主要是非农业收入。L的妻子健康状况良好，两个女儿都已成年，均高中毕业。目前他在当地的社会地位、经济地位和社会声望良好，职业是个体工商经营户。

据L的理解，他认为农民是非常依赖土地的，认为土地有可发掘和利用的经济价值和升值空间，他所在的K村花卉苗木种植业办得红红火火，也给农民带来了经济收益，推动了整个村内经济的快速发展。他也认为土地能够解决农民家庭的基本负担，从土地中获得了基本的社会保障。主要是种植在土地上的经济作物能够创造收益，并且有了持续的收入来源。

个案L家的土地发生过土地流转，是以书面合同的形式转出了土地承包权，而且本人愿意进行土地流转，转出土地面积约为3－4亩，转给了村里的农业大户，原来的农田都已经种植了苗木。他因为担心不能兑现合同承诺所付流转金，所以采取了书面合同，目前的事实证明他当年的担心是多余的，农村目前是一派生机勃勃的景象。个案L现在从事花卉苗木的买卖经营，看到他那满脸的笑容，真替他高兴，因为他的腰包鼓起来了，社会地位和声望都比以前好多了，他为自己的家乡今天发生的变化而欣慰。

但L并不认为土地流转不影响子孙后代对土地的占有。在适宜的条件下，愿意转出土地的承包权，让土地流转，这是一件多方获利的事情，不仅农户可以得到一笔收益，而且农民仍然可以在农地上作业，所得收入远远高于种水稻田的收入，这样更能快速、有效地促进经济的发展，为新农村建设添砖加瓦。

在获利方面，L认为租赁对象，即土地承包者获利最多，而不是农民，农民只是得到工钱，承包者因为有较大的种植规模和经营权，所得的利润是相当可观的。L对国家土地征用的法律、法规了解不够全面，他比较担心无法得到同地、同价、及时、足额的合理补偿。当然对于他来说，并不担心就业、住房的保障问题，但他从电视、报纸了解到一些地方征地过程是很不公平的，尤其是对于农民来说，失去了土地就失去了很多保障，生活步履维艰。他认为更多的农民还是不愿意放弃土地承包权，因为土地对生活的贡献很大。尤其是不愿意将土地买卖，但可以进行流转，这样才能实现土地更多的升值空间。

L说，本村的土地流转还没有形成大规模，因此整个发生流转的土地面积还不太大。在流转双方权益分配的过程中，仍然存在一些矛盾和冲突，主要体现在没有及时足额地兑现承诺流转金，但村民可寻求政府帮助，并以法律途径来解决。总的来说，个案L认为土地流转政策是好的，农民不会永远束缚在几亩田地上面，K村的发展使他看到了希望，看到了更多经济发展的空间，这主要是靠政府的政策支持。但是，这才刚刚起步，这里还是需要一些劳动力的，而在今后几年甚至几十年时间里，发展速度会更快，而且可能都会是机械化，他对养老和就业问题表示担忧。

家庭收入以农业收入为主的农户希望承包更多的土地进行规模经营，以提高农业生产的效率和收入，却因为土地流转机制等原因而无法如愿以偿，农业的竞争力也因此而难以提高；对于家庭收入以非农业收入为主的农户来说，他们大多有比较稳定的非农收入，农业收入占家庭总收入的比重比较小，土地流转对他们家庭收入的影响比较小。但是，土地还较多地承担着社会保障的功能，尽管城镇化和工业化将一部分农户从农村分离，但毕竟大部分农户最终还是要回乡。因此，有些农户不愿意进行土地流转。此外，部分土地被征用的“失地农民”，他们失去了唯一的赖以生存的生产资料，却不能获得比较稳定的非农收入，这部分人沦为了农村新的弱势群体，值得进一步关注。

## 第四节　小结

通过以上分析，本研究得出以下结论：

### （一）农村社会阶层在土地流转的意愿、行为选择、困难与效果上各不相同，且与其阶层属性呈显著相关

在发生土地流转的各个阶层当中，土地流转意愿与收入分层、职业分层显著相关。阶层地位越高，流转意愿越强。在没有发生土地流转的各阶层当中，收入水平是影响土地转出的决定性因素。转出土地主要是由于种地赚钱少，而不愿意转出则主要是由于社会保障体系不完善。

土地流转形式，无论是转出还是转入，都与地域呈显著相关性。发达地区主要是以出租为主，中等发达地区和不发达地区则主要以代耕为主。土地流转的协议形式以口头协议为主，书面协议少见，与各阶层的文化程度未见显著性。流转途径主要以人际关系渠道为主，但与经济分层、教育分层没有显著关系，与职业分层呈显著相关性。土地流转的途径与流转的协议方式呈显著相关性，土地转入越是倾向于采用制度化渠道，则采用书面协议的可能性越大。同时，土地流转渠道差异显著，在职业分层中处于中层以上的倾向于采取人际关系渠道，处于下层的倾向于采取制度化渠道。

土地流转中所遇到的困难，各阶层之间差异显著。总的来说，主要是缺乏维护农民权益的组织。土地流转的效果表明，土地流转发生后，转出土地的农户比转入土地的农户的社会地位上升得要高；土地流转发生后，家庭收入来源发生了的变化，转出土地的农户家庭收入来源变为以非农业收入为主，而转入土地的农户家庭收入来源变化很少，可以说，土地流转对农村阶层分化所起的作用并不大。

### （二）农村社会阶层之间的土地流转存在着意愿不强、行为不规范的问题

随着社会经济的发展，中国农村发生了巨大变化，农民的生活水平显著提高，非农业收入在农民的收入结构占了一席之地，但农民依然不愿意完全

放弃土地经营权，这有文化传统的原因——“土地就是命根子”，也因为土地还承担着太多功能。早在2002、2003年陈锡文[①]、韩俊[②]就认为，土地是农民最基本的生活保障，不解决农民的非农就业出路，片面强调土地规模经营，只会让较多的农民因失地而陷入困境，因此，土地使用权流转是一个不平衡的、渐进的长期过程。马晓河[③]也认为，土地除了作为最基本的生产要素以外，对不发达地区农民来说还具有保障功能；对一些兼业农户来说，还具有就业风险保障功能；对老年农民来说，还具有养老保险功能。在土地的这些功能还没有合适的、可靠的替代品之前，农民是不会心甘情愿地让出自己占有的土地的。

实证结果表明，在未发生土地流转的农户中，愿意转出的占11%。意愿转入他人土地的也只占14.8%。因此，可以说，在今后较长的时期里，农民将处在一个既不愿放弃土地承包权，又不愿多种田的状态之中，这必然会严重制约合理的土地流转和适度的规模化经营。

本研究还发现，人际关系渠道是农户进行土地流转时采取的最重要的途径，土地流转中介机构存在严重缺位，土地流转的协议形式则以口头协议为主。不论是土地转入还是土地转出，近80%的农户自己或者是通过乡亲联系土地流转的对象，其余的农户则是通过乡（镇）组织联系和村组织联系流转对象，无一人是通过土地流转中介机构进行流转。这与土地流转中介服务机构的建设有关。在经济发达地区，土地流转中介机构尚未实现全覆盖，在经济中等发达地区和欠发达地区这一状况更糟。如，苏州市还只有40%的乡镇建立了农村土地管理服务中心，承担收集信息、规范指导、合同签证、项目推介等服务职能；土地流转的协议形式上，口头协议形式为绝大部分的农户所青睐。土地流转的协议形式并不与土地流转的规模、年限以

---

① 陈锡文：《如何推进农民土地使用权合理流转》，《中国改革》（农村版）2002年第9期。

② 韩俊：《积极稳妥地推进农民承包土地使用权合理流转》，《农村经营管理》2003年第3期。

③ 马晓河：《建立土地流转制度，促进区域农业生产规模化经营》，《管理世界》2002年第11期。

及调查者的文化水平有显著相关性，而是受到人们长期以来形成的观念以及注重人际关系和谐等因素的影响。但是，这又会带来新的问题，如引发土地流转问题的矛盾和冲突。

# 第六章
# 农村社会阶层对土地流转的影响

土地流转与农村阶层分化之间存在着一定的互动关系。这种互动关系首先表现为农村社会阶层对土地流转的影响。这种影响主要变现为农村社会阶层对土地流转速度与规模的影响。无论是农村社会阶层的阶层构成特征，还是其土地价值认知，亦或是其土地流转动机，都会在一定程度上直接影响着土地流转的速度与规模。

## 第一节　农村社会阶层的土地流转速度与规模

由于农村社会阶层对土地流转的影响，主要变现为农村社会阶层对土地流转速度与规模的影响，因此，分析土地流转的速度与规模，是揭示农村社会阶层对土地流转影响的前提。农村社会阶层作为土地承包权和经营权的主体，是土地流转的对象。也就是说，土地流转的速度与规模在一定程度上取决于农村社会阶层土地流转的态度和行为。目前我国农村土地流转还处在初级阶段，从全国范围来说，土地流转呈现出速度过慢、规模偏小、流转形式不规范等特点，这与我国的社会经济发展很不相适应。

### （一）农村社会阶层的土地流转速度

土地流转的速度在很大程度上反映了农村社会阶层土地流转的意愿和

行为选择，也影响着农村土地使用的效率。调查表明，现阶段两类农村家庭人口年龄结构类似，其中劳动年龄人口比重都在60%以上，老年人口比重在14%以上，少儿人口也占到22%左右。可见，现在农村家庭充足的剩余劳动力为土地流转市场的建立起到了催化剂的作用，加速了土地流转速度。

本研究主要用“发生过土地流转的农村社会阶层所占比重”和“土地流转频次”这两个指标来考察农村社会阶层土地流转的速度。

1. **发生过土地流转的农村社会阶层比重。**表6－1的数据显示，农村中现有的八大阶层均发生过土地流转，其中，私营企业主阶层和乡村管理者阶层发生过土地流转的个案数最多，其所占总体的比例分别为28.7%和31.7%，二者之和达到了60.4%，超过总体比重的一半。这说明目前这两个阶层是农村土地流转的主要参与者。

**表6－1 发生过土地流转的农村社会阶层的比例(%)**

| 农村社会阶层 | 1 | 2 | 3 | 4 | 5 | 6 | 7 | 8 |
|---|---|---|---|---|---|---|---|---|
| 个案数 | 76 | 32 | 60 | 119 | 121 | 16 | 16 | 20 |
| 百分比 | 13.3 | 4.9 | 4.5 | 28.7 | 31.7 | 2.2 | 2.2 | 12.5 |

注:1＝普通农户;2＝个体工商经营者;3＝农村技术人员;4＝私营企业主;5＝企业管理;6＝从事渔、牧、林的农业大户;7＝乡村管理者;8＝无业人员

2. **农村社会阶层的土地流转频率。**为了考察农村整体的土地流转状况，本研究统计了农村社会阶层发生一次、两次和三次以上土地流转的频率。表6－2数据显示，不管哪个阶层，不管是发生几次土地流转，其频率均比较低。如，发生过一次土地流转的频率最高的只有23.0%，发生过两次土地流转的频率最高的为11.0%，发生三次以上土地流转的频率最高的为3.5%。这反映出土地流转的速度还很慢，在有些地区，仅处于萌芽状态。但即使这样，我们依然发现，各阶层之间流转次数是不一样的。总的来说，各个阶层只发生过一次土地流转的人数相对来说是最多的，其中，普通农户阶层发生过一次土地流转的频率是12.6%，从事种植业、牧业、渔业和林业的一般农民阶层发生过一次土地流转的频率是23.0%，他们是频率最高的，

占了总体的三分之一以上。发生过两次土地流转的频率最高的阶层是从事种植业、牧业、渔业和林业的一般农民阶层，为11.0%。发生过二次以上土地流转的频率最高的阶层是从事渔、牧、林的农业大户阶层，达12.4%。因此，我们可以发现不同的阶层土地流转速度不同，这充分说明，农村社会阶层土地流转的速度与各个阶层的职业特点密切相关。

表6－2　农村社会阶层的土地流转频率（%）

| | 1 | 2 | 3 | 4 | 5 | 6 | 7 | 8 |
|---|---|---|---|---|---|---|---|---|
| 一次 | 12.6 | 4.4 | 5.1 | 4.2 | 5.1 | 23.0 | 2.3 | 2.5 |
| 二次 | 1.6 | 3.6 | 2.4 | 2.7 | 2.9 | 11.0 | 0.7 | 1.3 |
| 三次及以上 | 1.5 | 2.0 | 1.9 | 1.5 | 2.4 | 1.4 | 3.5 | 1.3 |
| 总计 | 15.7 | 10.0 | 9.4 | 8.4 | 10.4 | 35.4 | 6.5 | 5.1 |
| $N=726$　$x^2=12.042$　$df=14$　$P<0.001$ | | | | | | | | |

注：1＝普通农户；2＝个体工商经营者；3＝农村技术人员；4＝私营企业主；5＝企业管理；6＝从事渔、牧、林的农业大户；7＝乡村管理者；8＝无业人员

### （二）农村社会阶层的土地流转规模

据农业部有关部门统计，到2000年底，中国耕地流转量占耕地总量的5%－6%，从地区分布上来看，东部沿海经济发达地区耕地流转量达到7%－8%，而在中西部等经济不发达地区耕地的流转量只占1%－2%。[①] 本研究在此次调查中发现这一比例已有所升高。土地流转量的地区分布情况为：经济发达地区（奉化、余姚）土地流转量最大，占耕地总量的9.1%，中等发达地区（长沙、岳阳、浏阳）次之，占耕地总量的6.3%，而经济不发达区（武鸣、隆安）土地流转量最小，仅占耕地总量的2.4%。并且，土地流转量在农村各个阶层内部呈现出明显的差异。下表6－3显示，农村社会阶层土地流转的速度和规模存在差异。个体工商经营者阶层土地流转量最大，土地流转量占其耕地承包量的16.4%，农村技术人员阶层和私营业主阶层的土地

① 郭荣朝、宋双华：《中国农村土地流转探析》，《科学·经济·社会》2002年第2期。

流转量相同，均占其耕地承包量的 15.5%，这三个阶层的土地流转量远远高于其他五个阶层。可见，土地流转的规模应该与阶层职业特点或者收入水平密切相关。关于这一点，本研究将在下文建立专门的相关模型进行深入分析。

表 6－3　农村社会阶层的土地流转规模（平均亩）

| | 1 | 2 | 3 | 4 | 5 | 6 | 7 | 8 |
|---|---|---|---|---|---|---|---|---|
| 承包量（亩） | 14.5 | 19.5 | 16.7 | 17.4 | 13.2 | 14.8 | 10.6 | 9.1 |
| 流转量（亩） | 1.5 | 3.2 | 2.6 | 2.7 | 1.1 | 2.1 | 0.9 | 0.8 |
| 所占百分比（%） | 10.3 | 16.4 | 15.5 | 15.5 | 8.3 | 14.1 | 8.4 | 8.7 |
| $N = 726$　$x^2 = 10.762$　$df = 7$　$P < 0.05$ | | | | | | | | |

注：1 = 普通农户；2 = 个体工商经营者；3 = 农村技术人员；4 = 私营企业主；5 = 企业管理者；6 = 从事渔、牧、林的农业大户；7 = 乡村管理者；8 = 无业人员

## 第二节　阶层构成特征对土地流转速度与规模的影响

本研究依据收入水平、职业构成和声望地位三个指标对农村居民进行了阶层划分。声望地位这一指标主观性比较强，因此，本研究不将其列入讨论范围。而只重点探讨农村社会阶层收入水平和职业构成特征对土地流转速度与规模的影响。据此，本研究建立了相关的分析模型，发现农村社会阶层收入水平和职业特点与土地流转速度与规模的相关性非常明显。

### （一）农村社会阶层的收入水平对土地流转的影响

农村社会阶层的收入水平和职业分化对土地流转的速度和规模的影响表现在以下两个方面：第一，农村社会阶层职业分化越大，意味着他们从事的非农职业越多，非农收入在总收入中所占的比重就会越高，农业收入的比重就会下降，农业收入的重要性大大降低。因此，基于对土地相对效益的考虑，农村社会阶层希望进行土地流转，从而加大了土地流转的速度与规模。第二，那些农业收入占总收入比重比较大的阶层对土地的依赖程度很大，土

地对他们来说重要程度非常高。因此,他们对土地有强烈的需求意愿,渴望获得更多的土地,以便进行规模经营,提高土地经营效率,增加收入。这也影响着土地流转的速度与规模。(见个案《滋润的大户》)

### 滋润的大户

个案F,男,52岁,湖南省长沙县K村人,已婚,文化程度为小学。村内的专业大户比较少见,而家庭农场则是很普及。个案F对土地的依赖程度比较强,对土地经济价值的认识程度也高,说起如何利用土地,一套一套的。他告诉我们,当地人搞果蔬种植,品种单一,不知道怎么去有效的利用土地,但关键还是缺乏技术。如果我们农民掌握了新技术,就能有效的利用土地发展果蔬种植了。

“我是一个土生土长的农民,一家人的生活主要靠土地,有了土地,我们就有了收入,有了收入就有了生活保障,只要自己能动就能养活自己了,这比那什么生活、养老、就业保险什么的,都来得实在。对我们这些农民来说,土地就是命根子啊,像我们这种没有文化的人,祖祖辈辈生活在这里,除了种地,还是种地,哪会干其他的什么事情啊,没有了土地真不知道自己能干什么,家人跟自己得靠什么养活?孩子正在读书,我告诉过他,如果不好好读书就会和你爸爸一样,将来还是继续种田,我现在能留给他的就是家里这几亩地了。可是,如果我连土地都没给他留点,万一找不着工作,又没土地,就得饿死了。”个案F说:“今年从村里承包了几亩地,准备多搞点蔬菜种植,原先自己4亩地,加上承包的8亩,共12亩。村里好多人宁愿外出打工,都不愿意在家种地,种地太苦了,而且收成还不保险,万一碰到灾年,就颗粒无收,风险太大。我在农村呆的时间长了,不愿意离开,况且现在国家对农业的政策也好了,发展种植业还受国家保护,我就有信心搞好蔬菜种植了,今年准备引进一些新的品种,希望来年有个好的收成。当初承包土地,和村里签订了协议。现今,村里像我们这种搞规模种植的不多,刚开始大家还不理解,慢慢地大家看到好处了,就有些后悔了,羡慕起我们来。现在我们家里的收入都提高了,今年准备盖座二层小楼房。如今,我们这批先出来做的，成为村里的榜样，那些后来承包土地的人，都到我这里来取经，我也会教他们怎么培育，怎么种植了，现在我们都是村里的名人了。”

原先也有人问我有没有想过去弄个城市户口，我说农村有什么不好的，种什么吃什么，又不用愁饭吃。拿土地换户口，我们村有人在搞，人家愿意换是人家自己的事，那些外出打工的换个户口就好些，那样方便人家在那边工作生活。我是在农村扎根的，换户口的事就算了，没这个必要。

“土地流转现在大概在全村展开了，村里大部分人都将土地转了出去，除了转给本地人外，还转给一部分邻村人。当初，大家对土地流转的看法不一样，有些赞成，有些反对，可现在，效果出来了以后，大家的态度转变了，当初反对的人自己也开始试着搞承包，搞规模经营了。这是好事，这样大家就都能富裕了。土地流转，方便农村开展规模经营，这样就能使土地更有效的利用，同时也解放了那些不愿靠种田生活的人，土地流转出去了，他们就能安心的回城市打工挣钱，同时，通过承包，他们每年还能从中得到一些收益。”

阶层收入水平与土地流转的相关模型显示，有四个因素对土地流转速度有显著性影响，有两个因素对土地流转规模有显著性影响。通过模型可以明显地发现最高等收入阶层的收入状况对土地流转规模的影响（幂值2.015）几乎是低等收入的一倍（幂值1.035），在其流转的速度上幂值高出0.434倍。而在总的情况方面，也可以明显地看到，在四个阶层的回归系数与幂值排列呈升序状况非常显著。这说明在收入分层中，高等收入阶层在土地流转的速度和规模上都远远大于最低等收入阶层。具体见表6－4。

**表6－4　模型一：以农村社会阶层的收入水平为自变量，以土地流转速度与规模为因变量建立的逻辑回归模型**

| 自变量（收入水平） | 回归系数 | | 标准误差 | | Wald 值 | | 幂值 | |
|---|---|---|---|---|---|---|---|---|
| | a | b | a | b | a | b | a | b |
| 低等收入 | .214 * | .127 | .145 | .176 | 3.231 | 4.561 | 1.457 | 1.035 |
| 一般收入 | .317 * | .135 | .216 | .167 | 5.362 | 7.293 | 2.006 | 1.794 |

续表

| 自变量（收入水平） | 回归系数 | | 标准误差 | | Wald 值 | | 幂值 | |
|---|---|---|---|---|---|---|---|---|
| | a | b | a | b | a | b | a | b |
| 高等收入 | .341 * | .203 * * | .273 | .152 | 10.61 | 9.042 | 2.203 | 1.897 |
| 最高等收入 | .389 * * * | .267 * * * | .164 | .201 | 1.343 | 2.431 | 1.891 | 2.015 |
| —2Log likelihood:867.248 | | | | | | | | |
| Over Chi - square:68.627 | | | | | | | | |

说明:1、a = 土地流转速度,b = 土地流转规模

2、p * <0.05，　p * * <0.01，　p * * * <0.001

### （二）农村社会阶层的职业特点对土地流转的影响

农村阶层结构比较完善的地区,土地流转速度比较快,规模比较大。依据职业分层理论,阶层结构越完善,说明该地区农民的职业分化比较大,农民从事的职业类型趋向多样化。一般来说,这样的地区第二和第三产业比较发达,农村劳动力向第二、第三产业转移的机会较多,转移后的稳定性比较好。因此,第二、第三产业的收入在其总收入中所占的比重也就较大,土地收入的重要性被弱化,土地的保障作用也会被弱化,农村社会阶层的土地价值意识在悄然发生变化,传统土地价值意识逐渐淡化,大部分人打破了土地是“命根子”的观念。

在阶层职业特征的所有因素中,六个因素对土地流转速度有显著性影响,四个因素对土地流转规模有显著性影响。结果显示,在以职业为特征的农村八大阶层中,农业工人阶层土地流转的规模大、速度快,幂值分别为2.431与2.267。结合本研究个案访谈的资料,本研究认为出现这个结果的原因是农业工人阶层是农村土地流转的主要参与者,他们需要完全转出土地从事非农生产,成为现代农业工人。但目前的土地市场不成熟,相关的土地流转制度不完善,使得他们的土地流转具有暂时性和循环性,即土地流转的规模与速度都比较大。另外,只从土地流转规模方面来看,农场企业主阶

层是农村八大阶层中土地流转规模最大的，幂值为2.624，其次是私营企业主阶层，其幂值是2.171。个体工商人员阶层是土地流转速度最快的。原因主要在于个体工商人员主要从事自雇型的经商工作，此类职业受地区经济发展程度的影响较小，因此，无论在经济发达地区还是不发达地区，他们都是土地流转的活跃者，但同样因为土地市场和土地流转制度的原因，他们转出的土地具有临时性和循环性，不得不经常重新进行土地流转，这样他们土地流转的频数就会比较大，即速度比较快。从表6－5我们还可以发现，各阶层的职业类型对土地流转速度有影响，且除乡（镇）、村级管理者阶层之外的其他各个阶层的职业类型都影响显著；各阶层的职业类型还对土地流转规模有影响，其中，农村技术人员和乡（镇）、村级管理者阶层的职业类型的影响最显著，农业工人阶层次之，其他阶层的职业类型影响不显著。如表6－5所示。

**表6－5 模型二：以农村社会阶层的职业类型为自变量，以土地流转速度与规模为因变量建立的逻辑回归模型**

| 自变量 | 回归系数 | | 标准误 | | Wald 值 | | 幂值 | |
|---|---|---|---|---|---|---|---|---|
| 职业类型 | a | b | a | b | a | b | a | b |
| 个体工商户 | .345 * * | .246 * | .228 | .213 | .3.21 | 4.622 | 2.672 | 1.552 |
| 农村技术人员 | .368 * * | .317 * * | .230 | .233 | 4.67 | 5.873 | 2.324 | 2.146 |
| 农业工人 | .224 * * * | .221 * | .252 | .126 | 6.78 | 7.861 | 2.431 | 2.267 |
| 农村工商管理人员 | .175 * * * | .134 | .237 | .178 | 9.45 | 6.355 | 1.543 | 1.985 |
| 农场企业主 | .356 * * | .121 | .281 | .231 | 8.98 | 7.463 | 1.550 | 2.624 |
| 私营企业主 | .451 * * | .175 | .245 | .169 | 9.64 | 8.472 | 1.681 | 2.171 |
| 乡（镇）、村级管理者 | .265 | .205 * * | .189 | .136 | 3.47 | 9.661 | 1.972 | 1.343 |
| —2Log likelihood:996.247 | | | | | | | | |
| Over Chi－square:87.643 | | | | | | | | |

说明：1、a＝土地流转速度，b＝土地流转规模。

2、p* <0.05， p* * <0.01， p* * * <0.001.

综合分析以上以职业类型和收入水平为自变量，以土地流转速度和规模为因变量建立的两个相关模型可得知，农村社会阶层土地流转的速度和规模与其阶层构成特征是显著相关的。即农村社会阶层的阶层差异（指职业类型差异和阶层收入水平差异）影响着土地流转的速度与规模，非农职业比较发达、经济收入水平比较高的阶层，土地流转的速度比较快、规模比较大。

## 第三节　土地价值认知对土地流转速度与规模的影响

在社会学关于传统乡村的研究中，农村通常被描述成传统、封闭、保守。几乎在所有的经典社会学家眼中，农村社会阶层的价值取向和阶层特征都被作为与现代理性相对立的一极，如梅因的"身份社会"与"契约社会"，涂尔干的"机械团结"与"有机团结"，滕尼斯的"礼俗社会"与"法理社会"，雷德费尔德的"民俗社会"与"现代社会"以及帕森斯的"特殊价值"与"普遍价值"等的对立都是如此。[①] 随着经济社会的发展，现代农村相比传统农村呈现出许多新的特点。如农民的生活来源途径突破了单纯经营土地的单一化，走向多样化；农民的职业开始分化，农业生产不再是农民唯一的选择。正因为如此，人们开始重新认识土地：它不仅给人们提供生活来源，保障人们的物质生活，还承担着许多社会责任和生态责任。关于土地的价值认知，传统价值观与现代价值观正由对立慢慢走向统一，农村社会阶层的土地价值认知也正朝着现代土地价值观发展。在可持续发展观的引导和土地资源的减少与现代农业科技的发展的双重冲击之下，人们的土地经济价值观念会逐渐淡化，土地的社会价值和生态价值观念将会成为主导。这一趋势，在美日等发达国家的已经开始显现。据有关资料显示：在日本，只有三分之一的农村人口从事纯农业生产；在美国，这一数字更小，只有四分之一的美国

---

① 李培林：《村落的终结——羊城村的故事》，商务印书馆2004年版，第67页。

农民从事纯农业生产。农村社会由传统向现代化的转型必然导致农民土地价值认知的变化。农村社会阶层这种土地价值认知的转变，必然直接影响着土地流转的速度和规模。

为此，本研究建立了以农村社会阶层对土地价值的认知为因变量，以土地社会价值和存在价值为自变量的模型，发现在社会价值诸因素中，生活保障对农村社会阶层土地流转速度的影响最为显著，其次是就业保障。而医疗保障对土地流转规模的影响最为显著，其次是就业保障。另外，社会价值各因素对土地流转速度与规模影响的幂值分别为1.122与1.346、1.253与1.521、1.371与1.343、1.313与1.065以及1.281与1.114。这表明农村社会阶层开始注重土地的社会价值，而且对土地社会价值越是注重的阶层，其土地流转的速度越快、规模越大。

在以农村社会阶层对土地价值的认知为自变量，以土地流转速度与规模为因变量建立的分析模型中可以看出，存在价值的三个变量没有一个对土地流转速度与规模具有显著性影响。即实证结果并不支持农村社会阶层土地存在价值的认识对土地流转具有影响。这其中原因有二：一是农村社会阶层对土地存在价值的认识还远远不够；二是在市场经济条件下，人们的行为逻辑偏向理性化，土地的经济价值在逐渐颠覆和取代人们对土地存在价值的认知。李培林在分析羊城村"一分地奇迹"时说，农民的经济理性是扎根在人们心里的。但每个人的行动轨迹都受其他价值目标的约束，而不是单一的受谋利价值目标的约束。在这个越来越"自由"的世界上，"自由"一方面代表束缚的减少和个人选择能力的增强，同时也意味着对经济理性约束的减弱，而当这种约束完全崩溃，经济理性异化所爆发出来的逐利欲火就会吞噬一切心灵。[①] 也就是说，人们这种经济理性一旦异化，其结果必然是过度使用乃至浪费土地资源。本研究的深度访谈也支持这一点：在我国许多农村地区，过度使用甚至浪费土地资源的现象相当严重。这是一个我

① 李培林：《村落的终结——羊城村的故事》，商务印书馆2004年版，第69页。

们应该高度重视和关注的问题，土地资源是不可再生资源，且具有代际传承性，关系着子孙后辈的生存和发展，每一个公民都应该保护好土地资源，不能“吃祖先饭”，却“断子孙路”。详见表6－6。

**表6－6　模型三：以农村社会阶层对土地价值的认知为自变量，以土地流转速度与规模为因变量建立的逻辑回归模型**

| 自变量 | | 回归系数 | | 标准误 | | Wald 值 | | 幂值 | |
|---|---|---|---|---|---|---|---|---|---|
| | | a | b | a | B | a | b | a | b |
| 社会价值 | 生活保障 | .145＊＊＊ | .101 | .153 | .214 | 3.564 | 3.132 | 1.122 | 1.346 |
| | 养老保障 | .127 | .024 | .105 | .132 | 2.142 | 2.041 | 1.253 | 1.521 |
| | 就业保障 | .154＊＊ | .112＊ | .067 | .079 | 2.311 | 1.893 | 1.371 | 1.343 |
| | 医疗保障 | .078 | .136＊＊ | .117 | .104 | 1.892 | 2.011 | 1.313 | 1.065 |
| | 福利保障 | .112 | .145 | .078 | .103 | 2,411 | 2.357 | 1.281 | 1.114 |
| 存在价值 | 生态功能 | .001 | .002 | .097 | .115 | 2.412 | 1.352 | 1.071 | 0.628 |
| | 景观功能 | .042 | .101 | .121 | .108 | 1.001 | 1.235 | 1.243 | 1.023 |
| | 代际功能 | .004 | .110 | .122 | .079 | 1.342 | 1.143 | 1.023 | 1.208 |
| —2Log likelihood：468.036 | | | | | | | | | |
| Over Chi－square：96.86 | | | | | | | | | |

说明：1、a＝土地流转速度；　b＝土地流转规模；表中系数均为标准化回归系数。

2、p＊　<0.05，　p＊＊<0.01，　p＊＊＊<0.001.

## 第四节　土地流转动机对土地流转速度与规模的影响

行为的动机会影响行为的结果，那么，农村社会阶层土地流转的动机必然会影响土地流转的结果之速度和规模。一方面，在市场经济的趋利性特点的影响下，农村社会阶层进行土地流转的动机会朝着经济理性转化，这种经济理性就是最大化地追求土地的经济效益。李培林在“羊城村”的“造房运动”研究中提出的“一分地奇迹”就是最好的证明：羊城村的居民每户宅基地的面积不到一分地。但是他们却最大化地利用了这一分地的土地价值。他们把楼房盖到6~8层，使住宅面积增加到300~400平方米，而且建筑从2层以上探出，完全挤占了街道的“空城”。农民一般自己住一层，其他的全部用来出租。租金收入一般都在3~4万元。[①] 另一方面，市场经济带来了农民的就业的多样化和可选择性，非农职业的高收入性、清闲性等优点对传统的农业生产职业带来巨大冲击，在经济理性的影响下，农民会由农业生产转向非农职业。舒尔茨在《传统农业的改造》中指出，传统农民的生产趋近于一种既定条件下较高效率的“均衡水平”，一旦有新的经济刺激，他们就会对传统的生产模式进行改造。[②] 波谱金在《理性的小农》中也指出，小农生产者的行为选择，完全是在权衡各种利弊之后为追求利益最大化而做出的。[③] 农村社会阶层土地流转之行为正是受到经济理性之行为动机的驱动。农村社会阶层土地流转动因的多样化影响着农村土地流转的速度与规模。在农村社会阶层土地转入动机的调查中，要从事非农业生产是最主要的动机，其次是种地赚钱少，接下来是要外出打工以及要外出经商（见个案《流转出去就是好》）。

**流转出去就是好**

个案C，男，60岁，湖南省岳阳县R村村民，党员，并且担任了两届村长。家里年收入还可以——两个儿子在外地工作，收入不错。就他和他老伴两个人的收入来说，一年大概有四五万元。自己喂猪，种植玉米，承包了一个很大的鱼塘，平时放假的时候很多人会来他那里钓鱼休闲，每斤可以卖十块钱，如果拿到集市上去买一斤就六块钱。所以他经常会开着摩托车到处去打广告，让那些上班的人来他那钓鱼。

---

① 李培林：《村落的终结——羊城村的故事》，商务印书馆2004年版，第63页。

② Schultz. T. W. 1964，《Transforming Traditional Agrculture》，New Haven：Yale University Press.

③ Popkin. S. 1979，《The Rational Peasant：The Political Economy of Rural Society in Vietnam》，Berkeley：University Of California Press.

个案C对于土地的感情是比较深的,他认为对于农民来说,土地的作用很大,农民不像有工作的,没有土地农民怎么过日子,现在家里的收入来源主要是农业生产,虽然很多年轻人在外面打工,但是他们老了还是要回家来的。还是要靠这些分的田土养老。自己虽然经济状况还可以,以后也不要怎么靠儿子养老,但是他认为土地对农民来说还是命根子。如果没有土地,很多农民都没法过,只是现在的年轻人越来越不想耕种田土了,很多人都在外面打工,土地都荒在那里。把土地承包出去,对于打工的年轻人来说还是有好处的,这样土地就不会白白荒在那里。到时他们老了不能到外面打工了,还可以回来种地解决基本吃的问题,土地还是不能丢的。

开发商开发和国家征用土地是农村社会阶层进行土地流转的又一动机,因为开发商开发和国家征用土地属于土地被强制性流转,因此,这一动机也被称之为被动性动机,是迫于外部压力而产生的流转动机。这与本次研究相关度很低,本研究不予讨论。但是,这种流转动因却是我国目前土地流转中产生冲突的主要根源,必须引起相关部门的高度重视。提高土地使用权的强度不是要求土地私有化。因为在现行的家庭承包制的制度框架内,土地的基本权利是明确的,界定也是清楚的,就是土地集体所有,农户拥有使用权。有学者据此提出,地权明晰既不是导致灾难的万恶之源,也不是拯救农业的万能之药。[①] 关键是农户的使用权要有切实的保障,并具有相当的稳定性。所谓的障碍是我们对现行制度执行不力,对农户土地使用权保障不力。

为了进一步探讨农村社会阶层进行土地流转的动因对土地流转的速度与规模会的具体影响,本研究建立了一个逻辑回归模型,见表6-7。我们知道,农村社会阶层进行土地流转的动机会因其职业上的差异而不尽相同。因此,这个逻辑回归模型以农村土地流转速度和效益为因变量,以土地流转动因为自变量。模型显示:在农村社会阶层进行土地流转的所有动机中,

---

① 秦晖:《中国农村土地制度与农民权利保障》,《探索与争鸣》2002年第7期。

“从事非农生产”这一动机对土地流转的速度和规模影响都非常显著，其幂值分别为2.671和2.153。在对土地流转速度单方面的影响上，“外出经商”和“种地赚钱少”这两个动机的影响显著性分别列第二位和第三位，其幂值分别为2.344和1.763。这说明在当前影响我国农村土地流转速度和规模的主要原因是农村社会阶层纷纷要“从事非农生产”，其次就是“外出经商”和“土地的相对效益较低”。

**表6-7 模型四：以农村社会阶层的土地流转动机为自变量，以土地流转速度与规模为因变量建立的逻辑回归模型**

| 自变量（土地流转动机） | 回归系数 | | 标准误 | | Wald 值 | | 幂值 | |
|---|---|---|---|---|---|---|---|---|
| | a | b | a | b | a | b | a | b |
| 要外出经商 | .231 * | .126 * | .138 | .116 | 3.451 | 2.342 | 2.344 | 1.161 |
| 从事非农生产 | .324 * * | .205 * * | .146 | .232 | 2.762 | 1.791 | 2.671 | 2.153 |
| 种地赚钱少 | .214 * | .131 | .217 | .145 | 1.434 | 3.434 | 1.763 | 1.252 |
| 种地太辛苦 | .127 | .107 | .158 | .201 | 2.421 | 1.026 | 1.182 | 1.584 |
| —2Log likelihood:386.027 | | | | | | | | |
| Over Chi - square:98.623 | | | | | | | | |

说明：1、a = 土地流转速度； b = 土地流转规模；表中系数均为标准化回归系数。

2、p * <0.05， p * * <0.01.

综上分析可知，在土地流转动机的各个变量中，有三个变量对土地流转的速度影响显著，有两个变量对土地流转规模影响显著。其中“要外出经商”和“从事非农生产”这两个变量既对土地流转的速度影响显著，又对土地流转的规模影响显著。人们是否进行土地流转，要进行多大面积的土地流转等都会是基于自身情况的思考，也就是说不同阶层进行土地流转的目的是不同的。结合此次的调查数据，本研究认为这主要受如下两个因素的影响：第一，农村社会阶层的职业选择和生产目的的差异。有些阶层主要从事非农产业，只想成为“兼业”农民，只希望流转一部分土地；有些阶层则完全

从事非农生产，成为了“脱产”农民，所以希望流转全部的土地。第二，农村社会阶层对土地的流转期望值差异。对土地流转期望值（主要指经济期望）越高的阶层，越迫切希望流转土地。总的来说，也就是非农职业化程度越高的阶层，土地流转的速度越快规模越大；对土地流转期望越高的阶层，土地流转的速度越快规模越大。可见，追求土地相对效益的最大化是农村社会阶层进行土地流转的根本目的。因此，要加大农村土地流转的速度与规模，又好又快地实现农业的集约化经营，必须提高土地生产的附加效益。在以后的农业生产中，最主要的任务是要提高农业生产的科技含量，形成一批有专业特色的农业产业。

**一位农民的致富之路**

个案H，男，38岁，高中文化，浙江奉化人，农业大户。H吸着一只烟坐在田埂的石板上。他习惯在晚饭后这样静静地看着他那十几个蔬菜大棚在夕阳下反射着余辉。白色的塑料大棚，象一扇扇拱门，有序的在他脚下延伸着。里面是长势正旺的各种蔬菜。他嘴上挂着一丝微笑。

H家是一个农业世家，祖祖辈辈都是“泥腿子”。2000年的时候，村里的年轻人开始疯狂的往沿海跑，因为那里有更高的收入，有高楼大厦，有现代化的生活方式。很多人都不再愿意耕种田地。

一段时间，他也曾经犹豫过，自己是不是也要到外面那个精彩的世界去看看呢。这个问题曾困扰了他很久，直到一天有人来找他，要他承包田地。

他想，种田不能赚钱为什么不能种点别的呢？

他开始四处打听现在种什么东西好卖，他买了很多书，收集到各方面的信息。最后他决定进行大棚种植。于是，他软磨硬泡，说服了信用社的领导，贷款3万元，买来各种材料，并且跑到一所高校请教了一位著名的蔬菜专家，请他进行技术指导，没想到专家很高兴地答应了他。

开始，他搭了11个大棚。但是由于自己缺乏经验，再加上对市场把握不好，第一年他的11个大棚并没有给他带来预想中的收益。

但是，这并没有让他气馁，他开始分析自己种植失败的原因。市场、技术、经验都匮乏，他觉得要成为一个现代农民也很难啊。

终于，经过几年的经验积累，他的大棚效益开始慢慢提高了，随着效益的提高，他的生产规模也在一天天扩大。现在他已经搭了40多个大棚，蔬菜的品种也丰富了。他算了一笔账，今年的毛收入可能会超过8万元，除去所有的开销，纯利润将达到5万元左右。现在他再也不羡慕那些在外面打工的人了。

综上农村社会阶层的阶层差异（收入水平、职业类型）、对土地价值的认识程度和土地流转动机对土地流转的速度与规模影响显著。这验证了本研究提出的研究假设3。

## 第五节　小结

农村土地流转速度与规模的加大，是中国农村经济快速发展的标志之一，是实现农业现代化的首要环节，也是我国城市化的必然结果。通过上文的分析，本研究发现，农村土地流转的速度与规模受到不同阶层土地价值意识、阶层构成特征、土地流转动机等方面的影响。农村社会阶层土地流转的态度与行为选择深深地影响着农村发展。农村阶层分化对土地流转的影响是显而易见的。

### （一）土地流转的速度与规模与农村社会阶层的土地价值认知、阶层构成特征、土地流转动机显著相关

从上文的数据分析可以看出，土地流转速度和规模在农村社会阶层中存在显著差异。私营企业主和乡村管理者阶层是目前土地流转比较活跃的阶层。在发生过土地流转的阶层中，有28.7%的私营企业主和31.7%的乡村管理者阶层。个体工商户阶层、农村技术人员阶层和私营企业主阶层则是土地流转量与土地承包量最大的阶层，也就是说这三个阶层是土地流转规模最大的阶层。因此，可以看出，农村不同阶层的土地流转速度与规模是存在着一定差异的。

在进一步对影响农村社会阶层土地流转速度与规模的因素的分析中，本研究发现农村社会阶层对土地价值的认知、阶层构成特征和土地流转动机等因素与其土地流转速度和规模呈现出显著相关性。

无数次的实践已经证明，中国农民能够运用自己的智慧设计和演变出一套适合土地流转和经营的、有效率的制度。如果不切实际、一厢情愿地为土地流转设计一套制度安排并加以推行，那是不了解农民、不了解农村，也不了解中国社会的使然。

### （二）农村阶层分化为土地流转提供了阶层基础和现实可能

农村出现阶层分化（主要指职业分化和经济分化）后，不同阶层对土地重要性的认识也会产生分化，即不同阶层对土地的依赖性出现了不同。在阶层结构比较单一的传统时代，人们高度一致地认为土地的经济价值是土地最重要甚至是唯一的价值所在。而在阶层结构复杂多元的现代社会，农民的经济收入因职业分化而分化，经济收入结构因职业分化而发生着改变，由单一的农业收入朝着多元的农业收入和非农业收入转化，土地收入不再是农民收入的唯一来源。这样，人们就开始对土地价值进行再认识。如非农产业的阶层就可能发现土地不再仅仅存在经济价值，还有社会价值和存在价值，后两方面更值得关注，于是，“退耕还林，退耕还湖、退耕还草”，等更重视土地社会价值和存在价值（维持生态环境的和谐与土地的可持续发展）的行为就会出现。这样，为土地流转提供了阶层基础。

农村社会阶层进行土地流转，比较关注三个方面问题：第一，土地流转后，生活水平是提高？还是降低？或者是难以得到保障？第二，土地流转后，是否有其他的职业？这个职业能否提供稳定的生活来源？第三，土地流转后，土地的相对效益是提高？降低？还是保持不变？农村的职业分化、经济分化等帮助人们很好地解答了上述问题。首先，改革开放以后，农村经济获得较大的发展，农村居民的收入结构由单一的农业收入朝着多元的农业收入和非农业收入转化，经营土地所获收入不再是农民收入的主要或者唯一来源，而且非农收入普遍比经营土地的高，土地的重要性开始下降。因此，人们即使离开土地，也能获得基本生活资料，甚至是更多更好的生活资料。其次，农业产业结构的调整为农民加了职业选择的机会，农业生产也不再是农民职业的唯一选择，农民获得了更多的进入其他行业机会，农民的非农职业也能得到保障。再次，在农村经济体制转换过程中，开始对农村社会政策进行改革。比如户籍制度的改革，为促进社会流动提供了条件，农民可以自由地流入城市，实现就业。而农村和城市经济收入的差距彰显出土地相对效益的低下，这会促使一部分农民加快离开土地，流入城市，成为城市中的一份子。这三个方面问题的解决很好地解除了农民与土地的捆绑，为土地流转创造了条件。

# 第七章
# 土地流转对农村阶层分化的影响

前面的分析表明，无论是农村社会阶层的阶层构成特征，还是其土地价值认知，亦或是其土地流转动机，都会在一定程度上直接影响着土地流转的速度与规模。然而，分析土地流转对农村阶层分化的影响，也是揭示土地流转与农村阶层分化互动关系的另一个重要方面。土地流转会在一定程度上影响着农村的职业分层、经济分层和主观分层。

## 第一节　土地流转对农村职业分层的影响

以职业特征为依据划分阶层，是社会学界通行的农村阶层划分的方法。陆学艺教授将农村居民划分为农业劳动者阶层、农民工阶层、雇工阶层、农民知识分子阶层、个体劳动者阶层、私营企业主阶层、乡镇管理者阶层和农村管理者阶层等八大阶层，就是以职业特征为依据的。[①] 因此，考察土地流转对农村阶层分化的影响，首先必须从职业分层的视角进行分析。

调查表明，土地流转模式下外出务工人口占总劳动年龄人口的78.60%，而非流转模式下外出务工人口占总劳动年龄人口的比重低于前者近

---

① 陆学艺：《重新认识农民问题——十年来中国农民的变化》，《社会学研究》1989年第6期。

20个百分点，只有58.76%。可见，土地经营权的转移可大大释放出剩余农村劳动力，加快农村劳动力转移的数量。土地流转不仅会对调查者本人的职业产生影响，还会由此影响家庭中其他成员的职业。因此，探讨土地流转对农村居民职业变化的影响时，有必要以家庭为单位进行考察，观察土地流转对一个家庭中主要家庭成员职业的影响。本研究考察的主要家庭成员指被调查者及其配偶、父亲、母亲、子女，将他们的职业类型归总，然后进行前后对比。发现：在发生土地流转的家庭中，私营工商企业主、个体工商户、农村技术人员、普通农户、工商企业一般管理人员、工商企业中高层管理人员、从事农业生产的一般农民、乡（镇）村级管理人员、从事农业生产的农业大户、无业人员等10个职业的人数和比例有了明显的变化。其中变化比较明显的是：(1)私营工商企业主这一职业的从业人数，土地流转前其所占总数的比重为0.95%，土地流转之后，比重变为1.86%，增加了近1倍；(2)个体工商户所占的比重在土地流转后增加了3.83个百分点，增幅达66.9%（见个案《土地流转，农民成了个体经营户》）；(3)工商企业一般管理人员所占的比重在土地流转之后增加了65.2%；(4)工商企业中高层管理人员所占比重虽然只有0.84%，但相比土地流转之前，却是增加了57.5%；(5)乡（镇）村管理人员所占比重由土地流转前的1.17%增加到土地流转后的1.86%，增幅为59.0%；(6)从事农业生产的一般农民所占比重则由土地流转前的39.66%减少到土地流转后的21.43%，减少了18.23个百分点。具体见表7－1。

**表7－1　发生土地流转组与未发生土地流转组的家庭成员职业变化比较(%)**

| | 未发生土地流转 | | | | | 发生土地流转 | | | | |
|---|---|---|---|---|---|---|---|---|---|---|
| | 原来 | | 现在 | | 增加 | 原来 | | 现在 | | 增加 |
| | 频数 | 百分比 | 频数 | 百分比 | 百分比 | 频数 | 百分比 | 频数 | 百分比 | 百分比 |
| 私营工商企业主 | 16 | 1.18 | 20 | 1.40 | 18.3 | 18 | 0.95 | 40 | 1.86 | 94.4 |
| 个体工商户 | 50 | 3.69 | 110 | 7.68 | 108.2 | 108 | 5.73 | 206 | 9.56 | 66.9 |
| 农村技术人员 | 52 | 3.84 | 48 | 3.35 | －12.7 | 70 | 3.71 | 72 | 3.32 | －10.0 |

续表

| | 未发生土地流转 | | | | | 发生土地流转 | | | | |
|---|---|---|---|---|---|---|---|---|---|---|
| | 原来 | | 现在 | | 增加 | 原来 | | 现在 | | 增加 |
| | 频数 | 百分比 | 频数 | 百分比 | 百分比 | 频数 | 百分比 | 频数 | 百分比 | 百分比 |
| 普通农户 | 368 | 27.16 | 438 | 30.59 | 12.6 | 450 | 23.86 | 694 | 32.19 | 34.9 |
| 工商企业一般管理人员 | 14 | 1.03 | 10 | 0.70 | -32.4 | 18 | 0.95 | 34 | 1.58 | 65.2 |
| 工商企业中高层管理人员 | 3 | 0.22 | 4 | 0.28 | 26.2 | 10 | 0.53 | 18 | 0.84 | 57.5 |
| 从事农业生产的一般农民 | 476 | 35.13 | 312 | 21.79 | -38.0 | 748 | 39.66 | 462 | 21.43 | -18.2 |
| 乡镇、村管理人员 | 16 | 1.18 | 38 | 2.65 | 124.7 | 22 | 1.17 | 40 | 1.86 | 59.0 |
| 从事农业生产的农业大户 | 8 | 0.59 | 2 | 0.14 | -76.3 | 22 | 1.17 | 32 | 1.48 | 27.2 |
| 无业人员 | 258 | 19.04 | 354 | 24.72 | 29.8 | 252 | 13.36 | 390 | 18.09 | 35.4 |
| 其他 | 94 | 6.94 | 96 | 6.70 | -3.4 | 168 | 8.91 | 168 | 7.79 | -12.5 |

### 土地流转，农民成了个体经营户

个案W，男，53岁，浙江省余姚县F村村民，已婚，高中文化程度，普通群众，家庭年收入大概在四万左右，其中农业收入两万、非农业收入两万，生活收入主要来源是承包土地。因为家庭条件的原因，W现在没有经营土地，只是从事小本生意，属于个体工商经营户。住房为砖瓦结构平房，120平米。家中耐用消费品彩电、冰箱、摩托车、手扶拖拉机一应俱全。目前，家庭生活水平在当地属于中上水平、在村内没有担任任何职务，但是社会声望很好，在村内很受尊重。

个案W，将个人的四万平方米的土地以一年两万元的价格承包给了自己的亲戚，承包后的土地主要种植水稻。土地流转的主要原因是由于年龄的增长，身体大不如以前，再加上是自己的亲戚比较放心所以进行流转。由于是自己家的亲戚所以他们之间只是达成了口头协定。土地进行承包后，他开始经营些小本生意，打发日子，成了个体经营户。该个案中的土地流转双方是在自愿的情况下达成的，流转过程中自然是转入方得到的利益更多，当然这要看当年的天气状况，以今年为例，由于大部分地区连日雨水，灾情严重，大部分土地面临欠收甚至绝产。在这种情况下，承包土地的种植户很可能连成本都收不回来。流出土地一方应该是收益更多的。他更不愿意放弃对土地的承包权。他认为中央关于农村土地流转的政策还是有很多好处的，可能落实到地方的时候存在一些问题，但总体上看还是非常好的，他本人也是该项政策的受益者，因为土地流转，生活得到了很大的改善，职业也转换了。

又如，西部地区土地征用迫使农民改换了职业，比如开"面的"、打零工等，见下面案例。

**土地征用，职业被迫转换**

个案L，男，46岁，广西省武鸣县W村村民。土地征用后，由于老婆生病和女儿读书的学费昂贵，既要在县城开"面的"跑运输，又要在县城打打临时工。L看上去比他的年龄要大很多，还好自己身体很好。

L家里每年收入大概三万元左右，主要是他自己干个体跑运输（开面的）和在县里打零工挣的。但是开销也大，L老婆的医药费和女儿的学费、生活费，与收支刚好持平，要是碰上生意不好的时候或者打不到零工的时候，只能找亲戚朋友借钱。L告诉我，以前家里有土地的时候，因为靠近县城，水果的销量很好，而且有地的时候，老婆一直身体都很好，但自从土地被征用了以后，身体越来越差，心情也越来越不好。

他们村离县城不远，坐公交车就半小时的路程，但因为要建新城，政府征地，首先就征用了他们村的土地。谈到对于土地的依赖程度和经济价值，L是这样说的，"我觉得土地是我们的一切，现在开车也是逼不得已，说实话我很依赖土地，就像我老婆吧，有地的时候啥事没有，但自从土地被征用以来，身上的毛病也越来越多，像现在只能天天呆在家里面，想下来走走吧，又要下楼，也不像以前那样大伙能聚在一起聊天。土地能给我们很多东西，特别像我们这些靠近县城的果农，水果也不愁卖，水果的销量很好。但现在不同了，我们这里没有地了，水果价格上升也只能干瞪眼。说个好笑的，像我们这些人一辈子吃自己地里种的东西，到最后反倒要去菜市场买水果，无奈啊。而且最重要的是，我们补的钱也被买房子用完了，房价加上物业实在很高。”

L 觉得，土地当然就是他们的命根子，他们没有土地就没有出路啊，他们付出多少，地都会回报给他们，土地能教给他们很多，但是像现在，没有了地，他们只能个个跑出来讨生活了，像他女儿就知道了要好好读书，为了不让以后像他老爸这样，天天在外面给人家打工，要像以前一样自己做老板。

诚然，土地征用或其他原因的土地流转，确实使很多农民的职业发生了转换。但是，产业结构调整、科技进步、城市化等因素也会影响农民职业结构的变化，所以，上述职业在人数和比例上的显著变化，有可能是由土地流转引起的，也不一定是由土地流转引起的。因此，为了进一步明确上述职业的比例变化是否是由土地流转引起的，有必要对未发生土地流转组的家庭成员职业变化进行考察，并与同一地区发生土地流转组的调查结果进行对比分析。详见表 7－1、表 7－2。

表 7－1、7－2 显示，同一地区，未发生土地流转组与发生土地流转组一样，家庭成员职业变化主要表现在 10 种职业的人数和比例有较大变化，其中个体工商户的比重增加了 108.2%；乡镇、村管理人员的比重增加了 124.7%。这种同步变化的结果表明，先前分析的土地流转组家庭成员职业的变化并不完全是由土地流转引起的。

表7-2 不同地区发生土地流转组与未发生土地流转组的家庭成员职业变化比较(%)

| | | 未发生土地流转 | | | | | 发生土地流转 | | | | |
|---|---|---|---|---|---|---|---|---|---|---|---|
| | | 原来 | | 现在 | | 增加 | 原来 | | 现在 | | 增加 |
| | | 频数 | 百分比 | 频数 | 百分比 | 百分比 | 频数 | 百分比 | 频数 | 百分比 | 百分比 |
| 私营工商企业主 | 不发达地区 | 4 | 0.885 | 6 | 1.242 | 40.4 | 8 | 0.7463 | 22 | 1.88 | 152.4 |
| | 中等发达地区 | 6 | 2.05 | 6 | 1.99 | -3.3 | 4 | 1.26 | 2 | 0.43 | -66.2 |
| | 发达地区 | 6 | 0.98 | 8 | 1.24 | 25.9 | 6 | 1.21 | 16 | 3.09 | 155.3 |
| 个体工商户 | 不发达地区 | 14 | 3.10 | 32 | 6.63 | 113.9 | 42 | 3.92 | 108 | 9.25 | 136.0 |
| | 中等发达地区 | 10 | 3.42 | 26 | 8.61 | 151.4 | 34 | 10.69 | 50 | 10.64 | -0.5 |
| | 发达地区 | 26 | 4.26 | 52 | 8.04 | 88.9 | 32 | 6.45 | 48 | 9.27 | 43.6 |
| 农村技术人员 | 不发达地区 | 16 | 3.54 | 12 | 2.48 | -29.8 | 40 | 3.73 | 34 | 2.916 | -22.0 |
| | 中等发达地区 | 6 | 2.05 | 10 | 3.31 | 61.1 | 18 | 5.66 | 20 | 4.26 | -24.8 |
| | 发达地区 | 30 | 4.91 | 26 | 4.02 | -18.2 | 12 | 2.42 | 18 | 3.48 | 43.6 |
| 普通农民工 | 不发达地区 | 130 | 28.76 | 172 | 35.61 | 23.8 | 234 | 21.83 | 290 | 24.83 | 13.7 |
| | 中等发达地区 | 80 | 27.40 | 100 | 33.11 | 20.9 | 72 | 22.64 | 240 | 51.06 | 125.5 |
| | 发达地区 | 158 | 25.86 | 166 | 25.66 | -0.8 | 144 | 29.03 | 164 | 31.66 | 9.1 |
| 工商企业一般管理人员 | 不发达地区 | 8 | 1.77 | 6 | 1.24 | -29.8 | 16 | 1.49 | 26 | 2.23 | 49.1 |
| | 中等发达地区 | 2 | 0.68 | 0 | 0.00 | -100.0 | 0 | 0.00 | 0 | 0.00 | 0.0 |
| | 发达地区 | 4 | 0.65 | 4 | 0.62 | -5.6 | 2 | 0.40 | 8 | 1.54 | 283.0 |
| 工商企业中高层管理人员 | 不发达地区 | 2 | 0.44 | 3 | 0.62 | 40.4 | 8 | 0.75 | 14 | 1.20 | 60.6 |
| | 中等发达地区 | 0 | 0.00 | 0 | 0.00 | 0.0 | 0 | 0.00 | 0 | 0.00 | 0.0 |
| | 发达地区 | 1 | 0.16 | 1 | 0.15 | -5.6 | 2 | 0.40 | 4 | 0.77 | 91.5 |
| 从事农林牧渔业生产的一般农民 | 不发达地区 | 146 | 32.30 | 100 | 20.70 | -35.9 | 490 | 45.71 | 340 | 29.11 | -36.3 |
| | 中等发达地区 | 110 | 37.67 | 60 | 19.87 | -47.3 | 118 | 37.11 | 52 | 11.06 | -70.2 |
| | 发达地区 | 220 | 36.01 | 152 | 23.49 | -34.8 | 140 | 28.23 | 70 | 13.51 | -52.1 |
| 乡镇、村管理人员 | 不发达地区 | 10 | 2.21 | 18 | 3.73 | 68.4 | 6 | 0.56 | 16 | 1.37 | 144.7 |
| | 中等发达地区 | 4 | 1.37 | 6 | 1.99 | 45.0 | 6 | 1.89 | 8 | 1.70 | -9.8 |
| | 发达地区 | 2 | 0.33 | 14 | 2.16 | 183.0 | 10 | 2.02 | 16 | 3.09 | 53.2 |
| 从事农林牧渔业生产的农业大户 | 不发达地区 | 0 | 0.00 | 0 | 0.00 | 0.0 | 2 | 0.19 | 22 | 1.88 | 909.6 |
| | 中等发达地区 | 0 | 0.00 | 0 | 0.00 | 0.0 | 4 | 1.26 | 4 | 0.85 | -32.3 |
| | 发达地区 | 8 | 1.31 | 2 | 0.31 | -76.4 | 16 | 3.23 | 6 | 1.16 | -64.1 |

续表

| | | 未发生土地流转 | | | | | 发生土地流转 | | | | |
|---|---|---|---|---|---|---|---|---|---|---|---|
| | | 原来 | | 现在 | | 增加 | 原来 | | 现在 | | 增加 |
| | | 频数 | 百分比 | 频数 | 百分比 | 百分比 | 频数 | 百分比 | 频数 | 百分比 | 百分比 |
| 无业人员 | 不发达地区 | 62 | 13.72 | 74 | 15.32 | 11.7 | 98 | 9.14 | 172 | 14.73 | 61.1 |
| | 中等发达地区 | 74 | 25.34 | 94 | 31.13 | 22.8 | 56 | 17.61 | 88 | 18.72 | 6.3 |
| | 发达地区 | 122 | 19.97 | 186 | 28.75 | 44.0 | 98 | 19.76 | 130 | 25.10 | 27.0 |

注:发达地区为:奉化、余姚;中等发达地区为:长沙、岳阳、浏阳;不发达地区为:武鸣、隆安。

但是,对比分析结果亦显示,发生土地流转组与未发生土地流转组的家庭成员职业变化除了上述的同步变化外,在以下几个方面也还存在着明显的差异变化:(1)私营企业主比重的变化,私营企业主的比重在发生土地流转组的变化比在未发生土地流转组的变化差异比较大,前者比后者高出了76.1个百分点。(2)从事农业生产的农业大户比重的变化。在未发生土地流转组中,农业大户的比重较之前减少了76.3%,在发生土地流转组中,农业大户的比重较之前增加了27.2%,二者相差103.5个百分点。(3)工商企业一般管理人员比重的变化。在未发生土地流转组中,工商企业一般管理人员的比重有所减少,在发生土地流转组中,工商企业一般管理人员的比重则有所增加,二者相差97.6个百分点。(4)个体工商户的比重变化。在两个对比组中,个体工商户的比重都有所增加,但发生土地流转组的增幅比未发生土地流转组的高41.3个百分点。上述四类职业从业人员比重变化在两个对照组中的显著差异,虽然并不能完全排除其他因素的影响,但也显示出其与土地流转有较大程度的内在联系。

通过以上的系列分析可以肯定:土地流转引起了农村居民及其家庭成员的职业变化,这在一定程度上加剧了农村阶层分化。具体来说,土地流转在一定程度上扩大了私营企业主阶层、农业大户阶层和工商企业一般管理人员阶层的规模,抑制着个体工商户阶层规模的扩大。

农村居民职业变化在很大程度上与农村土地流转联系在一起。纵观农村职业结构,农村居民仍然主要从事第一产业,从事非农产业人员所占的比例依然较低。这表明农村社会阶层在非农职业的选择上是小心谨慎的,还有顾虑。而且,土地流转的动因、强度等因素也影响着农村居民的职业选择。见表7－3。

**表7－3 模型一:以土地流转动因、土地流转强度为自变量,职业分层为因变量建立的逻辑回归模型**

| 自变量 | 回归系数 | 标准误差 | Wald 值 | 幂值 |
|---|---|---|---|---|
| (土地流转动因) | | | | |
| 要外出经商 | .234＊＊＋ | .126 | 2.165 | 1.532 |
| 外出打工 | .145＊＊ | .067 | 1.357 | 1.034 |
| 种地赚钱少 | .097 | .046 | 1.254 | 1.131 |
| 种地太辛苦 | .042 | .021 | 1.032 | .546 |
| (土地流转强度) | | | | |
| 土地流转速度 | .232＊＊ | .115 | 2.132 | 1.037 |
| 土地流转规模 | .214＊ | .103 | 1.675 | 1.218 |
| —2Log likelihood:334.134 | | | | |
| Over Chi－square:88.75 | | | | |

注:1、表中系数均为标准化回归系数;

2、p＊ <0.05, p＊＊<0.01, p＊＊＊<0.001.

分析以上的模型和数据可发现,在土地流转动因方面,影响农村职业分层的主要动因是“要外出经商”和“外出打工”两个,其幂值分别为1.532和1.034,其中“要外出经商”影响最显著,是最主要的动因。土地流转动因直接反映出土地流转对农村职业分层的影响,因为它反映了农村社会阶层离开土地后的职业意向,即要去哪里,干什么。在土地流转强度方面,土地流转速度与规模都对农村职业分层的影响显著,其幂值分别为1.037和1.218。土地流转速度和规模反映的是农村社会阶层离开土地的程度,即是完全离开土地,从事“全职”的非农生产还是不完全离开土地,从事“兼职”的非农生产的问题。也就是说,土地流转的强度越大——速度越快、规模越大,农村阶层的职业分层越明显。

此外,“种地赚钱少”和“种地太辛苦”两个因素对农村职业分层的影响并不呈显著性。究其原因,本研究认为主要有如下两方面:第一,人们对土地流转后所从事的非农产业的保障性缺乏信心,土地仍然是他们心中最后的职业保障,农民还不敢完全舍弃土地;第二,农村社会阶层普遍人力资本的短缺限制了他们的职业选择,他们还不得不将农业生产作为自己的本业。

## 第二节　土地流转对农村经济分层的影响

经济分层是社会分层的一个重要方法。目前,经济分层主要依据两个标准进行:一是生活来源标准。根据人们生活来源的不同进行层级的划分;二是经济等级标准。先将一个地区人们的收入依次划分为若干等级,然后根据人们在所划分的收入等级中所处的位置来确定其所属的阶层。

### (一)土地流转对农村生活来源分层的影响

以生活来源为标准进行分层,依据的是人们生活来源的不同,即人们获得生活、生产资料所依赖途径的不同。按此标准,可将社会成员分为劳动者阶层——主要依靠自己劳动获得生活、生产资料,食利者阶层——主要依靠利息、股息、房屋租金等获得生活、生产资料,其他阶层——依靠政府及他人资助而获得生活、生产资料。马克思在分析资本主义社会的阶层结构时,就指出资本家正逐渐成为主要依靠各种利息为生的食利者阶层,马克思在这里就是根据生活来源不同对资本主义社会的阶层结构进行分析的。因此,探讨农村土地流转对农村阶层分化的影响,有必要从这个角度作一分析。具体见表7-4。

当前,农村依然以劳动者阶层为主,尚未形成食利者阶层。一方面,在发生土地流转组和未发生土地流转组中,劳动者阶层(指从事农业生产、打零工、从事个体经营等职业的)占的比重都比较大。在发生土地流转组中,土地流转前劳动者阶层所占的比重为82.74%，土地流转后这一比重为75.16%。在未发生土地流转的组中，劳动者阶层所占的比重为82.4%。另一方面，在发生土地流转组和未发生土地流转组中，食利者阶层（指主要依靠他人资助和以利息、股息、房屋租金为生的）所占的比重很低。在未发生土地流转组中，食利者阶层所占的比重只有1.42%，在发生土地流转组中，这一比重也只有2.94%。因此，可以说目前在农村食利者阶层尚未形成。但是，从食利者阶层动态的发展趋势来看，又有新的情况。从表7-4可以看出，发生土地流转组中的食利者阶层所占比重与未发生土地流转组中的食利者阶层所占比重差距非常大，前者是后者的2.4倍。而且，在发生土地流转组中，食利者阶层在土地流转前后所占的比重差距也比较大。当然，这两个显著差异的产生受到诸多因素的共同作用，而且本研究也无法计算出未发生土地流转组食利者阶层的增幅。所以，对于此结果，可以有许多不同的合理的解释，比如，未发生土地流转组的食利者阶层所占比重原来就很小，大多数的食利者阶层都进行了土地流转；国家致富政策、科技等因素也会引发食利者阶层所占比重的暴增。然而不能忽视的是，这种显著的差异绝不能说与土地流转无关，这一点，从所做的深度访谈可以得到佐证：土地流转实际上对农村食利者阶层的形成具有催生和加速作用。

**表7-4　发生土地流转组与未发生土地流转组的主要生活来源比较（%）**

| | 未发生土地流转 | | 发生土地流转 | | | | |
|---|---|---|---|---|---|---|---|
| | | | 土地流转前 | | 土地流转后 | | 增加 |
| | 频数 | 百分比 | 频数 | 百分比 | 频数 | 百分比 | 百分比 |
| 打零工 | 102 | 23.61 | 116 | 18.24 | 136 | 22.22 | 21.84 |
| 在企业从事管理和技术工作 | 10 | 2.31 | 8 | 1.26 | 16 | 2.61 | 107.84 |
| 在企业、事业单位从事一般性工作 | 28 | 6.48 | 46 | 7.23 | 42 | 6.86 | -5.12 |
| 个体经营 | 82 | 18.98 | 86 | 13.52 | 122 | 19.93 | 47.42 |
| 开办企业 | 6 | 1.39 | 8 | 1.26 | 14 | 2.29 | 81.86 |
| 从事乡村管理 | 10 | 2.31 | 6 | 0.94 | 12 | 1.96 | 107.84 |

续表

| | 未发生土地流转 | | 发生土地流转 | | | | |
|---|---|---|---|---|---|---|---|
| | | | 土地流转前 | | 土地流转后 | | 增加 |
| | 频数 | 百分比 | 频数 | 百分比 | 频数 | 百分比 | 百分比 |
| 从事教书、医务工作 | 14 | 3.24 | 26 | 4.09 | 22 | 3.59 | -12.07 |
| 房屋租金、利息、股息分红 | 4 | 0. 96 | 4 | 0.63 | 14 | 2.29 | 263.50 |
| 农业生产（自雇） | 172 | 39.81 | 318 | 50.00 | 194 | 31.70 | -36.60 |
| 农业雇工（他雇） | 0 | 0.00 | 6 | 0.94 | 8 | 1.31 | 107.84 |
| 政府及他人资助 | 2 | 0.46 | 4 | 0.63 | 4 | 0.65 | 3.92 |
| 其他 | 2 | 0. 46 | 10 | 1.57 | 28 | 4.58 | 190.98 |
| 合计 | 432 | 100 | 636 | 100 | 612 | 100 | |

**滋润的农民**

个案W：男，38岁，小学文化，湖南长沙县Q村人，无业人员。W原来住在星沙镇Q村，家里有5口人。他家在Q村原来有一栋2层的小楼，还有3.5亩地。2000年，星沙被长沙市列为重点经济技术开发区。W所在的Q村实行整体搬迁。按照国家有关搬迁补偿的政策，W那栋小楼共获得住房补偿83.65万元，再加上其他补偿，在这次搬迁过程中，W一家共获得104万元安置费。面对这一笔突如其来的巨款，怎么花呢？其实W心里早已经有了自己的小算盘。2001年，他花30多万元在安置地盖了一栋门面房，共6层。住房完工后，第一层作为门面出租给一个外地人开了一家服装店，每月租金2300元，这在本地属于一般水平。第二、三层自己家住。第四至第五层用来出租给外来打工者住。随着经济开发区的建立，外地人蜂拥而至，很快W家十几间房子就被全部租出去了，平均每间房子租金每月150元。光房子租金一项年收入就有18000元左右。另外，他还在村办企业——XX制品公司入了20万元股份，这几年企业的效益不错，他每年能够从企业得到5-8万元的分红。然后，他将剩下的钱存入银行，银行利息每年也可以拿6000元左右。W一家把田出租给了一个外地人种菜，老婆和自己也没有出去工作。因为，现在就是一家人不工作，他家收入每年也有将近10万元。今年，他买了一部车，没事的时候就经常去旅游。如今，他觉得自己也过上了以前想都不敢想的富人生活。W的生活来源完全靠租金和利息供给。

“土地对我来说已经失去了原来的意义。”“现在这里的人都和我一样，没有谁还愿意回到土地上去种地的，虽然我对土地有着深深的依恋。”W是经济开发区运动中千千万万受益者中的一个典型。他们依靠土地生活，但又完全从土地中走了出来。“土地对于我的孩子来说将会是一个抽象的符号。”W说，“我的小孩现在在市区的中学读书，一个星期回来一次，他们对老家已经很陌生了。”

据村支书介绍，象W这样完全靠利息和租金生活的人在星沙可能有10000人左右。可见，虽然在全国范围这个阶层的人数相对较少，但是在经济发达地区，这样一个阶层已经开始形成。

### （二）土地流转对农村收入分层的影响

从根本上来说，土地流转是农村生产关系的再调整。在土地流转过程中，农村社会阶层的非农就业进一步扩大，社会流动持续深化。从经济分层的视角来看，主要体现在农村社会阶层收入分层的变化上。本研究以2500元、4500元作为分层节点，将农民家庭分为三个层次：下层——人均年纯收入在2500元以下，中层——人均年纯收入在2500～4500元，上层——人均年纯收入在4500元以上。详见表7－5。

表7－5显示，至调查时止，在发生土地流转组，按收入分层属于下层的家庭所占比例为55.57%，在未发生土地流转组，这一比例为51.39%，前者比后者高4.18个百分点；在发生土地流转组，按收入分层属于上层的家庭所占比例为15.51%，在未发生土地流转组，这一比例为19.44%，前者比后者低3.93个百分点；在发生土地流转组，按收入分层属于中层的家庭所占比例为28.51%，在未发生土地流转组，这一比例为29.16%，二者大体相当。即使考虑到其他的影响因素，也可以肯定这二者的差异与土地流转相关。住房类型、装修情况也表现出类似的差异，这种差异在很大程度上与土地流转

相关。详见表 7－5、表 7－6、表 7－7。

**表 7－5　调查样本家庭人均年收入情况（%）**

| 人均收入 | 发生土地流转的家庭 | | | | 未发生土地流转的家庭 | |
|---|---|---|---|---|---|---|
| | 土地流转前 | | 土地流转后 | | | |
| | 频数 | 百分比 | 频数 | 百分比 | 频数 | 百分比 |
| 500 元以下 | 66 | 10.66 | 24 | 4.01 | 26 | 6.02 |
| 500～1500 元 | 174 | 28.11 | 121 | 20.23 | 92 | 21.30 |
| 1500～2500 元 | 104 | 16.80 | 115 | 19.23 | 104 | 24.07 |
| 2500～3500 元 | 132 | 21.32 | 130 | 21.74 | 84 | 19.44 |
| 3500～4500 元 | 47 | 7.59 | 46 | 7.69 | 42 | 9.72 |
| 4500～5500 元 | 44 | 7.11 | 56 | 9.36 | 20 | 4.63 |
| 5500～10000 元 | 30 | 4.85 | 68 | 11.37 | 56 | 12.96 |
| 10000 元以上 | 22 | 3.55 | 38 | 6.35 | 8 | 1.85 |
| 合计 | 619 | 100 | 598 | 100 | 432 | 100 |
| 平均数 | 2667.47 | 3691.88 | 3000.10 | | | |
| 标准差 | 2454.07 | 4033.80 | 2525.88 | | | |
| 标准差系数 | 0.92 | 1.09 | 0.84 | | | |
| 最小值 | 6.00 | －1000.00 | 142.86 | | | |
| 最大值 | 33333.33 | 40000 | 20000 | | | |

**表 7－6　调查样本家庭住房类型（%）**

| 房屋类型 | 土地流转前 | | 土地流转后 | | 土地未流转 | |
|---|---|---|---|---|---|---|
| | 频数 | 百分比 | 频数 | 百分比 | 频数 | 百分比 |
| 木架房 | 46 | 7.3 | 22 | 3.5 | 12 | 2.7 |
| 土砖房 | 176 | 27.9 | 96 | 15.3 | 92 | 20.7 |
| 一般混砖房 | 340 | 54 | 348 | 55.6 | 266 | 59.9 |
| 配套混砖房 | 68 | 10.8 | 160 | 25.6 | 74 | 16.7 |
| 总计 | 630 | 100 | 626 | 100 | 444 | 100 |

表 7－7 调查样本家庭住房装修情况(%)

| 房屋装修类型 | 土地流转前 | | 土地流转后 | | 土地未流转 | |
|---|---|---|---|---|---|---|
| | 频数 | 百分比 | 频数 | 百分比 | 频数 | 百分比 |
| 没有装修 | 254 | 43.34 | 156 | 26.17 | 122 | 28.10 |
| 一般粉刷 | 224 | 38.23 | 246 | 41.28 | 184 | 42.41 |
| 铺设瓷砖 | 82 | 13.99 | 148 | 24.83 | 104 | 24 |
| 木质地板 | 12 | 2.05 | 12 | 2.01 | 6 | 1.40 |
| 吊顶 | 14 | 2.39 | 34 | 5.70 | 18 | 4.13 |
| 总计 | 586 | 100.00 | 596 | 100.00 | 434 | 100 |

表 7－8 装修住房家庭花费的装修费用(%)

| 人均收入 | 发生土地流转的家庭 | | | | 未发生土地流转的家庭 | |
|---|---|---|---|---|---|---|
| | 土地流转前 | | 土地流转后 | | | |
| | 频数 | 百分比 | 频数 | 百分比 | 频数 | 百分比 |
| 1000 元以下 | 12 | 4.35 | 14 | 3.63 | 8 | 2.72 |
| 1000～10000 元 | 156 | 56.52 | 158 | 40.93 | 154 | 52.38 |
| 10000～20000 元 | 52 | 18.84 | 74 | 19.17 | 56 | 19.05 |
| 20000～40000 元 | 36 | 13.04 | 78 | 20.21 | 46 | 15.65 |
| 40000～100000 元 | 18 | 6.52 | 48 | 12.44 | 26 | 8.84 |
| 100000 元以上 | 2 | 0.72 | 14 | 3.63 | 4 | 1.36 |
| 合计 | 276 | 100 | 386 | 100 | 294 | 100 |
| 最大值 | 10 万 | 20 万 | 12 万 | | | |
| 平均数 | 10732.97 | 18483.33 | 13716.67 | | | |
| 中位值 | 5000 | 10000 | 6000 | | | |
| 标准差 | 15582.94 | 30470.341 | 18902.892 | | | |
| 标准差系数 | 1.452 | 1.649 | 1.378 | | | |

土地流转极大地提高了土地的利用率，显著地增加了土地转入方的收入。农村土地流转促进了农民的技术特长的充分发挥，有效利用了土地特性，实现了因地制宜及资源的优化配置，土地的使用价值增值了，农民的收

入增加了。本研究进行的个案访谈也证明了此点。地处湖南省的某村，一农户家中共有5个人的承包地，土地多而零散。该农户家的3个子女或在外读书或外出打工，都无法参与土地耕种。烤烟是该地的主要经济作物，该农户虽然也种植烤烟，但由于缺少劳动力而无法管理好，加上成本又高，每年扣除化肥、种子等成本后的纯收入不足2000元。后来通过土地流转，该农户以1000元的价格将离家比较远的土地转让给其他农户耕种，自己耕种相对集中又离家较近的土地，获得的纯收入就为3000多元，再加上转出那部分土地的租金收入1000元，一年的收入为4000多元，总收入增加了1倍多。

表7－9是三省市土地流转前后农民人均纯收入的变化情况统计。

**表7－9　土地流转前后农民人均纯收入的比较①**

| 人均收入 | 海南省 | 四川省广安市 | 重庆市璧山县 |
|---|---|---|---|
| 转前（万元） | 0.52 | 0.20 | 0.08 |
| 转后（万元） | 1.45 | 0.56 | 0.11 |
| 转后比流转前高（%） | 178.85 | 178.50 | 27.49 |

我国实行的以家庭为单位的联产承包责任制在一定的历史时期内释放了社会生产力，但是这种承包方式却造成了土地经营过于分散，一定程度上是人力、物力、财力的浪费，人们难以通过经营土地达到致富。实行土地流转后，土地转入方一般具有农业新技术、资金实力、经营管理能力等方面的优势，他们可以将转入的土地集中在一起，进行专业化生产，实现规模经营、获取规模经济效益，这既促进农业科技的应用和进步，又增加了农民的收入。以黑龙江省克山县北联镇新兴村为例，该村在2002年前是远近闻名的贫困村，2003年村集体以2400元/$hm^2$的转包价格（比农民自发流转时的市场价高20～30元），从农民手中集中得到866.7 $hm^2$土地，再将省里补助和村里的出资按村民的承包土地"细化"折成股份，组建了"农民股份公司"，建立了一套科学合理的激励性经营管理机制。村级积累2004年达到300多万

① 李廷轩、夏建国：《建立和实行农村土地流转机制中的问题探讨》，《四川农业大学学报》2001年第1期。

元,2005 年达到 560 万元。村民把地高价转包给村里后,每年不用投入就有利润。重要的是,解放了劳动力后,农民可打工、搞养殖、跑集贸,都能挣钱。新兴村 2002 年人均收入是 2342 元,而 2004 年达到 3870 元,到 2005 年更是达到了 4260 元,3 年来收入持续增长几乎是翻了一番。重庆丰都县外出打工的农民学会一技之长回到家乡,通过农村土地流转大搞农业开发,出现养蚕 20 张以上的专业户和种烤烟 0.67 $hm^2$ 以上的专业大户 500 多户,药材和养殖等专业户 198 户。①

通过以上分析发现,农村社会阶层的生活来源和经济收入水平在土地流转前后都发生了很大的变化。虽然,在个别阶层,这种变化不能排除其他因素影响,但是总的来说,可以认为是由土地流转所引起的。

**滋润的大户**

个案 G,女,40 岁,广西省隆安县 X 村人,已婚,高中文化程度,当地中学教师,在学校旁开一小超市。丈夫在本地承包山上果树,年收入大概 6 万元,家庭收入的主要来源是果树种植,每年大概 7 万元左右。

G 属于当地专业大户,承包了大片山地用于果树种植,可是风险相当大,去年因为泥石流,使得大面积的法国大樱桃园全部被毁,损失惨重,G 的哥哥当时在山上看守果园,不幸被泥石流埋没。当地耕地主要集中在沿河两边,耕地较少,本村的家庭农场基本上是没有的,而农民专业合作社经营也是相当少的。

G 家原先有三亩多地,现在通过政府从当地人那里承包了四亩地,总共有七亩地了。G 家在承包地时同政府、转出户都签订了协议,收益分配也都有了明文的规定。那些地是从王某和李某两户那里转过来的。王某一直在外打工,今年一家人全搬到外地去了,地也就荒在那了;李某年纪大了,孩子都在外地上班,他自己一个人整不了这么多的地,就答应转承给 G 家。而 G 家承包这些地是想搞些规模经营出来,只有这样发展农业种植才有好赚头。

---

① 《重庆市农村土地承包经营权流转问题及对策研究》课题组:《重庆市农村土地承包经营权流转问题及对策研究》,重庆出版社 2005 年版,第 8－14 页。

如果想搞农家乐的话,地少了可吸引不来顾客。土地流转后,家庭的经济收入多了许多,家庭的社会地位及社会声望比以前也有了很大的提高,乡政府还希望G家能带着其他承包户一起干,一起致富。

G说,他们家对土地的依赖程度较高,“如果早先不承包那片果园的话,现在哪来这么好的经济条件,哪来这么好的房子?”G说,“泥石流发生以后,把我们的果园和房子全给毁了,我哥也搭在里面了,当时连死的心都有了。可老公跟我说他还是想承包果园,发展果蔬种植,当时我是死都不答应,可他一直坚持,硬是自己一个人上山搞了一个多月,我们拗不过他,就和他一起去整果园。幸好听了他的话,今年靠着果园,我们把超市给开了起来。真是有了地,什么都能创造出来。以后,我们还准备弄个果蔬农家乐,再借助我们这的特色文化,发展农业旅游,经济效益一定好。说句实话,因为这片果树,家庭经济有了充实的来源,基本生活保障、养老保障都不成问题了。”

那么,土地流转各要素对农村社会阶层的生活来源和经济收入水平的变化影响程度如何呢?本研究建立了一个以土地流转各要素为自变量,农村经济分层为因变量的相关模型来加以探讨。见表7-10。

**表7-10　模型二:以土地流转动因、土地流转强度为自变量,以农村经济分层为因变量建立的逻辑回归模型**

| 自变量 | 回归系数 | 标准误 | Wald值 | 幂值 |
|---|---|---|---|---|
| (土地流转动因) | | | | |
| 要外出经商 | .245*** | .147 | 2.412 | 1.235 |
| 外出打工 | .165* | .116 | 1.546 | 1.187 |
| 种地赚钱少 | .063* | .047 | 1.114 | 1.145 |
| 种地太辛苦 | .045 | .014 | 1.034 | 1.034 |
| (土地流转强度) | | | | |
| 土地流转速度 | .025 | .121 | 2.041 | 1.067 |
| 土地流转规模 | .053 | .145 | 2.354 | 1.056 |
| —2Log likelihood:386.027 | | | | |
| Over Chi-square:98.62 | | | | |

注:1、表中系数均为标准化回归系数;

2、p* <0.05, p** <0.01, p*** <0.001.

表7－10　模型二显示，从土地流转动因这一自变量来看，“外出经商”和“外出打工”这两项的幂值分别为1.235和1.187，也即这两项对农村经济分层的影响非常显著。另外，“种地赚钱少”这一项的幂值为1.145，对农村经济分层的影响也比较显著。可见，土地的相对效益是影响农村经济分层的一个重要原因。但是，“种地太辛苦”对农村经济分层的影响并不显著。这是因为，土地流转加速了农村社会阶层经济收入结构的多样化，“外出经商”和“外出打工”的收入对农村经济分层的影响越来越明显。从土地流转的强度这一自变量来看，土地流转速度和规模的幂值仅为1.067和1.056，这表明这两项均对农村经济分层的影响不显著。究其原因，本研究认为，从农户的经济收益中反映出，农村土地流转后农户的农业经济收入减少，但经济总收入增加，这与前者外出务工人口的增加相呼应，释放出的农村剩余劳动力进城务工成为农民收入增加的主要来源，也是促进农村土地流转的主要因素。同时，也反映出现有农户土地的农业经营产生的经济效益不足弥补非农生产所带来的经济收益，农业收入的补贴也没有对农民的种粮积极性产生效果，大部分地区依然停留在传统的种植业等农业发展阶段。

## 第三节　土地流转对农村主观分层的影响

社会分层的方法很多，根据不同的分层目的，可以有不同的分层标准。虽然社会结构是一种客观存在的事实，但是观察和分析社会的人不是完全被动的，他们可以根据不同的角度从不同的侧面来揭示不同的社会阶层结构。[①] 布迪厄说：“分类者是由分类的方式来分类的。”[②]根据主体对自己所属阶层的主观认同来划分阶层的主观分层方法，是社会学中进行社会分层的又一常用方法。这种方法主要是通过透视不同阶层对自己的生产和生活方式的主观认同，来分析和揭示阶层消费偏好所形成的阶层结构。当然，在

---

① 李培林：《村落的终结——羊城村的故事》，商务印书馆2004年版，第120页。

② Bourdieu，P. 1984. Distinction：A social Critique of the Judgement of Taste，London：Routledge。

实际生活中，人群的构成是比较复杂的，分类的标准会受到复杂的主观因素的影响而难以明确，因而进行明确的阶层划分比较困难。所以这种分层方式主要反映的是人们对自己所属阶层的主观认知和认同，可以较好地反映人们的阶层意识和阶层归属感。在农村，由于土地流转，土地进行了重新整合，人们的生产方式和生活方式随之发生了重大的变化，人们的生活状况差距拉大，农村的阶层也发生了分化和整合，一些新的阶层开始形成。与此同时，农民自己深深地感受到了这些变化，对于自己所属哪个阶层有了新的认知，他们的阶层意识和阶层归属感也就不尽相同。通过对发生土地流转组与未发生土地流转组人们的阶层认知的对比，本研究发现，农村家庭居民主观阶层认同的差异性比较大。

**一位现代农民的新生活**

个案Y，男，24岁，高中文化，湖南长沙县人，乡镇企业管理人员。见到Y时，已经是晚上7点多了，他正准备到市里去，因为今天晚上在市区某大剧院有一场音乐会，他已经和朋友约好一起去听。

“我参加了很多俱乐部活动。”Y说，“因为只要白天上班，所以我有很多的剩余时间来自由支配。”

“星期一到星期四，要上班，我在某饮料公司上班，我是人事经理助理，日常工作也就是帮经理处理个文件，接待客人什么的，不算辛苦，工资也不高，一个月就2000元左右，当然比一般打工的要高一些。这些年也没有存什么钱，大概几万块吧，反正挣来的钱，就是用来花的嘛。”

Y的生活方式完全是城市化的。

“我从来没有认为自己是一个乡下人。”他说，“虽然我的户口现在还在农村，而且这里离市区也比较远。但是我基本上都在市里生活。

“星期五，我要去搏击训练营，在那里可以锻炼身体。

“星期六，要和朋友一起去‘泡吧’，在那里一起听听音乐，跳舞，唱歌。

“星期日，有朋友从外地过来，我们几个人准备外出搞野炊。

“要是碰上放长假，就出去旅游，我去过很多国家呢，美国，英国，泰国，一些非洲国家也去过。我旅游的钱大多是平时积蓄下来的，也花了一部分拆迁时国家补贴给我的钱，我家拆迁补偿费可能有百来万吧，现在都存银行呢。

“我的收入不高，在本地也就是中等偏下吧，这几年，在这里做生意的人很多，有开店的，开宾馆的，开娱乐城的，他们大多数赚了很多钱，一年的收入可能有十几二十万吧，他们的生活习惯，消费习惯都与众不同，他们应该是本地的上层阶层吧。你是不是觉得我的生活也象上层阶层一样啊？是的，我也觉得我过的是上层人的生活。

“我觉得这里的人，大多数都应该是中等收入阶层的人吧。可能也有一些生活困难的人，但不多，因为拆迁时国家给每家都有很多补贴。”

**表 7－11　未发生土地流转组与发生土地流转组成员对本家庭目前所处阶层的认识(%)**

| | 经济地位 | | | | 权力地位 | | | | 声望地位 | | | | 教育地位 | | | |
|---|---|---|---|---|---|---|---|---|---|---|---|---|---|---|---|---|
| | 未流转 | | 流转 | | 未流转 | | 流转 | | 未流转 | | 流转 | | 未流转 | | 流转 | |
| | 频数 | 百分比 | 频数 | 百分比 | 频数 | 百分比 | 频数 | 百分比 | 频数 | 百分比 | 频数 | 百分比 | 频数 | 百分比 | 频数 | 百分比 |
| 上层 | 4 | 0.87 | 36 | 5.54 | 16 | 3.46 | 16 | 2.49 | 18 | 3.96 | 36 | 5.59 | 8 | 1.76 | 18 | 2.84 |
| 中上层 | 44 | 9.61 | 116 | 17.85 | 16 | 3.46 | 74 | 11.53 | 58 | 12.78 | 138 | 21.43 | 64 | 14.10 | 122 | 19.24 |
| 中层 | 212 | 46.29 | 274 | 42.15 | 116 | 25.11 | 216 | 33.64 | 186 | 40.97 | 282 | 43.79 | 170 | 37.44 | 250 | 39.43 |
| 中下层 | 122 | 26.64 | 152 | 23.38 | 94 | 20.35 | 134 | 20.87 | 114 | 25.11 | 124 | 19.25 | 116 | 25.55 | 138 | 21.77 |
| 下层 | 76 | 16.59 | 72 | 11.08 | 220 | 47.62 | 202 | 31.46 | 78 | 17.18 | 64 | 9.94 | 96 | 21.15 | 106 | 16.72 |
| 合计 | 458 | 100.0 | 650 | 100.0 | 462 | 100.0 | 642 | 100.0 | 454 | 100.0 | 644 | 100.0 | 454 | 100.0 | 634 | 100.0 |

纵观以上数据可发现，土地流转后，处于中下层、下层的农户的经济地位、权力地位、声望地位和教育地位都下降了。这表明，这两个阶层对土地的依赖程度是比较大的，对他们而言，土地的多少象征着财富多寡，土地是他们各种社会地位的载体。转出土地，对他们就意味着“财富”和各种“社会地位”的丧失。因此，属于这两个阶层的农户大多数在转出土地后内心深处有一种心理失落感。而对于处于上层、中上层的农户来说，转出土地后，他们的经济地位、权力地位、声望地位和教育地位都上升了。这是因为：第一，他们对土地的依赖程度不大，土地甚至可以说是他们的一种“负担”，他们已

经跳出“农门”，获得了更高的社会地位，转出土地对他们的影响不大或者说是“减负”；第二，可能是因为他们已经积累了更多的土地资源，有了更高的土地收入，从而认为在农村有了更高的社会地位。所以说，各个阶层对目前正在农村进行的土地流转的满意度是不尽相同的，从总体上看，上层、中上层的满意度要高于中下层、下层。土地流转对前者来说可能是“最优选择”，而对后者来说就可能是一种“没有选择的选择”。同时，也还可以从这些认知上看出农村不同阶层土地流转意愿上的差异。

**土地流转后　生活更美好**

个案Z，男，46岁，湖南省浏阳市B村人，个体工商经营户，已婚。

Z所在村村内专业大户比较多，主要从事集约化水稻种植、季节性蔬菜以及当地水果特产种植，家庭农场一般，只有少数的小型养殖场，农民专业合作经营情况也是一般。个案Z家庭对土地的依赖程度一般，对土地经济价值的认识也一般，觉得有地种至少能养活家庭。

Z的土地已经转出给本村的老王，转出前土地面积大概三亩左右，转出后家庭只有大概三分地，仅用于家庭生活，自己种点蔬菜，自己吃，免得出去花钱买。家里的孩子都到城市里工作和生活去了，只有老两口留在家里，而Z又做些小生意，根本没有时间打理土地，想想就转出给别人了。当时，老王想把蔬菜种植搞大点，就过来和Z谈这个事，最后，签订的合同是Z把土地承包经营权转给他，每年从他的土地收入中抽取一定的利润，也就算是入股了。土地转出后，家里的收入是少了一些，可是，Z也抽出了时间去照顾生意，加上孩子都上班，有了工资，算算没了土地对Z的生活也没多大的影响。

通过对土地流转与农村阶层分化的分析，我们可以看出，土地流转不仅带来人们生活方式的变化，更主要的是改变了人们的思想观念。由于一部分农民彻底从土地上走了出来，他们开始了真正意义上的职业转换，并且日益开放的社会环境和职业选择机会也为他们这种转换创造了条件。（见个案《农村里的“工人之家”》）当然，农民职业化的过程还是一个长久的过程，还不可能在短时间内完全实现，从土地流转对农村经济分层、职业分层和主观分层的影响来看，土地流转与农村的阶层分化存在着显著的相关性，虽然我们说农村的阶层分化并不可能完全是由土地流转造成的，但是至少土地流转是一个重要的影响因素。事实上，在本研究中我们发现，土地流转越活跃的阶层，农村职业分层和经济分层就越明显。这也就验证了研究假设4。

**农村里的"工人之家"**

个案C，女，45岁，高中文化，湖南省浏阳市人，公司职员。浏阳是一个以生产花炮而闻名全国的地方。B村距离浏阳市区大概有15公里左右，C的家就在B村，家里有丈夫，女儿和一位70岁的母亲。

1998年以前，C家还有3.5亩地，一年四季C家就在这3.5亩地上劳作。丈夫主外，C主内，是一个典型的中国农村家庭。每年大概能够收5000斤稻谷，家里喂了2头猪，几十只家禽。丈夫在农闲时节就到市区打点短工，一年的收入大概10000元左右.生活水平在镇上属于中等。

1998年后，镇政府在她家的地上建起了一个花炮公司。由于没有了土地，如今，C在这家公司的财务科上班，工资每月有1200元；C丈夫是这家公司的司机，工资每月有2000多元；女儿高中毕业后，没有考上大学，现在也在这家公司的销售部上班。

这家公司的员工大多数是本地人，而且就是以前这些被征用土地的承包户。他们已经完全走出土地，而转变成现代农村里的"工人"。

"花炮行业是一个风险很大的行业。经常在报纸电视上看到一些爆炸事件，不想在这里工作太久。"C说。"我准备明年到长沙市里去找份工作。"

"种地这件事我是再没有想过了。我想我一家人以后也不会再种地了。"

## 第四节　小结

土地流转的过程不仅是农村利益格局的分化重组过程，而且是农民身份和地位重塑的过程。比如，在土地流转过程中，农民职业状况和经济状况

均出现不同程度的分化。上述实证分析结果表明，土地流转对农村阶层分化存在着显著的影响，这种影响主要体现在以下两个方面：

### （一）土地流转重塑了农村原有的阶层结构

土地流转改变了农村阶层结构的单一化，阶层结构开始朝着向多元化转变。土地流转释放了部分劳动力，拓宽了农民的职业领域，传统的非农业领域并进一步突破。研究数据表明，土地流转对农村的经济分层、职业分层和主观分层都影响显著。土地流转后，农村中一些阶层规模在逐渐减小，一些阶层规模却出现了扩大的趋势。从土地流转对职业分层的影响来看，它促长了私营企业主阶层、农业大户阶层、工商企业主阶层，对个体工商户阶层却有抑制作用；从经济分层来看，土地流转前后农民的经济收入呈增长趋势，农村中间阶层在扩大，底层阶层在缩减。从这个意义上来说，土地流转正在重塑着农村原有的阶层结构：农村精英阶层——得到了进一步强化，农村中间阶层——得到了迅速扩大，农村弱势底层——得到了有效缩减。可以说，土地流转促进了农村阶层结构的分化与整合，使得农村的阶层结构更趋合理化。

### （二）土地流转丰富了农村原有的阶层体系

土地流转对农村阶层分化的另一个显著影响，就是催生了一些原有农村阶层结构中所没有或者并不明显的阶层，丰富了原有的阶层体系。比如，农村食利阶层的规模是伴随着土地流转进一步扩大的，而农村白领阶层是伴随着土地流转而出现的。虽然，食利者阶层在土地流转之前就已经诞生，但是，土地流转之后，这个阶层发生了明显的变化，特别是阶层规模较之土地流转之前变化巨大。比如食利阶层土地流转后的数目比例相当于未发生流转时的2.4倍，其差距非常明显。这主要是因为土地流转中的国家征地、土地出租等形式为这个阶层提供了本金基础。另外，在农村中出现了农村白领阶层。这些人一般住在农村，且有着农民的身份，他们和土地流转有着千丝万缕的联系。因为，要进企业工作，就得先离开土地，也就是必然会进行土地流转。换句话说，土地流转为这个阶层的诞生提供了现实可能。此外，土地流转还扩大了农业工人阶层等其他新型的阶层形式。因此，土地流转丰富了农村阶层体系，使农村阶层形式更加多样化和合理化。当然，对这些阶层我们还必须对它们进行进一步引导和规范，使他们在构建和谐的现代农村结构中发挥更大、更积极的作用。

# 第八章
# 土地流转对农村阶层冲突的影响

土地流转实质上是一个农村社会阶层围绕利益分配所进行的持续“博弈”过程。在这个过程中,农村社会阶层由于存在土地流转利益分配上的不一致性,因而也必然存在着一定程度上的利益冲突。可以说,农村阶层冲突是土地流转的伴生物。只要土地流转在进行,农村阶层冲突就会不断发生。土地流转的制度缺失也是农村阶层冲突产生的重要原因。

## 第一节　土地流转中农村阶层冲突产生的原因

农村土地流转过程就是利益的再分配过程,在利益分配过程中冲突在所难免。据湖南省汉寿县反映:今年以来,全县共发生土地承包纠纷案 6433 起,其中因村委会擅自收回农户承包土地的 5 起;因强迫承包户土地流转的 55 起;因随意提高承包租金而引发纠纷的 4 起。因承包方不履行承包义务的 3858 起。因失地农户争地引发纠纷的 2511 起。①

在农村土地流转过程中,引发冲突因素是多元的,如:地区、是否本村人、性别、年龄、文化程度、政治面貌以及农村社会阶层之间利益一致情况

① 蔡铨、周凯:《对湖南农村土地流转情况的调查与思考》,《决策咨询》2005 年第 7 期。

等。因此有必要建立一个以"在土地流转过程中是否有冲突为因变量，以地址、是否本村人、性别、年龄、文化程度、政治面貌、农业劳动者之间、农业劳动者与村级管理者之间、农业劳动者与私营企业主之间、农业劳动者与乡镇管理者之间、村级管理者之间、村级管理者与乡镇管理者之间、村级管理者与私营企业主之间、乡镇管理者之间、乡镇管理者与私营企业主之间、私营企业主之间的利益一致情况等为自变量的逻辑回归方程，进一步探讨农村土地流转过程中的冲突是由哪些因素所引发的。如表 8－1 所示。

**表 8－1　以土地流转中是否有冲突为因变量建立的逻辑回归方程**

| 自变量 | 回归系数 | 标准误差 | 瓦尔德值 | 显著度 | 幂值 |
|---|---|---|---|---|---|
| 地址 | .226 | .189 | 1.440 | .230 | 1.254 |
| 是否本村人 | .341 | .391 | .759 | .381 | .711 |
| 性别 | .991 | .322 | 9.404 | .002 | 2.604 |
| 年龄 | －.393 | .216 | 3.301 | .069 | .675 |
| 文化程度 | .214 | .175 | 1.499 | .221 | .807 |
| 婚姻状况 | .183 | .237 | .592 | .442 | .833 |
| 政治面貌 | .099 | .372 | .071 | .789 | 1.105 |
| 农业劳动者与农业劳动者的关系 | －.137 | .134 | 1.040 | .308 | .872 |
| 农业劳动者与村级管理者的关系 | －.370 | .165 | 5.010 | .025 | .691 |
| 农业劳动者与私营企业主的关系 | －.312 | .158 | 3.885 | .049 | .732 |
| 农业劳动者与乡镇管理者的关系 | －.211 | .197 | 1.143 | .285 | .810 |
| 村级管理者与村级管理者的关系 | .543 | .244 | 4.967 | .026 | 1.721 |
| 村级管理者与私营企业主的关系 | .417 | .256 | 2.661 | .103 | .659 |
| 村级管理者与乡镇管理者的关系 | .125 | .214 | .345 | .557 | .882 |
| 乡镇管理者与乡镇管理者的关系 | －.047 | .242 | .038 | .845 | .954 |
| 乡镇管理者与私营企业主的关系 | .552 | .259 | 4.527 | .033 | 1.736 |
| 私营企业主与私营企业主的关系 | －.074 | .230 | .104 | .747 | .929 |
| constant | 1.569 | 1.327 | 1.399 | .237 | 4.802 |

说明：* P<0.05；　* * P<0.01；　* * * P<0.001；

从表 8－1 可以看出，性别、农业劳动者与村级管理者的利益关系、农业劳动者与乡镇管理者的利益关系、村级管理者之间的利益关系、乡镇管理者与私营企业主之间的利益关系这五个变量对土地流转过程中是否引起冲突这一因变量影响显著，且从各自的幂值来看，影响最大的是性别，其次依次为乡镇管理者与私营企业主利益关系、村级管理者之间的利益关系、农业劳动者与私营企业主之间的利益关系、农业劳动者与村级管理者之间的利益关系。所以说，在土地流转过程中，农村社会阶层之间是否有冲突，不仅受到人口学特征的影响，还受到农村社会阶层之间的利益关系的影响。各阶层的利益关系越趋向一致，发生冲突的可能性越小；各阶层的利益越不一致，发生冲突的可能性越大，冲突的级别越高。关于农村社会阶层之间具体的利益关系状况，可见表 8－2。

**表 8－2　土地流转中农村社会阶层的利益关系状况（%）**

| 不同阶层之间 | 完全一致 | 比较一致 | 说不清 | 不太一致 | 完全不一致 |
|---|---|---|---|---|---|
| 农业劳动者与农业劳动者 | 20.2（204） | 56.0（564） | 9.9（100） | 13.5（136） | 0.4（4） |
| 农业劳动者与村级管理者 | 4.7（48） | 33.3（336） | 27.0（274） | 30.6（310） | 4.3（44） |
| 农业劳动者与私营企业主 | 2.2（18） | 17.9（148） | 45.4（376） | 200（166） | 14.5（120） |
| 农业劳动者与乡镇管理者 | 2.1（20） | 19.6（186） | 45.1（248） | 27.6（262） | 5.5（52） |
| 村级管理者与村级管理者 | 10.0（94） | 38.0（356） | 45.7（428） | 6.2（58） | — |
| 村级管理者与私营企业主 | 3.9（32） | 28.7（338） | 58.5（484） | 8.2（68） | 0.7（6） |
| 村级管理者与乡镇管理者 | 10.2（96） | 30.6（88） | 50.5（576） | 7.2（68） | 1.5（14） |
| 乡镇管理者与乡镇管理者 | 10.4（98） | 32.2（304） | 53.0（500） | 3.8（36） | 0.6（6） |
| 乡镇管理者与私营企业主 | 2.7（22） | 28.8（334） | 61.1（496） | 5.9（48） | 1.5（12） |
| 私营企业主与私营企业主 | 4.0（32） | 22.6（182） | 64.5（520） | 7.2（58） | 1.7（14） |

注：括号内为个案数

本研究认为利益一致情况是利益“完全一致”与“比较一致”这两个选项的总和，利益不一致情况是利益“不太一致”与“完全不一致”的总和。从表 8－2 可知，农业劳动者阶层之间在 76.2% 的情况下利益是一致的，利益“完全不一致”的情况只占0.4%。也就是说，在土地流转过程中，普通农业劳动者阶层之间的利益基本上是一致的，但是在土地流转对象、种植规模、家庭状况等方面也还存在一些利益分化，并由此引发少量冲突。所以，在以“是否有冲突”为因变量的逻辑回归方程中，农业劳动者阶层之间的利益关系是一个不显著变量。

表8－2还显示，普通农业劳动者阶层与村级管理者阶层利益一致所占的百分比为38%，利益不一致所占的百分比为34.9%，“说不清”所占百分比为27.0%。本研究的个案访谈也证实了这一统计结果。在个案访谈中，受访的农户普遍认为村级管理者在土地流转过程中所起的作用是模糊的，他们主要在为自己谋取利益。在上表8－1的冲突模型中，普通农业劳动者阶层与村级管理者阶层的利益关系也是一个显著变量。这说明普通农业劳动者阶层与村级管理者阶层的利益不一致是导致土地流转过程中产生冲突的主要原因之一。

在乡镇管理者阶层与私营企业主阶层的利益关系状况中，利益一致的情况为31.5%，利益不一致的情况为7.4%，“说不清”的占61.2%，这与此次所调查的对象主要是普通农户有很大的关系。从上面的冲突模型中可知，乡镇管理者阶层与私营企业主阶层的利益关系是一个显著变量，即乡镇管理者阶层与私营企业主阶层的利益不一致是导致土地流转过程中产生冲突的又一主要原因。从本研究的个案访谈得知，一方面乡镇管理者要安排农民到私营企业主所办的企业工作，以帮助解决失地农民就业问题，另一方面，私营企业主强烈反对乡镇管理者这一安排，因为农民的文化素质普遍较低，不能适应工作的需要。

实际上，在土地流转过程中，农业劳动者阶层、村级管理者群体、乡镇管理者群体和私营企业主阶层都是获利的主要阶层，但是在他们中，又存在获利大小多少的问题。在土地流转过程中，利益博弈，即各阶层的利益分配状况如何，哪个阶层获利最多，哪个阶层获利最少是导致冲突的根本性原因。因此，本研究以“在土地流转中，哪个阶层获利最多”为因变量，建立多值逻

辑回归模型。因获利情况的评判，受到地区、是否本村人、受访者的性别、年龄、文化程度、政治面貌以及户口性质等因素的影响，因此，这一多值逻辑回归模型以地区、是否本村人、性别、年龄、文化程度、政治面貌，户口性质等为自变量。见表8－3。

**表8－3　以哪个阶层获利最多为因变量建立的多值逻辑回归模型**

| 自变量 | 发生比率 | | |
|---|---|---|---|
| | 模型一<br>村级管理者/<br>农业劳动者 | 模型二<br>乡镇管理者/<br>农业劳动者 | 模型三<br>私营企业主/<br>农业劳动者 |
| 地区(以不发达地区为参照) | | | |
| 发达地区 | 0.735 | 0.399＊＊＊ | 0.469＊＊＊ |
| 中等发达地区 | 0.117 | 0.455＊＊＊ | 1.134 |
| 本村人(非本村人为参照) | 1.307 | 0.869 | 1.096 |
| 性别(以女性为参照) | 1.006 | 0.762 | 0.872 |
| 年龄(以老年人为参照) | | | |
| 青年(17－30岁) | 1.442 | 1.441 | 0.804 |
| 中年(30－55岁) | 2.035＊＊ | 1.774＊ | 1.707＊ |
| 文化程度(以高中及以上文化程度为参照) | | | |
| 小学及以下 | 0.610 | 0.438＊＊＊ | 0.877 |
| 初中 | 0.545＊ | 0.290＊＊＊ | 0.692 |
| 非党员(以党员为参照) | 0.831 | 1.565 | 0.733 |
| 非农业户口(以农业户口为参照) | 1.503 | 1.602 | 1.641 |

说明：　＊P<0.05；　＊＊P<0.01；　＊＊＊P<0.001；

表8－3中的模型一的数据显示，从年龄方面来看，中年人(年龄在30－50岁)相比老年人更多地认为村级管理者阶层是获利最多的阶层，他们所获利益是农业劳动者所获利益的2.035倍；从文化程度来看，初中文化程度的人相比高中及以上文化程度的人更多地认为村级管理者阶层并不是获利最

多的阶层，农业劳动者阶层才是获利最多的阶层，农业劳动者阶层所获利益是村级管理者阶层所获利益的近两倍；其他自变量在关于哪个阶层获利最多方面差别不显著。

表8－3中的模型二的数据显示，从地区来看，发达地区和中等发达地区的人都认为农业劳动者阶层获利比乡镇管理者阶层多；从年龄来看，中年人相比老年人更多地认为乡镇管理者阶层获利比农业劳动者阶层多；从文化程度来看，小学及以下文化程度的人和初中文化程度的人都认为农业劳动者阶层获利比乡镇管理者阶层多。其它自变量在关于哪个阶层获利最多方面差别不显著。

表8－3中的模型三的数据显示，从地区来看，发达地区的人比不发达地区的人更多地认为农业劳动者阶层获利比私营企业主阶层多；从年龄来看，中年人相比老年人更多地认为私营企业主阶层获利比农业劳动者阶层多。其它自变量在关于哪个阶层获利最多方面差别不显著。

纵观以上三个模型，其共同的点是，中年人普遍认为农业劳动者阶层相比村级管理者、乡镇管理者和私营企业主，获利最小。这四个阶层中，获利最多的阶层是村级管理者阶层，其次是乡镇管理者阶层，比乡镇管理者阶层获利略少的是私营企业主阶层。这说明，在土地流转过程中，由于利益驱使，农村管理者阶层无法扮演完全中立的角色，他们比普通农业劳动者阶层获利要多，且在各阶层中是获利最多的阶层。此外，在三个模型中，是否本村人，性别，青年，政治面貌和户口这几个自变量对获利最多选择均无显著影响。

由此可见，伴随着土地流转而发生的冲突，其原因是多种多样的，最主要的是农村社会阶层之间利益的不一致。其中，性别、乡镇管理者阶层与私营企业主阶层的利益状况、村级管理者阶层与村级管理者阶层的利益状况、农业劳动者阶层与私营企业主阶层的利益状况、农业劳动者阶层与村级管理者阶层的利益状况等几个变量对冲突的产生起显著作用。从性别方面来说，这主要是因为在我国广大农村，男性是一家之主，担负着维护家庭利益的责任，因此，男性的维权意识更强。当家庭利益受到侵害时，责任感会促使他们挺身而出来维护自己的正当权益。乡镇管理者阶层与私营企业主阶层的利益不一致主要是因为征地和失地农民安置问题。在私营企业主要求征地办企业时，乡镇管理者往往以要求私营企业主安排失地农民就业为条件。私营企业主的企业办起来之后却不遵守之前的承诺时，失地农民就会去找政府，这就势必转化为乡镇管理者与私营企业主之间的矛盾。村级管理者之间的利益不一致，主要是由土地流转的具体做法上不一致和村级管理者内部利益分配的不协调导致。在有一些村庄，村委会主任权力一手掌握村里事务，从而导致其自身利益最大化，内部冲突就不可避免。农民与私营企业主之间利益不一致的原因主要是他们关于环境污染与生态破坏的争议。私营企业主征地建企业后污染了环境，破坏了当地的生态环境，农民对此意见比较大；农民与村级管理者之间的利益不一致，主要原因是村级管理者把握着土地调控大权，积极介入到土地流转过程中，以实现自身及组织的利益，从而造成对农民利益的忽视甚至侵夺，导致了他们之间激烈的利益争夺。此外，农村社会的中坚力量——中年人普遍认为村级管理者阶层比农业劳动者阶层获利要多，且是获利最多的阶层，这与国内其他学者的研究结果是一致的。

**被征地农民的心声**

个案L，男，今年40岁，是浙江余姚县N村村民。个案L是被征地农民的代表。2006年政府为了开发高速公路，必须向农民征地，个案L就是其中之一。他原来拥有6亩山地，由于高速公路要穿过他的一部分山地，所以政府通过书面协议，以每亩2万元的价格向其征用了2亩山地。目前对于这剩下的山地由于在高速公路边上，不便于种植果树，所以个案L已经响应了政府"果改林"的号召，种植了杉树。在收入这方面，虽然当时拿到了政府的征地补偿款，在当时来说是一笔不菲的收入，但从长远来说其收入来源减少了三分之一，损失仍是很大的。

首先，农民愿意进行土地流转，自己当然也愿意参与其中。但是在流转双方权益分配上出现不公平现象，转出的农民获得的利益太少，被征地农民得到的补偿太少，权益受到侵犯。导致老年人基本生活得不到保障，出现养老困难；中年人失去在自己土地中劳动的权利，加之普通农民既没有技术，文化程度又不高，出现就业困难的现象。在征地中农民的正当权益得不到保护的原因是政府没有征地现金，采取的是先征后付的办法，或者将土地卖给开发商后再把补偿款返还给农民；同时还有另一个原因即村集体干预，镇上和村集体将土地款提留太多，导致农民最终分到的款项少之又少。面对自己权益受到侵犯，村民们采取维护权益的措施为上访，但似乎无效。村民们唯一希望的解决途径就是应该提高征地补偿的数额，解决农民的后顾之忧，使农民们的基本生活得到保障。L认为，在征地过程中政府获利是最多的。在土地流转过程中，转入土地的农民获得的利益相比转出土地的农民获得的利益多出很多。其次，在问到对支持农村土地流转的法律、法规了解情况时，L说不怎么了解。这有两个原因：一是政府对这些法律条款隐瞒太多，二是目前本地主要的是农用地被征用，而不偏重于流转。第三个方面，在问到土地被国家征用后，自己最担心什么时，L毫不犹豫地回答最担心的是自己今后的养老问题。对于土地被征用，国家补偿有关明文规定有稍微的了解，但是了解的不全，对于文件中“依法征收农村集体土地，按照同地同价原则及时足额给农村集体组织和农民合理补偿，解决好被征地农民就业、住房、社会保障”这一条款，L的反应很强烈，他说政府没有及时给农民补偿，对于农民的就业、住房等社会保障，政府没有很好地予以解决。同时认为政府的信息不公开、不透明，比如许多农用地被征用后的具体用途等信息没有让被征地农民了解。因此，在之前的征地过程中，农民们已经吃过一次亏了，所以现在大家都不愿意把土地转出。

综合以上分析，在土地流转过程中，造成农村社会阶层之间的冲突主要原因是他们对土地利益认知的不一致。由此说明研究假设5得到充分论证。

## 第二节　土地流转中农村阶层冲突的主要方式

在土地流转过程中，农村社会阶层之间的利益难以完全协调，因此，各阶层为了维护各自的利益而引发冲突则难以避免。在我国，学者们对农民维权比较关注，研究成果颇丰。但此类研究成果主要集中在农业税、特产税、生猪税、基金会、乡统筹、村民委员会选举、村务公开等方面，而对土地流转过程中因为利益分配和利益保护等方面而引发的维权问题则关注的比较少。本研究弥补了这方面的不足，通过调查发现，在土地流转过程中，冲突的具体形式以争吵为主。无论什么阶层间的冲突，争吵所占的百分比都比较大，这可能是因为争吵这种冲突方式相比其他冲突方式成本是最低的。而且，争吵能以一种相对缓和的方式释放各阶层的不满，从而在一定程度上降低农村社会阶层的紧张状态，起到“安全阀”的作用。具体见表 8－4。

**表 8－4　土地流转中农村社会阶层之间的冲突方式（%）**

| 不同阶层之间 | 争吵 | 械斗 | 打官司 | 有组织抗争 | 个体上访 |
|---|---|---|---|---|---|
| 农业劳动者与农业劳动者 | 88.3(226) | 7.8(20) | — | 2.4(6) | 1.6(4) |
| 农业劳动者与村级管理者 | 75.4(178) | 8.5(20) | 1.7(4) | 10.1(4) | 4.2(10) |
| 农业劳动者与私营企业主 | 67.6(46) | 8.8(6) | 5.9(4) | 14.7(10) | 2.9(2) |
| 农业劳动者与乡镇管理者 | 51.2(44) | 16.3(14) | 4.7(4) | 20.9(18) | 7.0(6) |
| 村级管理者与村级管理者 | 75.0(12) | — | — | 25.0(4) | — |
| 村级管理者与私营企业主 | 75.0(18) | — | — | 25.0(6) | — |
| 村级管理者与乡镇管理者 | 66.7(8) | — | 16.7(2) | 16.7(2) | — |
| 乡镇管理者与乡镇管理者 | 100(8) | — | — | — | — |
| 乡镇管理者与私营企业主 | 66.7(8) | 16.7(2) | 16.7(2) | — | — |
| 私营企业主与私营企业主 | 70.0(14) | 10.0(2) | 10.0(2) | 10.0(2) | — |

注：括号内为冲突的次数。

从表 8-4 可以看出，土地流转过程中，农村社会阶层之间的冲突方式有争吵、械斗、打官司、有组织抗争和个体上访这五种形式，争吵是任何两个阶层间发生冲突时所采取的最多的冲突方式。在农业劳动者阶层之间发生冲突时，争吵这种冲突形式占了 88.3%，打官司这一冲突形式则在调查中没有发现，械斗这一冲突形式占了 7.8%，具体个案数是 10 个。这说明在农村，一部分人还是崇尚用武力解决因土地流转而引起的冲突。因为，其他阶层间发生冲突时，械斗这一冲突形式也还占了一定的比例。如农业劳动者与村级管理者发生冲突时，采用械斗的有 8.5%，农业劳动者与私营企业主发生冲突时，采用械斗的有 8.8%，农业劳动者与乡镇管理者发生冲突时，采用械斗有 16.3%。从统计结果来看，与“打官司”相比，人们更亲赖“械斗”，任何阶层间发生冲突时，“械斗”所占的百分比均超过了“打官司”所占的百分比。这可能与中国农村的现实状况息息相关。在我国，农民的法制意识仍然比较淡薄，而且打官司的成本比较高昂，一般的农户无法承受打官司的费用。而且人们还有一个偏执的认知：法律是统治阶级的法律，必然会偏向统治阶级。所以，当普通农业劳动者与乡村管理者发生比较严重的冲突时，人们认为采取传统的武力方式也许比法律方式更公平、有效。但这又会加剧农村社会的不稳定，恶化阶层间的关系。“械斗”这种冲突方式与“有组织抗争”这种冲突方式相比，人们则更愿意选择“有组织抗争”。调查数据显示，当农业劳动者阶层与村级管理者阶层、私营企业主阶层和乡镇管理者阶层发生冲突时，采取“有组织抗争”方式的百分比都明显高于“械斗”方式的百分比。只有农业劳动者阶层之间发生冲突时，采取“械斗”方式的百分比要超过“有组织抗争”方式的百分比。这是因为人都是有理性的，遇事会用理性去思考，趋利避害。普通劳动者深知，乡村管理者和私营企业主或掌握着政府权力，或有强大的“背景”，当他们与乡村管理者和私营企业主有矛盾、发生冲突时，用“争吵”和“械斗”方式获胜的

几率非常小，必须依靠一股更强大的力量来制衡他们。一名被访者的话就生动地表达了普通劳动者阶层的这种理性思考："跟他们搞，肯定没得搞，他们还可派警察抓人，不过他们后面有更大的官管他们。"正因如此，"有组织的抗争"的百分比明显超过了"械斗"的百分比。

前面的数据显示，中年人普遍认为村级管理者阶层、乡镇管理者阶层、私营企业主阶层都是土地流转过程中获利最多的阶层。在现代农村，年青人纷纷外流，或务工或就学，留守在农村的基本上是中年人(30－55岁)。因此，中年人的意愿及其行为取向事实上决定了农村的发展。

目前，在乡村，尽管有组织的抗争这种冲突方式所占的比例还比较小，但有组织抗争的目的比较明确，抗争精英也参与其中，起着积极推动的作用，使得此种冲突方式在现实中所引起的反响和对基层政权的冲击都是最大的。

总之，从总体上来看，在土地流转过程中，农村社会阶层之间发生冲突的主要形式是争吵，械斗、打官司、有组织抗争、个体上访这四种冲突方式也占了一定的比例。在普通农业劳动者阶层之间发生冲突时，械斗方式是仅次于争吵方式的第二种主要的冲突方式；在农村其他各阶层之间发生冲突时，有组织抗争方式是仅次于争吵方式的第二种主要的冲突方式。这表明，在农村土地流转过程中，普通农业劳动者阶层已经意识到要联合起来共同维护自己的正当权益。

## 第三节　农村土地流转中阶层冲突的解决途径

阶层冲突的发生根本上是源于利益的不协调，对已发生的阶层冲突的解决方式的选择却反映出当今社会环境是趋于稳定，还是趋于更尖锐的对抗。因此，对农村土地流转中阶层冲突的解决途径的研究就很有必要。表8－5是对土地流转过程中冲突的解决方式的统计。

表8－5 土地流转中农村社会阶层冲突的解决方式(%)

| 不同阶层之间 | 双方协商解决 | 法律调停 | 政府干预 |
|---|---|---|---|
| 农业劳动者与农业劳动者 | 64.1(164) | 7.0(18) | 28.9(74) |
| 农业劳动者与村级管理者 | 52.3(114) | 6.4(14) | 41.3(84) |
| 农业劳动者与私营企业主 | 53.3(32) | 13.3(8) | 33.3(20) |
| 农业劳动者与乡镇管理者 | 32.5(26) | 12.5(10) | 55.0(44) |
| 村级管理者与村级管理者 | 75.0(12) | — | 25.0(4) |
| 村级管理者与私营企业主 | 75.0(18) | 16.7(4) | 8.3(2) |
| 村级管理者与乡镇管理者 | 33.3(4) | 16.7(2) | 50.0(6) |
| 乡镇管理者与乡镇管理者 | 100.0(8) | — | — |
| 乡镇管理者与私营企业主 | 83.3(10) | — | 16.7(2) |
| 私营企业主与私营企业主 | 60.0(12) | 20.0(4) | 20.0(4) |

注:括号内为冲突解决的频数

上表显示,农村社会阶层在土地流转过程中发生冲突时,都倾向于通过双方协商来解决。例如,当农业劳动者阶层之间发生冲突时,通过双方协商解决冲突的占64.1%,请求政府干预的占28.9%,通过法律调停的只占7.0%,请求政府干预的比例要大大高于法律调停的比例。这是因为农业劳动者阶层之间的利益总体上是一致的,即使发生冲突,也不是根本利益的冲突,而且大家又是街坊邻里,“低头不见抬头见”的,双方往往不希望冲突升级,因为小事而破坏邻里的和睦。所以双方都愿意坐下来进行协商,寻求相互谅解,达成一致。在这个解决过程中,不乏外部力量的介入,而村级组织是其中主要的介入力量。村级组织一方面具有一定的政治威望,另一方面也是土地集体所有的代表者,所以村级组织的介入会大大提高成功协商解决冲突的机率。若双方协商解决不成,发生械斗或上访,则政府干预更是必要。所以,农业劳动者之间发生冲突,“找政府”是一条主要的和有效的解决途径,其所占比例大大高于法律调停所占比例。

因为在这种情况下,村民是明显的弱势群体,乡村管理阶层是明显的强势集团,政府干预就是最直接有效的办法,也正是在这种情况下,有组织抗

争的比例较高。

当农业劳动者阶层与村级管理者阶层和私营企业主阶层之间发生冲突时，双方通过协商解决的比例分别为52.3%和53.3%，协商解决仍占主导地位，但政府干预的比例有所提升，分别提升至41.3%和33.3%；当农业劳动者阶层与乡镇管理者阶层之间发生冲突时，政府干预的方式所占比例为55.0%，协商解决方式所占比例为32.5%，政府干预所占比例超过了协商解决所占比例。当村级管理者阶层与乡镇管理者阶层之间发生冲突时，政府干预方式占了50.0%，双方协商方式只占了33.3%，政府干预的方式也成为主要的解决方式。可以发现，任何两个阶层之间发生冲突时，法律调停方式都不是主要的解决方式，所占比例均在20%以下。双方协商解决的方式和政府干预的方式所占比例均大大高于法律调停方式所占比例。出现这种情况，一方面是受到传统观念的影响，在传统观念里，若不是万不得已，人们不会撕破脸面走上法庭，走上法庭打官司并不是一件光彩的事；另一方面受到人的理性的算计的影响——努力寻求代价最小的冲突解决方式，打官司不仅丢脸，成本还不低，不划算，械斗伤人又伤己，上访与有组织的抗争费时又费力，成本也较高，双方协商解决、达成妥协是成本最低的。实在协商不了，还可以请政府出面，请村组织出面协商解决。这也从一个侧面反映出在我国实施依法治国任重而道远。

综上土地流转过程中，双方协商解决是农村社会阶层之间发生冲突后采取的主要解决途径。但政府干预在解决农村社会阶层之间冲突中也发挥着重要的作用，法律调停这一解决冲突的方式则并没有发挥明显的作用。这说明是政府在推动这一轮农村土地流转。但由于有的土地纠纷是群体与群体之间的纠纷，而且双方所依据的标准各不相同，地方政府在调解处理时普遍感到比较棘手，弄不好会导致村民的公开冲突。

**土地征用　应该与农民协商**

个案Z，男，30岁，湖南省长沙县Q村人，已婚，高中文化，群众，健康状况良好。该村农户全部被实施拆迁。本村外来人口较多，都来自湖南各地，主要从事建筑、服务行业，外来人口与本村人口比例约为2:1。

"土地是农民的命根子，这是绝对的！"Z毫不犹豫地说。据Z的了解，土桥村土地由政府征收，卖给房地产开发公司，该村土地全部流转，转出土地的次数由开发商规定，其中腾出一部分土地安置居民。签订书面协议，土地流转渠道由县政府统一发配，与农民无关，农民只是被动接受。在流转前收入只是解决温饱问题，征收之后，收入比较乐观，农民拿到了一笔数目不小的钱，但是他对社会保障体系的不完善表示担忧。

Z觉得对于该村土地征收，农民并不是自愿的，而且对农民来说是不平等的，不是双方共同意愿，只是政府的需求。流转双方权益分配不一致，靠社会关系而造成了权益分配不均。他认为农民在土地流转过程中正当权益得不到保护，主要是因为土地转让金额对于部分农民而言得不到实惠。虽然对于国家来说，政策宣传是要刺激经济发展，保障农民得到最大的实惠。但是对于地方政府而言，政策得不到落实，经过地方政府一级的苛扣，对于政策的实施大打折扣，根本不能了解农民的心声。他指出："地方政策不符合实际情况，征收政策不一致，实质上补偿的标准不一致。大多数村民迫于无奈签下合同，反抗的唯一方式就是钉子户。政府解决的办法就是首先派人给他们做思想工作，宣传政策，不服从的最后被一群穿制服的人员强制拆迁，太不人道了！"

土地流转过程中产生了很多矛盾和冲突，Z指出主要基于两点原因。一是利益分配不均，二是土地转让不公平。据Z的了解，最根本的就是社会网络资本产生了最强烈的影响，具体而言就是我们常说的"托关系"、"找后门"了，上头有关系的农户分的钱就多。冲突的双方是农民和政府，农民反抗，政府压迫。在谈及冲突的解决途径时，他给出了四个字："公平谈判！"农民与政府要进行谈判，而不是一方压迫另一方，这样政府才能更加了解农民，双方才会得出一个较合理的解决方案。在这里，农民根本没有发言权！说着，Z又愤怒地说道："农民拥有的土地是集体的，为什么农民不能做主，而由政府一方做主？"政府只是一方面，而天生扎根在土地上的农民却对他的命

根子的失去感到无能为力。

显然,Z对政府的这一做法是不满意的,但他认为在土地流转中,开发商获利最多,并不是政府。政府在其中当然会获利,也理所当然的应该获利,因为政府需要进行整体规划,哪建居民区,哪建学校,还有一些基础设施建设都需要资金。总之他认为是政府将开发商所得的钱分配一部分给农民,由政府做好农民的工作,开发商将获得源源不断的收益。"我对农村土地流转法律法规的了解是从我们村征地的冲突中了解到的。当关乎到切身利益的重大问题出现时,你不得不去了解相关政策,强制拆迁的事情令人惊恐。"

## 第四节　土地流转的制度缺失与农村阶层冲突

从前文可知,土地流转中的利益分配不平等问题是农村阶层冲突产生的根本原因。而土地流转制度的缺失则是农村土地流转中阶层冲突产生的一个主要原因。现阶段,我国还没有一部完整健全的土地流转法规,大多数农村的土地流转都具有随意性、民间性。这种自发的土地流转,由于得不到制度的有效保护和干预,就难免会存在一些强势阶层侵夺弱势阶层利益的现象。这样就在一定程度上加剧了农村阶层的矛盾冲突。

### (一)土地流转权益缺乏合理有效的保护机制

在农村土地流转过程中,农民的土地流转的合法权益没有得到有效保护的情况比较普遍,这是引发阶层冲突的一个主要原因。调查显示,接近一半农民的合法权益在土地流转过程中没有得到有效保护。

那么,在土地流转过程中,农民的哪些合法权益受到了损害?被调查者普遍认为首先是土地流转价格不合理,流转的价格大大低于土地的实际价值;其次是土地流转的安置或补偿金不能及时到位,如表8-6所示。这里个案数比较少,因为冲突主要发生在经济发达地区,这里主要是对经济发达地区的调查统计。

**表 8－6　农地流转过程中具体权益损害百分比(％)**

| | 个案数 | 百分比 |
|---|---|---|
| 土地流转价格不合理 | 176 | 37.8 |
| 土地流转的安置或补偿金不能及时到位 | 122 | 26.2 |
| 自己无权支配土地 | 74 | 15.9 |
| 土地正常经营受到干扰 | 64 | 13.7 |
| 其他 | 30 | 6.4 |

在土地流转中，农村社会阶层之间产生冲突的根本原因是利益分配不合理。利益分配不合理主要表现为土地流转价格不合理，这种情况占了总体的37.8％。当政府征用农民土地和开发商借政府之名征用农民土地时，土地流转价格不合理现象比较普遍。农民相比政府和开发商，处于弱势地位，且农民是一个个分散的利益个体，难以形成有力的利益团体与政府和开发商进行谈判。因此，在很多时候，广大农民在土地流转出去了才知情，所以农民只能得到非常少的补偿，甚至连那少得可怜的补偿都无法拿到，这成为引发普通农业劳动者阶层与乡村管理者阶层和私营企业主阶层冲突的一个重要原因。将土地视为“命根子”的农民没了土地后采取“械斗”或“有组织的抗争”去维护“命根子”的土地也就在情理之中。还有一种情况是，虽然政府或开发商答应给被征用土地的农民合理的征地补偿，但是补偿却不能按时到位，这种情况所占比例达到了26.2％，这与乡村管理者利用土地生财有关，乡村管理者大肆截留农民的征地补偿款，致使农民实际拿到手里的补偿金很少或者根本成为空头支票。这两点是在土地流转中普通农业劳动者阶层和乡村管理者阶层、私营企业主阶层之间产生冲突的根源。

土地流转中农村各产生冲突的根本原因是利益分配不合理，特别是因为在土地流转中农户合理利益得不到有效保护。那是什么原因导致农户的合理利益得不到保护？调查发现，缺乏能真正代表和维护农民土地流转权益的组织是农户的合理利益缺乏保护的首要原因，其次是政策法规执行不力。详见表8－7。

**表 8－7　土地流转权益得不到保护的原因百分比(%)**

| | 个案数 | 百分比 |
|---|---|---|
| 缺乏能真正代表和维护农民土地流转权益的组织 | 124 | 34.1 |
| 政策法规执行不力 | 96 | 26.3 |
| 政策法规不符合本地的实际情况 | 68 | 18.7 |
| 缺乏相应的政策法规 | 42 | 11.5 |
| 其他 | 34 | 9.4 |

从表 8－7 可以看出，在对土地流转权益得不到保护的原因分析中，“缺乏能真正代表和维护农民土地流转权益的组织”是人们认为的最主要的原因，所占比例为 34.1%，其次是“政策法规执行不力”，所占比例为 26.3%，“政策法规不符合本地的实际情况”这一原因位列第三，所占比例为 18.7%，“缺乏相应的政策法规”则只占了 11.5%。可见，要维护好农民在土地流转中的合理利益，最首要的就是要建立代表和维护农民利益的组织，畅通农民利益表达的渠道；其次是要贯彻执行已有的政策法规，使之在保护农民土地流转利益中发挥出应有的作用。本研究在被调查地区进行的深度访谈也反映了上述问题。此次访谈的对象都是户籍意义上的农民，他们普遍有两个感受：一是当他们的权益被侵害时，几乎没有替他们说话的人，这使他们感到是那样的孤单和无助，自己的力量是那样的弱小。用他们自己的话说，就是“自己势单力孤”、“说不起话”、“个人的力量太小”，也即“缺乏能真正代表和维护农民土地流转权益的组织”。在我国农村，代表和维护农民利益的组织，比如“农会”之类组织是非常缺乏的，这也使得农民的力量无法凝聚，无法形成强大的力量与其他利益群体抗争，争取和维护农民的利益。二是虽然中央出台了许多相关的政策法规，但农民却无法真正使用这些政策法规来维护自己的利益，政策法规在执行的时候总会出现疲软现象。用他们自己的话说，就是：“中央的政策是好的，但到基层就走样了”。许多政策法规成了一纸空文，政策法规的执行往往流于形式，如依法、有偿、自愿在很多地方并没有真正落实，只是流于形式。这些书面的文字规定在土地流转中

的利益争夺中，显得无比的苍白无力。

**土地征用，矛盾重重**

个案H，男，26岁，湖南省长沙县Q村居民，已婚，初中文化，群众，健康状况良好。

Q村绝大部分土地都被政府征收，主要用于城市基础设施建设和商业开发，签订了征地合同，流转渠道为政府征地。本村的土地征收是政府倡导的，建设了一个公园和几条主要交通干道，农民当然也是按照倡议行事。据H的了解，很多农民其中也包括他本人是不愿意拆迁的，政府按照住房的面积给予一定的补偿，然后给居民建安置小区，农民再用补偿的钱买房，一般还要自己掏钱补贴，对于农民的菜地，只是提供了一点青苗补偿，这是农民最不满意的。个案H本人对户口并不太了解，他原本是属于郊区，现在本村居民只是都集中住在了离原居住地不远的地方。最主要的区别就是失去了农业用地，丢失了一个重要的家庭收入来源，H家以前种菜，在蔬菜成熟的季节每天都可以把菜运到市区贩卖，虽然辛苦，但收益还不错。他的父母身体还很好，以前还可以种菜，现在只能呆在家里，没活干。说到生存的艰难，他表示了极度地不满。

在Q村的土地流转过程中，出现了很多冲突。首先，农民并不满意这一征收政策，流转双方权益分配不平、不透明，农民的正当权益根本得不到保护。村民们无力去维护自己的正当权益，或者是跟那些上面来的人吵架，或者是坐视不管、绝不搬迁，或者去上面告状，但很少有人会运用法律的手段。一是村民不懂法，二是没有钱去请律师。H说到强制拆迁的场面时相当愤怒："你不走是没有用的，上面来几百号人都围住你家，几台挖掘机停在家门口，你不走不行！"可见当时冲突的情形是令人发指的。冲突最终并没有得到解决，村民无力抗争，只能随大流都实施了搬迁。实际上这一事件引起的民愤至今仍然没有平息。他认为土地流转中政府和开发商实际上是一条心的，政府当然获利了。上面来的人只要拆除一户就有很多奖金的，因此手段也使了不少。开发商当然是获利最多的。原Q村的地理位置很好，紧挨公园和大学，东面是某广播电视中心，这里的楼盘风水好得很，也卖得比较好，开发商大赚了一笔。H对于农村土地流转法律法规了解一点点。对于国家征用土地的有关明文规定他并不了解，他认为本村的征地标准不透明，他也不知道邻居家得到多少补偿金，这些都是保密的。文件中指出的按照同地同价原则及时足额给农村集体组织和农民合理补偿根本没能实现。每家除因为住房面积不同所造成的补偿金不等之外，还有其他因素造成了分配不公，有的人家征地后家里装饰得很豪华，还买了汽车；而有的人家日子却不如以前，还要负债，差距就拉开了。政府并没有完全解决好“两安用地”（即用于村民居住的安置房和为村民提供生活来源的出租地），只是给予了安置，农民住房有了保障，但是其中出租的地并没有划分，政府也没有妥善安排，绝大多数村民无就业岗位。这也是H担心的一点。对于农民来说，学历不高，在城市难以找到工作，他自认为像自己这样年纪的年轻人负担是非常重的，虽然住房已经不愁，但是没有文化根本很难有立足之地，只能自己开个门面，但资金还不够，而房子装修费就得好大一笔。说着他自叹生活的不易。

H对“十七届三中全会”《中共中央关于推进农村改革发展若干问题的决定》中关于农村土地流转相关政策并不了解，只是平时从电视新闻上了解一些，政策是好的，是为老百姓着想，但他感觉在实际生活中并没有得到实惠。本村村民并不满意这次土地的征收，总体上是不满意的。同时他觉得这种形式的土地流转已造成两级分化，穷人最终不只是失去了土地，更要命的是失去了生活来源，贫富差距已经相当明显，不仅体现在现有的物质层面上，而且还体现在社会地位、社会声望方面，具体而言，有的人家房子只是简单装修，穿着朴素，每个月都要算计当月的开支；而有的人家却拿征收得来的补偿金在市区另外买更高档的豪宅，安置房只是用于出租，社会地位比较高，社会声望自然也就提高了。

总之，个案H认为中央关于农村土地流转政策利弊兼具。有利的一方面是居民出行更加便利了，公路修宽了；生活环境更加舒适和漂亮了，修建了休闲的公园，居民经常可以在公园散步，公用设施也比较齐全。但是存在许多不利的影响：土地流转带来了更大的贫富差距，农民心存不满；没有基本的就业保障，生活不稳定；现居社区治安比较混乱，小偷盛行，安全感降低。

### （二）土地流转缺乏有效的协商机制

在土地流转过程中，当农民的土地流转权益受到侵犯时，农民首先会找上级部门协调，再者则保持沉默，自认倒霉。详见表8－8。

**表8－8 土地流转过程中正当权益受到侵害时的做法（%）**

| 做法 | 个案数 | 百分比 |
| --- | --- | --- |
| 找上级部门协调 | 280 | 29.7 |
| 保持沉默、自认倒霉 | 186 | 19.7 |
| 据理力争 | 178 | 18.9 |
| 发牢骚 | 116 | 12.3 |
| 运用法律手段解决 | 110 | 11.7 |
| 集体抗议 | 54 | 7.7 |

从表8－8可以看出，土地流转过程中当正当权益受到侵害时的做法中，“找上级部门协调”的最多，个案数是280个，所占比例是29.7%；但选择“保持沉默、自认倒霉”的也不少，仅次于“找上级部门协调”的，所占比例是19.7%；选择“据理力争”的占了总体的18.9%，“发牢骚”的占了12.3%，“运用法律手段解决”的占总体的11.7%，“集体抗议”的则占了总体的7.7%。“保持沉默、自认倒霉”往往是一种无奈的选择，没有办法的办法。而将近20%的农民选择了这一方法，可以反映出农业劳动者阶层的无助与无奈。他们没有力量、没有办法去维护自己的合法权益，当然，这也反映出农业劳动者阶层保守怕事的小农意识。从问卷统计可以发现，“据理力争”、“发牢骚”、“运用法律手段解决”等办法都占了一定的比例。但在个案深度访谈中，劳动者阶层却普遍反映，上述办法在维护其土地流转的合法权益中的作用其实非常有限，很多时候甚至于事无补。因为他们面对的对手是非

常强大的，不是单个人的力量所能对抗的，所以，只有将单个的个人力量联合为一个强大的整体才能更好地维护土地流转中的正当权益，"集体抗议"就是单个力量联合的形式之一。但是他们也说，集体抗议其实也不能很好地解决问题，但总好过单枪匹马去斗，会使自己感觉更有力量。由此可见，农业劳动者阶层利益表达渠道的不畅通导致了有组织抗争的出现。而事实上，任何一种非斗争性的维权做法，都会起到"安全阀"的作用，会维护社会的稳定。

**强制流转为哪般**

个案P，男，42岁，初中文化，浙江省奉化县人，普通农户。奉化县K村，有63户村民承包了总面积达466亩的农田，用来种植水稻、蔬菜等。按照原先的协议，承包期应该在2029年结束。可是当本研究到该村调查时，不少承包者都向本研究说，他们的120亩地被人占据了，推土机一来，农作物全被铲除，施工人员和土地承包者还发生了激烈的冲突。据本研究了解，原先的农田被推平了，这是为了建设一个经济技术开发区。承包期内的农田怎么会变成经济技术开发区了？在承包期内占用农民土地的行为是合法的吗？

"我是这里土生土长的人，3月31号那天，他们过来收地，我过去说，我们没有签约，不能砍我们的树。并且我们的土地原先主要是种植水稻、蔬菜等农作物。合法的承包地为什么不到期就要毁约。因此，我们不愿意签字，可如今只是2004年，离30年的承包期限还有26年，我们的地相当于被没收了，原先的农作物也全被铲除了。

"他们大概去年九月份就来看地皮，看好之后，在10月份，村里的队长就来和每家每户说这个地要租给村里。并说，我们在转让这些已经种了粮食的农田之后，一亩地每年都只能拿到800元的补偿费，这简直是不让我们活嘛。一亩地最多（能赚）万把元，少的也有三五千的，现在800元一亩根本维持不了生活。你仔细算一下，土地租出去800元一年，我一共种三亩地，那么我（一年）只有2400元，家里5个人，怎么能生活得下去？

"我们真不明白，这个项目到底是国家开发的还是私人开发的。如果是国家开发的那么就应该把我们的生活都安置好，他们这样逼迫是不合法的。

“我们面对的是将要永久失去土地。虽然上面的人说，土地是租，但我们不愿意签，可实际上是签也要签，不签也得签。

“村里是给我们发过通知，他们说，给我们三天的期限，让我们“自愿”去签合同，要是有人不那么自觉自愿，那么对不起，就只好进行保护性施工了。而所谓的保护性施工，也就是不管我们是否同意，也要铲除这些农田里的农作物，进行项目施工。

“有一天，他们就请了五六十个人，从早晨8点钟开始用推土机推我们的地，我们叫他们不要推，因为这个地没签合同。他们不理我们，拉我们出来，我们不出来就打。最后，没有办法，我们不得不搬迁。”

**征地内幕**

个案Y，男，56岁，湖南省B村人，初中文化，原为一国企职工，现已退休。Y一家人本为非农村户口，但1996年11月28日，个案Y与B村土地使用人何某、黎某达成协议，附条件地购得何某、黎某位于新旧城区结合部的一块555平方米的山地。其中，是以县土地主管部门履行征地程序为前提的，而同时Y也一次性代县土管部门交清征地款和青苗费。于是同年12月5日，Y一家便向县国土局提交请求同意征地的报告，得到了当时的土管部门领导的同意和盖章。1997年3月5日，Y再次向县国土局领导提交了“关于要求征地办厂的申请”，再次得到土管部门领导的同意和盖章。1998年6月7日，Y在该镇国土所填写了个人建设用地申请表，申请用地面积为160平方米，分别于同年6月7日和7月16日征得国土局、县人民政府的同意报批。1998年7月13日，Y又分别向有关主管部门交纳土地出让金1100元、水土保持补偿费320元、闲置有偿管理费80元，办理好个人建设用地批准手续之后，Y便正式拥有了新旧城区结合部的一块555平方米的山地。

Y说，得到这块地时是有苦有喜，一是作为一般家庭在当时凑出那么多钱真是费尽周折，但是那时还算年轻，总想拼拼赚点钱。之后，由于一直没凑够钱，就把办厂的事情给耽搁了。但是就在2002年，该县县委、县政府因

建设新城区决定在B村某山搞开发，并设立某山开发区指挥部（即现在的县城建设指挥部），进行征地拆迁工作。依据县城建设指挥部的某新区总用地范围图，Y一家所批之地位于该新区内，属于一类门面地。Y起初还觉得纳闷，但是由于一时有事，也就没过问此事。没过多久，在2003年，Y说："指挥部在未与我们签订补偿安置协议，并在未告知我们的情况下，擅自将我的555平方米的国有土地使用权转卖给该县公安局的刘某，之后刘某又通过协议将地转卖给江西一开发商，谋取利润上百万元。"

Y当时火都不打一处来，他说："就算是征地也要告诉我们，征求我们一下意见啊。我们得知这一情况，马上就到指挥部讨一个说法，要求"以地换地"或者给予相应补偿金。当时开发区的负责人是伍某。指挥部为此事召开了专门会议，伍某亲自到会，并对我说："Y老，这件事是指挥部操作不当，损害了你们的利益。我代表县委、县政府向你们赔礼道歉，并请你们支持县委、县政府的工作。至于卖了你们的地基，我们一定按政策规定处理好，县委、县政府绝不会让你们个人吃亏，保证使你们满意。"Y说他当时便听信了伍某的话，等指挥部门按政策处理，可是一直等到伍某调离了，仍然不见指挥部的处理结果。在伍某调任之后，县委组织部部长王某负责某山开发区的工作。我们找到王部长，王部长要我们去找指挥部的指挥长、县调研员杨某。杨指挥长又要我们去找王部长。就这样，领导们个个敷衍了事、推卸责任，我们被踢来踢去。又是几年过去了，如今王部长也调市里去了，杨指挥长也高升了，我们这件事却至今没有着落。"

万般无奈下，在2008年Y再次找到指挥部有关负责人，希望能尽快给出补偿安置的书面答复。可负责人最后以按照"某市17号文件"（即《某市征地拆迁补偿安置办法》）推搪了事。实际上，依据负责人所称"某市17号文件"的第二条规定，凡在本行政区域内进行建设，需要征用集体土地，拆迁被征集体土地上建（构）筑物、附着物的，其补偿安置适用本办法。法律、法规另有规定的，从其规定。也就是说，此法律文件只适用于国家征用集体土地以及补偿安置的行为，当然不适用于国家提前收回城镇国有土地使用权及其补偿安置的行为。

Y告诉我说“我们想用法律武器挽回我们的损失，于是我们抱着一片希望到上一级行政市去反映情况。幸运的是，市人大常委相关领导能够体恤民情，伸张正义，耐心地倾听了我们的疾苦诉求，承诺认真调查我所反应的征地中的违法行为。2009年2月15日（指挥部作出书面答复的日期），县城建设指挥部在征用我土地6年之后，终于给了我一个书面答复《关于征用你户国有土地有关情况的答复意见》。同年3月初，几经周折，我们终于拿到了书面答复，可我们一点也开心不起来，因为该书面答复所陈述的事实与实际的情况存在太大的出入。”Y很灰心，但想想自己的权益一定要自己来维护，于是他在律师的帮助下写了行政复议申请书，希望上级领导机关能够帮助他们。目前，他们全家人也正在等待答复之中。

根据个案Y所述，本研究认为基层政府在征地开发中的违法乱纪事件，屡不胜数。国家政策的制定是以人民根本利益为出发点和落脚点的，但是基层政府是否认真执行，是不是做到全心全意为人民服务则是只有老百姓和他们自己的心里才知道。对于基层政府打着维护公共利益的幌子，做损害老百姓正当合法权益的事情，这种行为一定要得到上级领导和政府的重视并遏制。只有这样，才能切实维护老百姓的合法权益。

按照现行《中华人民共和国城镇国有土地使用权出让和转让暂行条例》第六章第四十二条的规定，国家对土地使用者依法取得的土地使用权不得提前收回。在特殊情况下，根据社会公共利益的需要，国家可以依照法律程序提前收回，并根据土地使用者已使用的年限和开发、利用土地的实际情况给予相应的补偿。而《湖南省城镇国有土地使用权出让和转让实施办法》第三十九条也规定，国家对土地使用者依法取得的土地使用权不提前收回。在特殊情况下，市、县人民政府根据社会公共利益需要，必须提前收回土地使用权的，土地管理部门应当提前6个月将收回土地的理由、面积、以至范围、收回日期等通知土地使用者，并在收回土地使用权所涉及的范围内公告。第四十条规定，依法提前收回土地使用权和地上建筑物、其他附着物的应当予以补偿。补偿金额由市、县人民政府土地管理部门、房产管理部门根据土地及其地上建筑物、其他附着物使用的年限、性质和开发利用等实际情况与土地使用者协商确定。协商不成的，由市、县人民政府裁决。而在个案Y的案例中，我们知道对于收回个案Y土地的决定，完全没有牵扯到公共利益的性质，并且与正当、合法及合理的问题背道而驰。事情至今，当地指挥部仍没有给予个案Y一家任何合理的解释。个案Y说“绝大部分的征地都是用来建设商业住宅了，公共性质的建筑根本看不到，更看不出法律规定的“特殊”情况二字，如果这不是指挥部任意解释所谓的特殊公共利益，就应该以适当的方式来明确说明，否则就是涉嫌行政违法。

《中共中央关于推进农村改革发展若干重大问题的决定》中指出，改革征地制度，严格界定公益性和经营性建设用地，逐步缩小征地范围，完善征地补偿机制。但是，在某些基层政府，并未把国家政策的主旨落在实处。这确实要中央政府，包括我们公民自身，方方面面来监督基层政府的执政行为。与此同时，也希望基层政府官员都能本着“执政为民”、“以人为本”的理念支切实关心老百姓的疾苦诉求和维护弱势个体的正当权益。在中共十七届四中全会中，研究了加强和改进党的建设的问题。干部的作风问题就是党建的重要内容。干部要敬畏百姓、敬畏人心。约束官员之德，在现代行政管理体制中将显得越来越重要了。

### （三）土地流转缺乏健全的社会保障机制

土地流转意味着一部分人会获得更多的土地经营权，这会进一步推动农业的产业化、规模化发展，土地流转还意味着一部分人会丧失土地经营权，失去作为他们最后生命保障的底线。所以，当土地流转出去后，社会保障的有无就直接关系着他们今后的生活保障，特别是对那些土地被政府或开发商征用的失地农民来说，社会保障则更为重要。在发达地区的农村，农民的土地被征用后，他们的户籍一般都会随之发生改变，由农业户口转为非农业户口，并将获得基本的社会保障。但此次调查结果显示，土地流转后，失地农民户籍实际发生变化的人只有9.7%，这不仅与政府政策有关，还与农民对城镇户口的看法有关。在调查中，只有13.2%的人非常希望转为城市户口，不希望转为城市户口的人占了22.9%，不太希望的占了14.4%，无所谓的占了29.7%。可见，农民对于城镇户口并不感冒。在对不希望转变户籍身份的理由调查时发现。居第一位的理由是“户籍的转变就意味着最后生活保障——土地的失去”。其次是“户籍的转变不会带来新职业的获得”。调查结果见表8－9。

**表8－9　土地流转过程中不希望转变户籍身份的理由百分比（%）**

| 不希望转变户籍身份的理由 | 个案数 | 百分比 |
| --- | --- | --- |
| 户籍的转变就意味着最后生活保障——土地的失去 | 656 | 78.3 |
| 户籍的转变不会带来新职业的获得 | 576 | 69.7 |
| 户籍的转变并不意味着保障条件的改善 | 564 | 69.0 |
| 其他 | 224 | 34.6 |
| 户籍的转变并不意味着社会声望的提高 | 192 | 28.9 |

从表8－9可以看到，在“土地流转过程中不希望转变户籍身份”的诸多理由中，“户籍的转变不会带来新职业的获得”所占比例为69.7%，“户籍的转变并不意味着保障条件改善”所占比例为69.0%，“户籍的较变并不意味着社会声望的提高”所占比例则只有28.9%。也就是说，目前在城郊结合部推行以土地换户口的政策收效甚微。因为他们发现政府并不能解决好他们的工作。而他们自己去找工作，又面临着自身素质、技能比不上城镇居民而很难在择业中胜出的现实。所以，相对于徒有虚名的城镇户口，一块地更保险，更能解决好他们的生存问题。这也是城郊农民难以顺利融入城市的障碍之一。城镇户口对他们中的大多数人来说，已失去了实际意义。比如本研究访谈的个案Z由于长期在外打工，见了不少世面，就不怎么赞成用土地换户口，用Z的话来说，就是“城市户口有什么用啊，还不如农村户口。把地换出去了，补偿的钱用完了以后的生活怎么办。是城市户口，过着比以前还差的生活，那何苦呢。如果自己在城里有比较稳定的工作，换了倒影响不大，可是大多数人找不到像样的工作”。

在土地流转过程中，农民从一定程度上说是理性的行动者。目前农转非对农民来说已经失去意义，受其自身技能和素质的影响，农民无法在城市里获得较高质量的就业，社会保障对于他们中的大多数人来说又是奢望。如本研究结果显示，养老保险、医疗保险、失地保险、最低生活保障、土地流转风险保险等社会保险基本上都没有覆盖农村，覆盖率最高的地区也只有百分之十几的人有社会保险。但农民却普遍表示需要此类的社会保险，详见表 8 - 10。

**表 8 - 10　对社会保险的需要程度(%)**

| 保险种类 | 有 | 很需要 | 比较需要 | 一般 | 不太需要 | 很不需要 |
|---|---|---|---|---|---|---|
| 养老保险 | 18.8 | 42.8(454) | 23.0(244) | 11.5(22) | 20.2(214) | 2.5(26) |
| 医疗保险 | 1.6 | 43.5(458) | 25.4(268) | 10.2(108) | 17.8(188) | 3.0(32) |
| 失地保险 | 1.6 | 33.5(354) | 25.0(264) | 14.6(154) | 23.8(252) | 3.2(34) |
| 最低生活保障 | 7.4 | 36.7(382) | 22.6(236) | 14.0(146) | 21.3(222) | 5.4(56) |
| 土地流转风险保险 | 0 | 29.3(306) | 23.6(246) | 15.9(166) | 25.9(270) | 5.4(56) |

注：括号内为个案数

从表 8 - 10 可以看出，生活保障问题，是农民失去土地后的最担心的。虽然有些农民对社会保险并不感兴趣，但原因不是他们不需要，而是社会保障水平过低，无法使他们达到土地流转前的生活水平。“社会保险并不保险”是许多受访者的真实感受。由此可见，农民在进行土地流转时是一个理性的行动者，试图寻求个人利益的最大化。但是，当强大的政府运用权力进行土地调控时，他们的利益会被不同程度地侵夺，这冲击着他们的经济理性，面对这种冲击，他们愤怒，却又无可奈何。这就进一步加剧了农民同基层政府的冲突与对抗。长久以来，土地承担着农民的最基本的生活保障功能。在全面、正式的农村社会保障体系尚难以建立的情况下，具有无可替代的地位。计划经济时代，政府征用农民的土地几乎不会引发冲突，因为政府能够安排好失地农民的就业，解决好他们今后的生活问题。那时的农民土地被征后就可以吃上皇粮了，政府会保障他们的生、老、病、死，而且土地收益还没有市场化，农民根本拿不到土地流转的收益，政府和农民之间不存在利益之争，冲突的根源没有形成。所以，农民在当时是希望政府征地的。而在现在，政府根本没有办法解决好失地农民的就业。随着市场化的推进，城镇的下岗失业人员已经超过了6000万人，农民"农转非"即意味着失地又失业，他们的生、老、病、死就完全失去了依靠。那转换身份又有什么意义呢？当城市户口对农民失去了现实的意义，他们必然会转而固守最后的保障——土地。所以，在现代，土地对于农民的保障功能远远大于其生产功能，农民的生存还离不开土地。政府如要征收农民最后的生存保障——土地，则应该要为他们今后的生存做出可持续的安排。所以说，政府要征地，合理的制度安排是非常重要的。此外，市场化经济环境下，农民已经可以分享土地流转的收益，土地流转收益的合理分配是消除政府与失地农民间冲突的又一重要举措，政府征地应充分考虑好补偿问题，不给补偿、补偿不够或是补偿不到位都会影响社会的安定团结。"大包干，是以土地为中心的制度变化。变化什么？过去政府控制全部资源，现在把土地让给农民，但同时把对农民的社会保障一并让给农民，也就是说，政府把农民的生、老、病、死全压到土地上了，所以农民在土地'刨食"，靠土地安身立命，但政府却不能够在工业化过程中，为那些处于边缘化的农业群体、农村人口提供现代意义上的社会保障。我们切不可忘记，土地还是农民的社会保障，而且将越来越是农民的保障。"①所以在农村建立广覆盖、高水平的社会保障体系是缓解因土地流转而导致农村社会阶层之间冲突的最现实、也是最有决定意义的举措。几乎所有被征地的个案，都不约而同的提出，土地征用后，最为关键的是需要生活保障。

**土地征用，呼唤社会保障随行**

个案L，女，38岁，广西省隆安县X村人，已婚，初中文化，政治面貌为群众，身体健康。自家的耕地被征用于修建政府大楼后，原先主要的依靠——

---

① 温铁军：《形成稳固的受惠群体——关于农地制度创新的思考》，《中国土地》2001年第7期。

农业收入基本上没有了。

L说:“原先,家里对土地的依赖程度挺高的。土地被征用前,家里主要的收入基本上全部来源于土地生产,主要靠种植苹果、核桃等收入所得。现在,土地被征用了,自己也只好在当地打工挣钱了;对土地的经济价值认识程度也较高,有了土地,就能种植果蔬,或是搞搞农家乐,发展农村旅游业,这样的话就可以有较高的收入了,收入有了,自己的家庭也就能自给自足,什么保障都不用发愁了;土地一直是我们生活的依靠,哪里是什么负担,有了土地就有了基本的生活保障,自家有老自家养,都是自己的父亲、母亲,自己有义务去赡养他们,家里养着就等同有了养老保障了,现在土地没有了,我们农民算是失业,那基本的就业保障就没有了。再说了,在我们农村基本上就没有什么就业保障,村里只是偶尔对这些政策进行下宣传,我们也懒得去听。至于基本的医疗保障,倒是有个农村合作医疗政策,每个月交点钱,平时看病就给报销一些,我家按时交了,至今为止,没有人害病,除了一些小小的感冒外,说句实话,只要生活有了保障,其他的什么保障都可以实现了;土地对我们农民来说确实是命根子,至于土地流转是否影响后代对土地的占有,更谈不上,因为从下一代开始就基本上没有什么土地了,这些问题也就不需要考虑了。”

“土地流转后最大的困难就是以后的生计没有了稳定的着落,现在两人的工作都是临时性的,而当地失地的农民太多了,想在本地找份工作是很难的一件事情,到那时,万一找不着工作,家庭的生活就成大问题了。”

“土地被征用后,最愁的当然是以后的生活,补偿只是暂时的,以后孩子长大了,万一要读大学,那是一笔大花销,现在不敢想。往后过日子还得靠自己,现在地也没有了,关键还是要自己找份工作来养家糊口。”

“如果永久地失去了土地,我最需要的是生活保障,土地没有了,没有了生活来源,外出打工,工作不一定好找,只有保障了基本生活,我们才有精力出去找工作,才能继续养家。”L说。

综上所述,土地流转中的制度缺失是造成农村阶层冲突的主要原因。

在土地流转过程中，农村社会阶层所处的社会地位不尽相同，发生在土地流转中的各种利益"博弈"，是一种实际上的不平等"博弈"。这就要求在土地流转中对处于弱势地位的阶层给予必要的制度保护。中国农民在几千年的农耕中积淀了对土地无比深厚的情感，土地是他们生存的依靠，是他们的命根子，他们失去了土地就是失去了生存的依靠，当政府通过征地或其他形式拿走农民的"生存依靠"而又无法提供有效的"生存依靠"替换物时，农民必然会产生抵触心理，并进行抗争，当其他抗争渠道不通畅时，就会出现更为严重的有组织抗争。这正是土地流转引发阶层冲突的最高表现形式。因此，建立完整健全的土地流转制度，实现土地流转的规范化、法制化，是解决土地流转中阶层冲突的主要途径。

当然，土地征用也并不一定就带来冲突和矛盾，因土地征用而改善了生活，提高了生存质量的应该是大多数，本研究在走访中，发现因征地而生活滋润的农民不在少数，但由于村民的不知情，也多多少少埋下了冲突的影子，这是值得我们深思的。个案 L 就是典型代表之一。

**被征地农民的滋润生活**

个案 L，女，今年 39 岁，湖南省浏阳市 B 村村民。她们村离市区不远，大概三公里，在村口可以坐公交车。村里原来是以种菜为生，现在城市扩建，很多土地被征用，土地太少，基本都改行干别的事情了，如开摩托车、跑运输、做生意、搞养殖。村里没有什么产业，也没有什么工厂，原来有养猪大户，最多的时候养猪超过 100 头，可是由于征地拆迁，现在也没地养了，改行干别的了。

L 认为土地就是她发家的钱，她老家是农村的，家里祖祖辈辈都是农民，她是靠父母种地养大的，后来嫁到村里，开始种菜，家里很穷。再后来土地被征收了，分了几万元，就修了房子，感觉还不错。现在地太少，种菜根本没有办法养活家里人。估计现在仅有的土地不久后也会被征收，应该还能够分到一些钱。她认为征地给她们带来了不少的收入，也带来了很多机会。征地后刚开始她主要搞搬运，虽然累些，但是收入比种地多得多。现在她家

里养鸽子，每年的收入也比种地多得多。她们村的土地五年前被征收，具体价格不清楚，反正她们知道的是五万一亩，她家分到了八万多元钱。这对她们来说是一笔不小的数目。卖了地后她家就修了现在的房子，虽然借了些钱，但是也已经还清。应该说是卖土地收入不少，好处也不少。种地一辈子怕是难有出头的机会。

她们村的土地是由政府出面协调，统一征收的，价格具体怎么定的不知道，只知道上面说是国家规定的，土地到底卖多少钱都是政府说了算，村民也只能够看着办。土地征收没有和每个村民签协议，是由村里统一负责，村民只负责领钱。基本每家每户都领到不少钱，所以大家也没有什么大的意见。

L认为征地对村里好处明显，现在的问题多是部分村民太懒，不肯干。她说到建材市场搞搬运的机会很多，但是有很多人懒，不愿意去。土地征收后，她们村的整体生活水平都有较大幅度提高，她家就是这样的情况。就是很多人失业改行了，但是很多年轻人，好吃懒做，什么也不干，就这么混日子，让人心烦。打牌打麻将的人很多，在村子里随处都有。但也有挣大钱的，发财的人。

## 第五节　小结

通过对以上实证分析的梳理，本研究得出如下结论：

### （一）土地流转利益分配的不均衡性是农村阶层冲突的根本原因

马克思曾经说过，人们奋斗争取的一切，都同人们的利益有关。在中国广大农村地区进行的土地流转中，伴随着各阶层或明或暗的利益争夺。农村土地流转的过程实际上是农村社会阶层利益的重新分配过程。由于不同社会阶层的阶层属性和阶层特点的不同，土地对于不同社会阶层的意义是不同的，因此，农村社会阶层在土地流转的利益争夺中也有着不同的侧重点。农村社会阶层力量的不均衡性必然会影响利益分配的结果。比如，村级管理者阶层较之其他阶层拥有强大的权力资源优势，可以通过正式或非正式的渠道，直接或间接地侵夺其他阶层的利益，实现本阶层的利益最大化。普通农业劳动者属于弱势群体，利益总是被侵夺，并且缺乏利益表达渠道，所以他们很愤怒、也很无奈。可见，社会阶层土地流转利益分配的不均衡性是农村阶层冲突产生的根本原因。

### （二）谈判协商是农村阶层冲突的主要解决方式

实证结果表明，争吵这种冲突方式是土地流转中阶层冲突的主要方式。在处理已经发生的争吵时，成本最低的谈判协商应该是最主要的解决方式。这就说明，在土地流转中产生的阶层冲突是比较缓和的人们内部矛盾，并不是尖锐的阶级对立。这为我们处理好农村社会阶层之间矛盾、协调农村社会阶层之间的关系提供了指导。

### （三）土地流转面临着严重的制度困境

从数据资料可以看出，目前在农村土地流转过程中，制约土地流转顺利进行的因素有农民土地流转权益缺乏保护，同时也缺乏维护他们利益的组织机构。此外，协商机制和保障机制的缺失也是制约土地流转顺利进行的主要因素。这就从一个侧面说明，当前的农村土地流转面临着严重的制度缺失问题。因此，要加快土地流转进程，就必须尽快走出制度困境，制定出适合各地实际情况的基本土地流转制度。只有这样，才能从制度上规范和指导土地流转行为，保证土地流转有序进行。

# 第九章 基本结论与讨论

前面的实证研究表明,农村社会阶层的土地价值认知上的差异,必然会导致其土地流转意愿与行为选择上的差异,也必然会导致其土地流转速度与规模上的差异。正是由于这些差异,在一定程度上促进了农村阶层分化,加剧了农村阶层冲突。本研究在实证研究的基础上,得出了六个基本结论,并发现有许多深层次的问题值得进一步探讨。

## 第一节 基本结论

在建设社会主义新农村的背景下,国家主导的农村土地流转,其显著特征和标志是农村的快速城市化和农村剩余劳动力的大规模转移。虽然在土地流转过程中,有农村强势阶层对弱势阶层的利益侵蚀,但这种利益的侵蚀是有限度的。因为,人们依恋他们的土地,只有土地才是他们的安身立命之本;他们关心土地,因为他们参与了土地管理;他们热爱自己的土地,因为他们不能不珍惜自己的命运。他们把自己的抱负和未来都投到土地上了,并把与土地发生的每一件事和自己紧密联系起来。他们在力所能及的有限范围内,试图使土地流转效益最大化。也就是说,与土地流转相关联的各阶层意识，是建设和谐农村的基础和灵魂。通过前面几章的数据分析和模型论证，本研究得出了如下基本结论：

### （一）阶层分化改变了农村社会阶层的土地价值认知

前面的分析显示，农村社会阶层在土地价值认知上存在着显著差异，且这种差异与农村社会阶层的阶层特征有着显著的相关性。首先，从根本上来说，农村社会阶层土地价值认知上的差异是由其对土地的依赖程度的不同造成的。由于农村社会阶层对土地的依赖程度不同，土地在他们生活中的作用和地位也会随之发生改变。从总体上来看，对土地依赖程度越大的阶层其对土地经济价值的认知程度也就越高；对土地依赖程度越低的阶层，其对土地的社会价值和存在价值的认知就越高。其次，农村社会阶层在土地价值认知上的差异还与他们的阶层构成特征呈显著相关性。通过前文的数据和模型分析，可以看出，文化程度、收入水平越高的阶层，收入来源越多的阶层，其对土地的社会价值和存在价值的认知就越高，而文化水平、收入水平相对较低，收入来源主要依靠土地的阶层则对土地的经济价值认知程度较高。此外，通过前文我们还可以发现农村社会阶层对土地价值的认知还存在着明显的地区差异，这种差异主要是由不同地区的经济发展水平造成的。

### （二）阶层分化影响了农村社会阶层的土地流转意愿与行为选择

农村社会阶层土地价值认知上的差异影响着土地流转的意愿和行为，这是造成各阶层土地流转意愿与行为选择差异的一个根本性因素。要真正使农民富裕起来，就必须解放土地。因为，如果土地不完全解放，农村中的两极分化就不可避免。那“富”的一极，正是可以把土地当成生产资料来达到它的效益最大化的人。所以，要稳定农村社会，就必须促进农村形成现代化的阶层结构。农村社会阶层的土地价值意识是土地流转与否的内在平衡杠杆，促进农村土地流转，就是要使农村社会阶层在参与和谐新农村构建中成为新型的农民。然而，对于缺少教育，素质不高，血液中流淌着千百年来形成的“安土重迁”观念的农民来说，要使其土地价值意识发生根本性变化，

要使其摆脱对土地的束缚,“轻松”地进行土地流转,只有提升其文化素质,使科技能被运用于农村和农业现代化,使其真正拥有摆脱土地束缚的能力。可喜的是,我们已经看到这一新的曙光,党中央已经作出了加大职业教育力度的决定,西部地区和中部的一部分地区义务教育从2006年起实施免费教育。可以预见,在教育不断服务农村的新形势下,农民的土地价值意识必然会发生根本性的变化,最终改变农村社会阶层对土地流转意愿和行为的选择。

### (三)阶层分化促进了农村土地流转

从总体上来看,中国现代化的整体进程拉动了农村的快速发展,促进了农村的阶层分化;同时农村的阶层分化又促进了现代化的发展,加速了农村土地流转。但地域不同,其情况也千差万别。农民的流动,从一定程度上来说,服从“推——拉”理论。城市的现代化进程对农民的诱惑从来就没有停止过。毫不夸张地说,城市化、工业化使世代蜗居农村的农民看到了新的希望,客观上加速了农村的阶层分化,而这种快速的、外在的力量也促进了农村的土地流转。中央土地承包30年不变的政策,目的是为了保障农民的利益,这种采取全国一致的做法有效地避免一些借调整土地损害农民利益的行为。但是这种政策也不可避免的忽略了某些地方的具体情况,如在广西的武鸣和隆安地区,农民缺乏非农就业的机会,对土地的依赖性很高,但是当地土地资源稀缺,且占有不均衡。在本研究的调查中,一些家庭由于人口较多,原有的土地已经不能维持家庭成员的生存。这些家庭寄希望于通过土地调整来解决家庭土地的严重短缺问题,但是土地承包30年不变的国策却忽视了这样的具体情况。因此,在加快土地流转进程的同时,各地情况千差万别,不宜采取“一刀切”的做法,而应具体情况具体分析。

### (四)土地流转重构了农村社会阶层结构

从阶层分析的视角来看,引起中国社会阶层结构变化的因素是多方面的,比如,市场转型、体制转换、地权制度的变化等都会触动社会阶层结构。其中市场转型带来了当代中国社会分层结构根本性的变革,属于地权制度变化中重要内容的土地流转则对中国农村社会阶层结构产生巨大冲击，推动着中国农村社会阶层结构体系的重构。解放前，土地是农村社会分层的中轴，地权转换决定性地塑造着当时农村的社会分层结构；解放后到家庭承包责任制推行前这段历史时期，土地公有制和地权不能流转使土地作为分层中轴的地位为政治身份制度所替代；从土地承包经营制度开始实行到土地流转逐渐兴盛之前这段时期，均分地权的制度变革加速了职业分化和社会流动，重构了农村社会分层结构。研究者普遍认为是以市场为取向的城乡改革和以此为契机的城市化推动着中国社会结构的转型。前文的分析告诉我们城乡改革、城市化与农村地权制度改革是相互作用的，农村地权制度改革促进了城乡改革和城市化，但城乡改革和城市化又会加速农村地权制度的改革，表现形式就是土地流转。1984 年，全国开始推行土地联产承包经营制时，就已经在制度上为今后的地权流转进行了安排。上世纪 90 年代中期以后，中国农村开始了较大规模的、有影响的土地流转，它在一开始就表现出推动市场改革、加剧社会分化和进行资源重组的强大动力。土地流转为农村社会群体提供了新的资源和机会，但由于主观和客观的原因，不同的社会群体对资源与机会的获得能力各不相同。一些社会群体强化其已有的权力资源，凭借社会资源以及区位优势，垄断大部分资源和机会，甚至侵蚀其他群体的资源，成为农村地区的新的精英阶层；一些社会群体则能充分利用好契机，抓住机会，也获得了较多的资源，成功实现上向流动，成为农村阶层体系中的上层；还有一些社会群体或因先天不足，或因资源机会被侵蚀而被边缘化，沦入社会底层。可见，土地流转实质上是农村社会阶层利益的重新分配，是农村社会资源和机会的重新分配，对农村阶层分化所产生的影响是深远而又重大的。土地流转对重构农村社会阶层结构的影响表现在：

第一，土地流转提升了农村精英阶层。一是土地流转增加了农村权力精英资源获取的机会和权力实现的机会。我国《宪法》规定，农村集体土地属于“村民集体所有”，而村委会干部则是对土地拥有所有权的“村民集体”的“代理人”。土地分配的具体执行常常要通过村集体的“代理人”——乡村干部来实现，土地事实上是乡村干部能够施加重大影响甚至完全掌握的一种非市场资源。[①]《土地承包法》第 31 条规定，承包方采取转让方式流转的，应当经发包方同意，采取转包、出租、互换或其他方法流转的，应当报发包方备案。法律的这些规定实际上为乡村干部增加了权力实现的机会。比如，乡村干部（特别是市、县级的土管部门和地方财政）控制着土地调整比例权，其在“两田制”、“反租倒包”、“土地股份合作制”等结构性意义的土地流转过程中可以进一步实现土地调控权、土地价格差额权、投资红利分配权等权力，成为土地流转权益分配的主要控制者。此外，乡村干部往往既担任土地股份公司的董事，又担任着土地招标承包的谈判协商代表和决策人，与开发商或入驻村庄的投资者进行洽谈，这都会给乡村干部带来更多获得资源的机会。也就是说，乡村干部这些资源和机会的获得正是源于土地流转。在经济发达地区和城郊开发区，由于土地流转更为频繁，乡村干部的权力得到进一步扩展，其扩展的权力必然会带来扩展的有形资源和无形机会。二是土地流转增强了经济精英的实力，其规模迅速扩大。“主要由市场调节的土地流转必然使土地流向能够更有效使用土地的人手中，流向最能使土地利润最大化的产业。”[②]因此，公司农业在土地流转中加速崛起，种田大户将增多，种养、加工和“农户 + 公司一体化经营”模式得到推广与发展，房地产开发商和第二、三产业投资商被引进。这些经营新型公司农业的企业家、种田大户、房地产开发商和投资商往往资本雄厚、渗透力强。例如，在苏南江阴市的新桥镇，以毛纺为主业的“阳光集团”，2002 年 5 月开始进军农业，经营高档花卉苗木。他们以每亩年租金 550 元的价格一次性获得农民土地 7089 亩，租期为 50 年。“现代农业集团南京公司”气魄更大，他们在已经租用六合区横梁乡 1000 亩土地和雄洲镇 1800 亩土地的基础上，准备再用 3 年的时间在六合区建成拥有 10 万亩土地的生产基地。据江苏省农业厅的不完全统

---

① 管清友、王亚峰：《制度、利益与谈判能力：农村土地“流转”的政治经济学》，《上海经济研究》2003 年第 1 期。

② 贺振华：《农村土地流转的效率：现实与理论》，《上海经济研究》2003 年第 1 期。

计，截止2001年底，江苏省投资开发农业的工商资本、民间资本、外来资本就达160亿元。这些实力增强的经济精英与权力得到扩展的权力精英联盟，进一步充实提升了农村社会阶层体系中的精英阶层。

第二，土地流转扩大了农村中间阶层。土地流转既催生了农村新型职业群体，又发展壮大了传统职业群体。

首先，土地流转导致了农村中上层新型职业群体的诞生。土地流转带来土地集中和公司农业的发展及其他第二、三产业投资公司的进入和聚集。这些公司为村民提供了众多中低层管理和技术职位；与土地流转伴生的农业产业化经营和规模经营，要求经营者加强技术引进和研发，特别是加强与高校和科研院所的联营技术开发。农村原有的农技站和农研所，或成为经营者与高校和科研院所联合开发的中介站，或成为联结双方的农技研发基地，将得到振兴，也因此而产生一批农技开发和推广应用人员；因土地流转而产生的土地股份合作公司、土地信托中心、土地价格评估机构和土地纠纷仲裁机构以及其他土地流转中介服务机构，为村民提供了较多的经济社会管理职位。由土地股息获得者和房屋出租户构成的"食利群体"是直接在土地流转过程中产生的。比如，北京郊区通过流转集体土地获取工业用地的方式①和南海市农村股份合作制改革②都使当地农民通过土地流转而成为土地股息的分享者；一些大城市郊区农民在因城市化的推进而引发的土地流转中正逐渐成为房屋出租户。这些人借助村藉制度收取稳定的土地股息分红和房屋租金，享有令外来人员艳羡的声望地位，过着与其他人不同的有自己固定圈子的闲散生活，成为一个有明显标志特征的社会阶层。以上从业人员和社会阶层是农村新型的职业群体，大多有较好的经济收入和较多的职业流动机会及良好的社会声望，构成了农村社会阶层体系的中上层。

其次，土地流转导致了农村中层阶层的复兴与发展。中层主要包括个

---

① 胡睿宪：《对北京集体土地流转与工业用地模式的思考》，《中国农村观察》2004年第2期。

② 朱守银、张照新：《南海市农村股份合作制作改革试验研究》，《中国农村经济》2004年第6期。

体工商户、办事员、低层管理人员、教育医疗工作者等职业群体。随着土地流转的快速发展，改革以来农村社会已有的职业阶层——个体工商户、办事员、低层管理人员和教育医疗工作者等得到了进一步的扩大和发展。土地流转引发的产业化经营和规模经营的发展，也必然带动与之相适应的个体运输业、个体小型加工业、饮食零售服务业、信息服务业以及相关管理机构的发展和职位的增加，从而使得相关从业人员或职业群体的规模扩大，经济实力和获取市场机会的能力也得到加强。这部分人大多有较稳定的收入来源和市场机会，拥有超越村庄范围的社会网络及因此而带来的资源获得机会。

最后，土地流转也导致了农村工人群体（即中下层）的扩大。农村工人群体主要包括外出到城市打工但仍保留农民身份且定期回乡的工人、公司农业中的工人以及农村其他乡镇和民营企业中的工人等。农村工人群体中"离土又离乡"的工人（即外出农民工）和"离土不离乡"的工人（即就业于本地乡镇和民营企业的农民工）会因更多农民承包地的长期稳定转出而在数量上有较大增长，而且工人在质的内涵上也会有所发展，即他们的工作和生活保障将进一步超越土地和原有的乡村社会。"既不离土又不离乡"的工人（就业于新兴起的公司农业中的农业工人）是因公司农业和其他规模农业的发展（它们又是土地流转的直接结果）而新出现并不断发展壮大的农村新型职业群体。这三类工人因其手工操作的工作性质、被支配、被控制的工作地位以及并不丰裕的经济地位而处于农村社会结构的中下层。

上述处于中上层的公司中层管理技术人员、农技研发推广人员、为土地流转提供社会管理服务的人员和农村社会食利群体，处于中层的个体工商户、办事员、低层管理人员，以及处于中下层的工人群体，构成了当前农村社会庞大而稳定的中间阶层。

第三，土地流转缩减了农村弱势底层。农村普通的纯农业劳动者、失去土地或部分土地且无其他就业机会和稳定生活来源的农民（即"失地农民"）和其他社会闲散人员，属于现今农村社会的弱势底层群体。他们大多年老、体弱、多病，社会网络资源少，外出或转换职业的生活技能和机会极为缺乏，他们只能从事产出微薄的简单农业和本小利微的毫无发展前景的家庭副业，生活基本处于温饱线上下，有时甚至连最基本的生存权利也受到威胁。这些人占农村人口的少数，在土地流转过程中总数有所减少，是农村社会中的边缘群体。

### （五）土地流转加剧了农村阶层矛盾冲突

当前，在经济次发达和欠发达的农村，农民与国家、村庄与村庄之间的土地利益纠纷问题往往变地非常突出，成为政府一个最棘手的问题；在经济发达的农村，土地价值的迅速攀升又引致了更为严重的土地利益纠纷问题。实际上，在一些农村地区，村干部成了事实上领取固定工资的“准行政干部”，在很多地区，实际上操控着农村的土地流转。特别是在反租倒包、国家征用等形式中。农村土地流转的过程实际上是农村社会阶层利益的重新分配过程。由于不同社会阶层的阶层属性和阶层特点的不同，土地对于不同社会阶层的意义是不同的，因此，农村社会阶层在土地流转的利益争夺中也有着不同的侧重点。农村社会阶层力量的不均衡性必然会影响利益分配的结果。比如，村级管理者阶层较之其他阶层拥有强大的权力资源优势，可以通过正式或非正式的渠道，直接或间接地侵夺其他阶层的利益，实现本阶层的利益最大化。普通农业劳动者属于弱势群体，利益总是被侵夺，并且缺乏利益表达渠道，所以他们很愤怒、也很无奈。可见，社会阶层土地流转利益分配的不均衡性是农村阶层矛盾冲突产生的根本原因。

### （六）土地流转促进了农村社会流动

许多政治分析家认为，一个工业社会的稳定或不稳定是由社会流动率所决定的，高流动率的社会是稳定的，反之则是不稳定的。[①] 研究土地流转与社会流动的关系，关键在于农村土地流转促进了农村社会结构的变化，而社会流动则构成了社会变化过程中一个不可或缺的主要环节。正如著名社

① 许欣欣：《当代中国社会结构变化与流动》，社会科学文献出版社 2000 年版，第 61 页。

会学家布劳所说："不管引起变化的条件是什么，在大多数结构变化中，社会流动是一个基本要素"，"社会流动就是社会结构改变自己以适应不断变化中的条件的过程。无论是新技术、经济条件还是其他条件产生变化的需要，结构变化几乎总是取决于人们从某些社会位置向其他社会位置的流动"。[①]社会流动理论认为，个人职业的获取和地位的流动受两方面因素的影响，一是个人的先赋因素，是指个人的性别、种族、个人资质、家庭出身情况等；二是自致因素，是指个人受教育状况、后天的努力程度、社会关系网以及社会资本获得情况等。而社会成员整体性的职业获得和社会流动受市场特质、社会制度和政策以及社会革命等因素的影响。在土地流转时期，农民个人职业的获得与地位的流动依然会受到其先赋因素和自致因素的影响，而农民整体性职业的获得和社会流动则受到社会体制的转换和地权制度的变化的双重作用，其中，土地流转是地权市场化改革的重要实践，已成为农民职业获得、实现流动的社会阶梯。土地流转如果是理性的、自愿的，则可帮助农民转变职业，实现上向社会流动；土地流转如果是非理性的、强制的，则会致使农民失去最后的生存依靠，陷入衣食无着的困境。

1. **土地流转是农民实现上向流动的重要阶梯。**从土地转出方来看，转出土地的农民可以摆脱经营土地的时空束缚，转而获得稳定的租金收入，为长期的自由流动提供了可能性。他们可以选择性地转向非农职业，以获得更好的社会地位，实现职业与地位的上向流动。正如有的学者指出的那样，社会主义国家中体力劳动者向非体力劳动者的流动更可能是跨越了底层白领职业阶层而直接进入高层白领阶层的"长距离流动"，而不像资本主义社会中的这一过程要经过底层白领这一缓冲地带。[②] 此外，城郊农民的土地会因城市化而大幅升值，转出土地即意味着实现增值价值。所以，他们不仅可以获得丰厚的土地增值收入，还可以自主地向非农职业转入，实现职业地位和社会经济地位的上向流动。从土地转入方来看，他们转入土地要么从事

---

① 布劳:《不平等与异质性》，中国社会科学出版社 1991 年版，第 12 页。
② 李春玲:《中国城镇社会流动》，社会科学文献出版社 1997 年版，第 63 页。

产业化经营，要么进行规模经营，以提高土地的经济效益，这样一来，普通的农业劳动者逐渐转变为现代化规模经营的农场主，变成了超村落社会的"有产者"，生活空间和生活际遇发生了巨大的变化，职业地位和社会声望地位也实现了上向流动。

2. **土地流转也是农民下向流动的重要阶梯。**土地流转如果是理性的、自愿的，则可帮助农民转变职业，实现上向社会流动。"因为在土地使用权的流转中，必然会创造出比不流转更多的价值，换言之，土地流转事实上是进行制度改进以获取更多收益的过程。"①然而，土地流转如果是非理性的、强制的，则会致使农民失去最后的生存依靠，陷入衣食无着的困境。转出土地，摆脱耕种土地的束缚，转而获得更好的职业和更高的地位，这些是建立在一定的条件上的——个人拥有职业转换的技能和获取资源与机会的能力。而不愿意转出土地的农民正是在很大程度上缺乏获得更好职业和更高地位的条件，他们熟悉简单农业耕种，但也仅限于此，没有掌握其他生存技能，土地对他们来说是基本的生存保障，也是最后的生存保障，失去了土地，就等于无法生存。所以，在基本的农村社会保障没有广覆盖的前提下，进行强制性的土地流转只会使一部分农民陷入生存困境，被社会极端边缘化。

3. **教育将取代土地流转成为农村社会流动的重要阶梯。**土地流转可以实现农民的社会流动，但只作用于制度变化这一特殊时期，它对农民实现社会流动所具有的阶梯作用会随着土地的合理集中和土地流转的结束消失殆尽。当农村社会现代的阶层结构逐渐定型化，社会流动机制也会逐渐回归常态，教育这一重要的流动机制重新凸显它在农村社会流动中的作用。关于教育与社会流动和社会阶层结构变化的关系，布尔迪厄认为，教育是阶级再生产的机制，即教育既是传授知识和颁发文凭的机构，同时也是再生产社会不平等并使之合法化的方式，是现代社会中阶级再生产的一种重要机

---

① 贺振华：《农村土地流转的效率：现实与理论》，《上海经济研究》2003 年第 1 期。

制。[①] 在主要以职业作为社会分层基础的现代社会，教育和文凭的获得无疑也是社会流动的重要机制之一。这就是说，教育对社会分层结构具有双重影响，即它一方面复制或再生产着原有的结构，另一方面又为这种结构的变动和微调提供了渠道。[②] 其实，农村社会阶层结构的变化也无法摆脱教育的这种双重影响。农村社会阶层的一部分孩子会受到原来所处阶层文化的固有影响，他们因此囿于原来的生存的阶层，复制或再生产着原有的结构；这些阶层中的另一些孩子则可以通过接受教育积累丰富的人力资本和社会资本，获得相应的文凭，顺利地实现阶层流动，就跳出了这种阶层再生产的循环。只是在后一种情况中，底层人员所占的数额会比较少，中上层人员所占数额会比较大。所以，尽管仍然还有许多制度性和非制度性的因素在影响和限制教育作为主要社会流动机制的作用，并因此影响着农村社会流动。教育也依然还是影响土地流转后农村社会阶层结构的变化的重要流动机制。特别是在党中央做出加强职业教育的决定和西部地区、中部一部分地区义务教育实行免费教育政策的背景下，对农村劳动力的有效转移将起到促进作用。

## 第二节　几点讨论

土地流转和农村阶层分化是一个相互影响的过程。在这一过程中，一方面农村社会阶层对土地利益进行重新分配；另一方面，农村社会阶层不断地进行着分化、整合形成新的农村阶层结构。这一过程牵涉到农村方方面面，是一个相对复杂的过程。因此，关于农村阶层分化和土地流转，以下六个方面的问题有待进一步讨论：一是土地流转与农民土地价值观的重构；二是农村不同阶层土地流转意愿和行为的差异性；三是土地流转与农村社会

---

① 布尔迪约（转引孙立平）：《失衡——断裂社会的运行逻辑》，社会科学文献出版2004年版，第94页。

② 孙立平：《失衡——断裂社会的运行逻辑》，社会科学文献出版2004年版，第95页。

分层的关系；四是土地流转与农村社会流动的关系；五是土地流转中的各阶层利益博弈问题；六是土地流转中的土地产权残缺问题。

### （一）土地流转与农民土地价值观的重构

农民土地价值意识变化是农民进行土地流转的思想基础。在本研究关于农民土地价值观的认知中，本研究发现，对土地价值的认知在不同阶层之间存在显著差异，而且这种差异与不同地区的经济发展水平以及不同阶层的构成特征呈显著的相关性；土地流转与农民的年龄存在着显著的相关性，越年轻的农民越愿意进行土地流转。这就说明，现阶段农民对土地价值的认知开始改变，而且这种改变呈现出"传统价值和现代价值交融"及"理性主义"的特征。正是这种转变为农民的土地流转提供了阶层基础。一直以来，土地对农民有着不可替代的作用，为什么农民土地价值认知会有如此差异呢，在农村土地流转进程中我们应该怎样对农民土地价值观进行重构？这些问题是值得我们进一步深思的。

当然，农民土地价值认知的转变会促进农村的长远发展，会加速农村的现代化进程，使人们转变经营理念，将人们从分散式经营模式中解放出来，加速向集约式经营或规模经营模式转变。纵观先进国家和地区的农业发展史，农业的强大、农村的发展都离不开现代化，农业现代化首先是经营理性、经营模式的现代化，这有赖人们土地价值认知的转变。但是，要注意的一个问题是：农民土地价值认知的转变应该是紧跟实际的转变，不可偏离我国的国情。所以，我们在鼓励农民加快土地价值认知转变的同时要引导好这种认知转变，必须高度警惕农民陷入土地经济价值观"理性化"陷阱，处理好农民土地价值观多样性与共同性问题，不能盲目地无限制地向土地索取经济价值。

"增产不增收"、农民的收入低是中国农村普遍存在的现象，所以，农民面对土地的心情是复杂的。在农村，要有效推动土地流转，本研究认为，重构农民的土地价值观也是一个十分重要的问题。现如今的中国农民，正生活在由传统向现代转型的社会转型时期，因此，他们的土地价值观受到社会转型的影响必然是新旧交替、既传统又现代。这种土地价值观要么会成为阻碍农业、农村迈向现代化的包袱,要么则成为农业、农村迈向现代化的动力。因为,一方面,农民传统又现代的土地价值观中强烈的土地依赖意识不利于实行土地规模经营。土地依然承担着传统社会中的农民的生存保障功能和就业保障功能,这必然导致农民普遍不愿放弃自己的土地经营权,“一个人承包一亩地”和“三个人种一个人的地”的现象普遍存在,土地的规模经营必然难以实现,农村劳动力也会大量富余,这会成为农业、农村迈向现代化的包袱。另一方面,农民传统又现代的土地价值观中强烈的土地价值意识会使农民千方百计提高土地产出,加快实现土地的产业升级。所以,强化农民的土地价值意识将有利于提高土地的经济效益,有利于农业的现代化发展,这会成为农业、农村迈向现代化的动力。因此,要减弱农民的土地依赖意识,为农业、农村现代化甩掉包袱,就要大力发展第二、第三产业,为农村富余劳动力转移到其他产业部门进行生产创造条件,实现农村富余劳动力优化配置,为土地的生存保障功能和就业保障功能找到替代物。要加强农民的土地价值意识,释放出农业、农村现代化的强大动力,就要加快转变土地经营模式,提高土地的经济效益,刺激农民加大对土地的投入。可见,土地依赖意识的减弱与土地价值意识的增强是相辅相成的,二者都是农民土地价值观重构的重要内容。所以,从农民土地价值观的重构来看,以下几个方面值得讨论:

1. **农民土地价值观的理性化问题。**随着农村市场经济体制的建立和完善,特别是农民土地价值意识的转变,追求土地相对效益最大化成为农村土地流转的最大动机。但是,由于我国目前土地流转还处于初级阶段,农村还没有形成完整有序的土地流转市场。在这种情况下,如果进行盲目的土地流转就会给我国土地资源的利用带来不可逆转的后果,会给我国农业生产带来致命的打击。这就是本研究讲的农民“经济理性化异化”陷阱,也就是农民或者一些地方政府为了获得短时期土地效益的最大化,而进行盲目土地流转的现象。这种现象表现在两个方面。一方面就是前几年在各地兴起的"开发热"。在改革开放初期，我国为了发展经济，引进资金，政府相继出台了一系列投资办厂的优惠政策，特别是在沿海地区。在这种背景下，各地大大小小的开发区开始风起云涌，于是，中国式"圈地运动"开始了。各个地区竞相建立起各式各样的开发区。一些地方开始盲目上马一些不切实际的项目，但这些项目由于经济条件和地理环境的制约，根本就没有开发商愿意进行投资。因此，当我们路过一些城市郊区的时候就会发现一些围栏围着一些荒草丛生的农田，一些施工一半的"烂尾楼"和一些新建成的高大的空空如也的厂房比比皆是。这些现象的背后，就是我国耕地资源的急剧减少，农民失地带来的社会保障的缺失和一系列的社会安全问题。另一方面就是农业基础条件差的地区出现的大量抛荒和弃耕现象。大量农业劳动力离开土地，农村留下的只是"九九三八六一"部队。这严重影响我国农业生产和农村的发展。如果任由其发展，将会进一步影响整个社会的稳定。因此，必须引起足够的重视。

2. **农民土地价值观的多样性和共同性问题**。如前文所述，农民对土地价值的认知，从地区上来说东、中、西部存在着显著差异；从整个农村社区来说，不同阶层对土地价值的认知也存在着显著差异。而造成这些差异的主要原因是经济发展水平、不同阶层的阶层构成特征以及土地自身因素的不同。农民土地价值认知的这种差异，显然会带来对土地价值认知的多层次和多元化问题。那么，是不是说土地的各种价值就是背离或者是对立的呢？不同阶层对土地价值认知存在共同性吗？要回答这个问题，首先必须要了解土地价值认知的主体问题。斯特恩把价值认知分为个人价值、集团价值和普遍价值。[①] 所谓个人价值就是依附于评价主体的主观个人特质的价值，集团的价值是指依附于肯定集团的价值（组织、集团、国家）特质的价值，而普遍价值，则是指那些超越了个人和集团为整个人类所认同的价值。[②] 同样

① [英]斯特恩著，细谷贞雄译：《历史哲学与价值问题》，岩波书店 1966 年版，第 217 — 218 页。

② [日]祖田修著，张玉林等译：《农学原论》，中国人民大学出版社 2003 年版，第 42 页。

我们也可将农民对土地价值的认知相应的分为这样三种。目前，在我国农村对土地各种价值的认知上就存在着这种显著的多元性和多层次性差异。其中，一些价值已经得到了普遍认同，而一些价值还仅仅处于个人和集团认同阶段。例如，土地的经济价值已经是普遍价值，而社会价值和生态价值则还处于个人和集团的价值认知阶段。这样就会在农民之间形成多元性的土地价值观。但是这种多元性的价值观并不是完全对立或背离的，它仅仅是土地的各种价值在农村不同发展阶段所表现出来的不同认知形态而已。也就是说这些土地价值之间还存在着共同性。农民会从对各种不同土地价值的认知出发，经过广泛的交流，就可以在组织、地域乃至整个社会的层次上将主要价值认知集中起来，从而形成普遍价值。同时，也只有这样经过不断的对话和讨论，才能形成我们所希望的合理的土地价值观，并将这种价值观上升到普遍价值认知的高度，为最终解决土地问题找到思想基础，达到土地流转双赢的目的。

**土地流转带来的双赢**

个案Z，男，55岁，湖南省岳阳县R村村民，一个普普通通的农民，从来没有当过村干部。但是很早就入了党。

Z对土地的感情是很深的，他说："土地的作用可大了，农民不像有工作的，没有土地农民怎么过日子啊，现在家里的收入来源主要靠农业，虽然很多年轻人在外面打工，但是他们没多少文化，也挣不了很多钱，在外面都是做建筑挣几个辛苦钱，以后老了还怎么做建筑，还不是回来种地过日子。"跟Z谈话可以知道，对于他们那交通不方便的山坳里面来说，土地就是他们的命，如果没有土地，很多农民不知道怎么生存下去，特别是老人，哪里去挣钱。村里的年轻人读书出去的也不是很多，大部分都是小学、初中毕业了就去打工，以后还是要靠这田土过日子。所以他们那里就是山顶上的不好的田都没有荒的，能种的就种着。能收一碗米都行。

Z的土地没有承包出去，倒是自己承包了人家两亩多地，那户人家都在外面打工，没人种地，就把地承包给他了，他用来种玉米喂猪，剩余的就卖掉。在他们那个地方，承包土地都不用写什么合同，都是口头协议，基本上也不会闹什么矛盾，村里人大家祖祖辈辈在那里生存，感情还算比较好的。万一双方产生了矛盾，就喊村干部来调解一下就可以了。毕竟不是什么大问题。Z还认为，承包土地对双方来说都是有好处的，就拿他来说，他承包了邻居家的两亩多地，每年给邻居晒干的玉米一百五十斤。如果不承包给他的话，邻居家的地只能荒在那里，这样对土质不好，一年一百多斤晒干的玉米也没有，Z也不能增加收入。所以在他看来，承包土地对双方都是有好处的。

据此，本研究认为，目前我国农民对土地价值认知的多样性和共同性之间决不是互相矛盾的。

3. **农民传统土地价值观与现代土地价值观的冲突问题**。如前所述，在现代农村中，农民土地价值观愈来愈呈现出多元性。在农民对土地价值进行不断重新审视的过程中，就难免会出现传统土地价值观和现代土地价值观的对立或背离问题。这些问题实际上也是传统思潮和现代意识在农村交锋的一种表现。这主要体现在以下几个方面：第一，在重视经济价值和社会价值的时候，往往忽视了对生态价值的考虑。长期以来，土地就是农民的命根子，土地承担着农民生、老、病、死的全部责任，也就是说社会价值在土地的价值体系中还占据着非常重要的地位。这种对土地的过分依赖，使土地的经济功能长期居于土地其他各功能之首。例如，随着农村人口的增加，农村人口生存压力增大，使得一部分农民开始过度垦荒，造成草原、森林、滩涂等不断减少，生态平衡被打破，环境日益恶化。第二，在重视生态价值的时候又往往难以顾忌土地的经济价值和社会价值。土地作为农民的主要生产和生存资料要完全实现其生态化几乎是不可能的。因为，不管什么时候必然会优先追求经济价值。而在有限的土地资源中实现效益最大化，就目前而言，最好、最快捷的方式就是运用现代科技，如农药、化肥等的运用，而不是过度开发荒地、退林还耕、退草还耕。而这些现代科技在农村的过度使用会不可避免地带来一系列生态问题。但假如无条件地、绝对地以保护生态环境为主要任务，拒绝使用农药、化肥，那么农民就得重新忍受繁重的农业劳动，而且农业生产的效益也会成为问题，这也是不符合实际的。因此，要将农民的传统土地价值观和现代土地价值观的对立消除或者融合，就必须进行正确的引导。

### （二）农村社会阶层的土地流转意愿与行为选择的差异性

农村社会阶层的土地流转意愿与行为选择，因为各自的阶层属性不同而有着显著的差异，这些差异深深地震撼着本研究，因为自愿的、规范的土地流转才是我们所愿意看到的，但理想与现实的差距实在太遥远。因此，本研究认为以下两个问题有进一步讨论的必要：

1. **农村社会阶层的土地流转意愿差异性。**在相当长的时间里，土地不仅是农民的基本生产资料，也是农民重要的生存保障，政府已经清醒地认识到，大量农业劳动力在逐步向非农业转移的过程中，多数就业不可能在短期内稳定下来。在没有其他稳定的就业机会和其他社会保障作为替代之前，失去土地对农民可能是不利的。因此，政府三令五申地强调坚持土地的自愿流转。可现实却是，有相当多的地方违背农民意愿，搞强制性流转，这严重的影响了农村和谐社会的构建。

参与到农村土地流转中的利益集团基本可以划分为两大类：农民集团和乡村干部集团。农民集团人数众多，但力量分散，所以，在与乡村干部集团博弈的过程中，农民集团为了将分散的力量凝结成一股强大的力量需要花费大量的协商、谈判成本。并且，土地经营权流转方式具有的公共产品属性使农民集团成员容易产生机会主义倾向，集团成员可以通过“搭便车”而节约费用，这诱发了集团内部的机会主义行为。因此，农民集团在选择流转方式时往往陷入集体行动的困境之中。乡村干部集团人数较少，但包括乡村权势阶层，他们既要发展、保护农村社区，又有自身的利益诉求。因此，在自身经济利益的驱使下，他们会推动土地流转加速。并且，乡村干部集团人数少，能在达成内部意见的一致方面拥有优势。也就是说，乡村干部集团在土地承包经营权流转方式的选择上具有主导性，并且较之农民集团具有更大的主动性。

在这种情况下,农民个体对土地流转的意愿影响并不大。即使土地对农民很重要,部分农民不愿意进行流转,乡村干部集团也会利用各种途径,甚至胁迫他们就范。所以,土地自愿流转在农村,特别是在经济比较发达地区,就成了一个难题,这从日益增多的土地纠纷、土地上访事件中也可略见一斑。那么,如何进一步规范农村的土地流转呢?这确实是一个值得深入探讨的问题。

2. **农村社会阶层的土地流转行为选择差异性。**虽然市场机制将在农地资源配置中发挥越来越重要的作用,但现实不容乐观,乡村干部对土地的行政性调整在一定程度上抑制了土地流转市场机制的发育。“农户大多在社区范围内寻找交易对象,转让土地承包经营权,而在某一特定的社区范围内,由于生产工艺、操作技能、机械化水平、人力资本等具有相似性,农户的土地边际产出率相差不大,这导致农户的交易对象极为有限;扩大交易半径,尽管能增加交易的对象,但随着交易范围和交易半径的扩大,农户市场知识、交易能力的缺失对土地流转的制约日益显现,使交易的边际搜寻成本呈现边际递增;并且由于土地市场信息的不对称性,土地交易的复杂性,农户在进行交易时付出的代价太大”①,这都是制约流转行为发生的重要外在条件。此外,土地流转合同的履行困难重重。一是履约成本较高。因为相关法律的不完善、中介服务组织也比较缺乏,土地流转合同的履行受到极大的限制。二是毁约的代价比较小。在本研究的调查中,进行土地流转的合同大多采用口头协议的方式,而且长期以来,土地流转合同并不能够得到有效的执行,因为毁约者所承担的代价较小,合同签订者逐渐形成一种毁约预期,而导致土地流转行为极不规范。那么,在土地流转的实际操作中,政府的角色扮演就是一个值得思考的问题了。

---

① 钱忠好:《农村土地承包经营权产权残缺与市场流转困境:理论与政策分析》,《管理世界》2002 年第 7 期。

### (三)土地流转对农村社会阶层结构变迁趋势的影响

沿海经济发达的农村和内地大城市的城郊地区已基本形成了上述包括精英阶层(顶层)、中间阶层(中上层、中层、中下层)、弱势底层的社会阶层结构框架;经济欠发达的农村随着集中土地价值的再发现和土地流转的推进,也将逐渐形成这样的或类似于这样的阶层结构。关于这种已经或正在形成的农村社会阶层结构的发展态势,还可做如下方面的简要讨论:

第一,农村总体性精英阶层将形成。首先是农村权力精英在土地流转过程中利用法律制度的模糊性,合法或非法地获得了更多的资源和机会,积累了丰厚的资本,他们还会利用现有的权力地位,将其在土地流转的改革实践过程中创造的地位和机会进一步制度化和合法化。也就是说,那些拥有权力的干部,在利用自己掌握的权力,一方面将自己重构为一个“攫取财富的阶级”[①],另一方面使自己的权力进一步显性化和制度化。其次是精英联盟。代表农村经济精英的外来公司农业老板和农村自生的农民企业家在入主农村、集中土地的过程中必须不断地与权力精英竞争和博弈,以获得他们的支持和准入。经过反复冲突与磨合后,经济精英为赢得政策支持和经营管理方面的便利,认识到必须与权力精英和谐共处、利益与共;权力精英为获得更多的经济资源和机会以及选举政治的支持,也发现自己不能没有经济精英的合作。这样,乡村权力精英与经济精英建立了亲密的关系,达成了稳定的联盟。权力精英与经济精英联盟关系一经达成,将会设法维持这个总体性精英集团的规模与边界,排斥其他社会群体的介入,以控制更多的资源与机会。

第二,农村阶层结构将出现定型化。土地流转引起农村职业结构的分化,社会流动的加速和阶层结构的变化。但土地流转集中到一定程度,就会开始定型化为比较稳定的社会分层结构[②]。一是阶层之间的边界开始形成。

---

① 孙立平:《转型与断裂——改革以来中国社会结构的变化》,清华大学出版社 2004 年版,第 286 页。

② 孙立平:《失衡——断裂社会的运行逻辑》,社会科学文献出版社 2004 年版,第 81 – 85 页。

农村社会阶层之间的边界往往是通过多种方式建构起来的。首先是不同阶层居住区域的分离，处于顶层的乡村干部和公司老板大多拥有豪华的别墅，中间阶层往往聚居小区，弱势底层则孤零地分散在凋蔽的边缘村落。其次是农村社会阶层开始有不同的衣着、出行方式和休闲娱乐场所，有不同的话语空间和社交圈子，也即开始形成不同的生活方式和文化，这是一种无形的阶层边界，也是阶层结构再生产的机制。二是农村阶层内部认同的形成。阶层之间差异的拉大和内部同质性的加强，必然强化阶层内部的认同感，从阶层边界中萌发“我们”与“他们”的概念意识。三是农村阶层流动开始减少。弱势底层由于自身具有的资源和可以利用的网络极为短缺，已几乎不再可能通过政治忠诚和民主选举进入乡村权力集团，也不可能经由扩大生产和积累资本跻身为经济精英，即使外出打工或在本地当农业工人也受到诸多主客观因素的限制。中间阶层也因为总体性精英对资源的垄断性占有和他们在周围构筑起来的潜在屏蔽制度而难以实现根本性的阶层跨越。阶层流动越来越限于阶层内部。比如，精英内部的权力精英与经济精英之间的相互转换，当然模糊的，作为整体的中间阶层内部仍可实现有限的层间流动。

### （四）土地流转中的社会阶层利益博弈问题

马克思曾经说过，人们奋斗所争取的一切，都同人们的利益有关。从某种程度来说，农民也是最容易获得满足的群体。当农民生活获得必要的保障后，农民不是要求绝对的平等，他们承认差别。从这个角度上说，农民是理性的。社区集体的概念并没有从农村社会中消失，他们关注集体资产，这与他们切身利益有着密切的关系。[①] 特别是在社会巨变的情景之下，农民对土地的权利只要是不可剥夺，在农民手中安全牢靠地掌握，得到法律保护，而这种权利可以进入市场，在市场供求关系中实现其价值，受供求关系调节，在这种条件下，把这种权利叫做什么是无关紧要的。但农民有这种权利

---

① 景天魁：《社会公正理论与政策》，社会科学文献出版社2004年版，第110页。

和没有这种权利就是不一样，而我们的改革就是要使农民有这种权利。[①] 但在现实的农村土地流转中，我们觉得，农民的这种权利好比水上浮萍，普通农业劳动者阶层中的土地利益并没有什么根本保障，实际上，他们对土地利益的争夺从一开始就处在一种不平等的博弈之中。关于这一问题，本研究认为有如下两个方面值得进一步探讨。

1. **农村弱势群体的利益保护问题。**张静认为，因土地流转而产生的矛盾，其本质根源都是对土地利益占有的不均衡。这些纠纷的焦点在于使用土地产生的价值应如何分配，显然，不同的人认同的分配规则不同。不同阶层的利益博弈，实际上在于确定这类财富分配的规则。第一，土地财富按什么规则分配；第二，由谁来决定、实施这种分配；第三，土地分配规则的合法性来源，即它以什么途径获得社会承认，并能够作为实践中的根本依据，且进一步指出在农村，土地使用方可以制定多种规则，其中至少包括了国家政策、村干部决策、集体意愿和当事人约定四种。由于不存在限定的公共认同原则作为标准，人们根据实际利益和力量对比对规则作出取舍，他们的行为方式是根据当前利益对规则进行权衡，而不是根据规则衡量利益是否得当，最后结果取决于力量对比，权力结成势力或多数力量可以增加对选择的影响力。[②] 事实上，土地流转如果是在合法、自愿、平等基础上的流转，农村社会阶层之间是一种"双赢"的结局。但理论与现实的差距，使我们不得不面对这样一个现实：农村强势阶层对弱势阶层利益的侵蚀。乡村管理者阶层作为国家利益的代言人，在某种程度上得到了法规支援或具有法规资源，而私营企业主阶层是凭借经济实力。这两个阶层在农村，有着共同的利益需求，在实际的土地流转过程中，常常侵蚀着农业劳动者的利益，危及到农村社会的稳定。正如有的学者指出的那样，当前影响中国社会稳定 、改革、发展的最重要的阶层关系是：管理人员阶层和各被管理阶层之间的关系、城镇各阶层与农村社会阶层之间的关系、脑力劳动者阶层与半体力劳动者阶层、

---

① 秦晖：《农民中国：历史反思与现实选择》，河南人民出版社 2003 年版，第 7 页。

② 张静：《土地使用规则的不确定：一个解释框架》，《中国社会科学》2003 年第 1 期。

体力劳动者阶层之间的关系、雇主阶层与雇员阶层之间的关系以及富有阶层、贫因阶层之间的关系。[①] 在农村，弱势群体对自身利益的表达主要是通过上访来解决。据本研究的调查，在农民对自身利益表达方式的选择中，法律是昂贵的，也是陌生的，甚至是不公正的。20 世纪 90 年代以来，农民上访已经成为表达不满的一个主要手段。但现实是，在某些地方，失去了土地的农民已陷入衣食无着的困境。那么，在进一步推动农村土地流转的时候，我们到底该怎样保护弱势群体的利益，以维护农村社会的稳定，共同构筑和谐、稳定、文明的社会主义新农村，确实是一个值得深入探讨的问题。

2. **农村社会阶层之间“博弈”的不平等性问题**。农村社会阶层在土地流转中的利益“博弈”，是一种事实上的不平等“博弈”。这种不平等性同时也是农村阶层冲突产生的主要根源。从社会学的角度来看，这种不平等主要是由以下几个原因造成的：一是对稀有资源占有的不平等。稀有资源是一种能够为所有者带来特殊利益的资源，如权力、财富等。农村中占有这些资源的阶层往往处于强势地位，他们经常利用这些资源来剥夺弱势阶层的利益。二是对信息占有的不均衡。在现代社会中，信息对每一个人来说都有着举足轻重的作用。在农村土地流转的过程中，信息往往被强势阶层所垄断。比如强势阶层为了自己的利益往往不传达相关的国家政策、或者歪曲下达，不告知民众相关的市场信息等，致使农民土地流转的知情权经常被剥夺，有的地方甚至搞强制流转。这种建立在不平等基础上的博弈，往往造成普通农民利益被侵蚀，是造成阶层冲突的主要导火线，给农村稳定带来隐患。

**（五）土地流转中的土地产权残缺问题**

土地产权问题一直以来就是学界争论的焦点问题之一。但是从本研究对土地产权研究的综述来看，大多集中在对土地产权的归属问题研究上。而且这些问题到目前也已经在学界形成了一定的共识。因此，本研究并不

---

① 陆学艺:《当代中国社会阶层研究报告》，社会科学文献出版社 2002 年版，第 380 页。

想就这一问题进行深入讨论。本研究所关心的是，在土地流转过程中的“社会嵌入”中的产权残缺问题。土地流转是一个利益重组的过程，那么，作为理性的经济人，农村社会阶层在土地流转中，都会追求利益的最大化，但由于受各种主客观因素的影响，要使土地流转真正达到效率的最优化，并不是一件容易的事情。从上文的分析可以清楚地看到这一点。因此，从缓和农村社会阶层之间的冲突出发，解决农村土地流转中的产权残缺问题是一个值得深入探讨的问题。

1. **农村土地产权残缺的表现**。土地产权是在特定历史条件下以债权形式出现的，具有一定自物权属性且呈现具有普遍意义的物权化变化趋势的特殊的土地权利。[①] 现行农村土地承包经营权在明晰性、排他性、安全性、可转让性、权能责任利益对称性、可实行性等方面都存在一定的缺陷。钱忠好认为，我国现行家庭联产承包责任制下的土地产权具有以下特征：第一，土地所有权属于村农民集体所有，集体依法组织土地发包或对土地进行再调整；第二，特定社区范围内的农民在保证国家和集体利益的前提下，通过承包合同等形式按人口比例平均分配土地以获取承包地，依法对集体所有的土地拥有承包经营权，但这种承包经营权受到极为严格的限制；第三，国家对土地承包经营权进行严格的规定和控制。[②] 产权经济学的基本理论指出，市场经济条件下的产权，首先必须明确，避免产生不确定性；其次必须具有排他性和专一性；再次，产权必须要有一定的流动性。[③] 另外，产权还应该具有安全性、权责对应性和可行性等基本特征。我国目前农村的土地产权正是由于在这些产权的基本要求上还存在着一定的缺陷，而导致农村土地产权残缺。其具体表现为：

---

① 钱忠好：《中国农村土地承包经营权的产权残缺与重建研究》，《江苏社会科学》2004 年第 2 期。

② 钱忠好：《农村土地承包经营权产权残缺与土地市场流转困境：理论与政策分析》，《管理世界》2002 年第 2 期。

③ 钱忠好：《农村土地承包经营权产权残缺与土地市场流转困境：理论与政策分析》，《管理世界》2002 年第 2 期。

其一，土地承包经营权不具明确性。我国农村实行家庭联产承包责任制，其中对产权规定的表述是：土地属于集体所有，以家庭为基本单位进行承包生产经营，家庭通过与农村集体经济组织签订土地承包合同获得土地的承包经营权。生产所得扣除集体统筹后为农民获得的农业收入。表面上看，农民集体享有土地的所有权，承包家庭享有土地的承包经营权，但农民必须与村集体签订承包合同，经由双方约定才能获得土地承包经营权，也就是说农民的土地承包经营权是可变的，具有不稳定性和不确定性。此外，由于现行土地集体所有制已在事实上演变为复合产权结构，土地所有权已为国家和农户所瓜分。中央和地方政府及其下属机构往往凭借其拥有的部分所有权，为实现保障食物安全等政策目标，过多的干预农业结构调整并实施近乎强制性的种植计划安排，而土地承包经营权人在与政府的博弈中又往往处于弱势地位，这又会形成对农民土地承包经营权的蚕食和侵蚀。①

其二，土地承包经营权不具有排他性。任何村集体成员与生俱来地对其所在集体所有的土地享有平等的权利是土地村集体所有制的重要内涵。但是，村集体成员并不是静态的，而是动态的，变化着的。这就使得土地承包经营权也要随之进行调整，这种调整是不确定的周期性的，有的调整周期是1年，有的是2年，或者甚至更长。而且，我国实行家庭联产承包责任制是一定历史时期的必然选择，所以，农民承包经营集体土地也是这个时期下的必然的制度选择，是其维持生存和获得发展的基本保障，土地承担着农户的社会福利保障功能。由于受到集体内的每一个成员应该平等地享有集体所有土地的观念的影响，土地的承包经营权随着集体人口的变动进行周期性的调整就转化成了一种制度安排。据杨学城等的调查，自农村实行土地承包制以来，89.6%的村对土地进行过次数不一、程度不同的调整，调整次数平均为3.9次，大调整的次数平均为1.9次，调整次数最多的高达23次，为一年一调。土地承包经营权以社区成员权为基础，这一特殊的土地制度安

---

① 张锐：《我国农村土地产权残缺与农地制度创新》，《宁夏社会科学》1996年第3期。

排表明，尽管将来随着农村社会经济的发展，农民对土地的依赖性可能会有所减弱，但这并不必然导致社区的合法成员会自动地放弃其拥有的那一份土地权利。[①] 由于土地的这种不定期的周期性调整，因此，农民的承包经营权也具有不确定性和非排他性。作为土地承包经营权的所有者，农民无法对自己所承包的土地进行长远规划，这就必然抑制他们进行土地投资的热情和动力。

其三，土地承包经营权缺乏安全性。农村土地的所有权归农民集体，作为社区成员的农民拥有其承包地的经营权，这是我国现行土地制度安排的一个重要内容。这种制度安排使农村土地同时具备了私人物品属性和公共物品属性。土地的私人物品属性表现为：土地的承包经营权具有一定所有权的属性。这有利于激发农户进行土地投资的热情。土地的公共物品属性表现为：土地的产权安排具有非排他性。土地产权安排的这种非排他性直接影响到了农民土地承包经营权的安全性。钱忠好指出，由于土地经营承包权一开始是以债权的形式出现的，农民家庭只是土地经营的承包者，其经济主体的地位并未得到充分保障，农民要保有土地承包经营权，就必须以交够国家、留足集体为条件和义务，因而人们也就常常以债权的性质来认识和理解土地承包经营权。[②] 这样，农民很难确立主体意识，无法形成对土地产权的预期和信心；对乡村干部而言，土地承包经营权的收放可以成为其实现自身权益的手段。他们以此要挟农民，收取并不合乎国家政策和法律提留，进行土地调整，谋求自身的权益最大化。土地集体所有制因此异化为了乡官、村官所有制。

其四，土地承包经营权缺乏可转让性。首先，这与土地承担着农户的社会福利保障功能有关。我国有 80% 的人口生活在农村，但这 80% 的人口却

---

① 钱忠好：《中国农村土地承包经营权的产权残缺与重建研究》，《江苏社会科学》2004 年第 2 期。

② 钱忠好：《中国农村土地承包经营权的产权残缺与重建研究》，《江苏社会科学》2004 年第 2 期。

长期游离于社会保障体系之外。在很长一段时间内，社会保障并没有覆盖我国广大的农村地区，在各方的共同努力下，社会保障已逐步在农村建立，但目前来说，农村的社会保障还存在覆盖范围小、保障水平低、保障项目不全、社会化程度低、保障标准欠科学等问题，这致使土地无法卸下农民沉重的社会保障功能。也就是说，农民对土地依赖性依然很强，那么农民必然不会轻易转让出土地的承包经营权。其次，与现行政策法规不当限制土地承包经营权的转让有关。政府为了维护公共利益，必然对土地经营权的转让进行引导和限制，但是这种限制应该科学和适度。而现行政策法规却存在着对土地经营权转让的限制过度的问题，如"任何单位和个人不得侵占、买卖或者以其他形式非法转让土地"，"允许农户将无力耕种的土地在经集体同意并不能擅自改变承包合同的前提下自找对象、协商承包"等相关政策法规的规定显然超出了一定的度，非但不能正确引导土地经营权的转让，而且会降低土地资源配置的效率，甚至产生更为严重的后果：混淆一部分农民对土地转让权的认知，使之产生错误的认知。王景新等人的研究表明：15%的农民不知道或者不相信他们拥有土地使用权的转让权；40.2%的农民不相信或不知道他们的子女有土地经营的继承权。农民土地认知感的模糊性必然会提升土地产权转让市场的成本。[①]

2. **土地产权残缺对农村土地流转的影响。**产权残缺这一概念起源于社会嵌入理论的提出。1944年，波兰伊出版了一本让当时经济学家和社会家都为之侧目的书——《大转变》。在这本书里，他一反以前经济学家们公认的社会关系"嵌入"经济关系的传统，提出经济关系"嵌入"社会关系之中这一新命题。在这一理论的指引下，社会资本等新型的经济现象研究成为研究的热点和焦点。产权残缺理论认为，即使在市场经济发达的条件下，经济行动的嵌入是多方面的，只不过在经济逻辑的强势下，人们对此往往会"集

---

① 钱忠好：《中国农村土地承包经营权的产权残缺与重构研究》，《江苏社会科学》2004年第2期。

体失忆”，或者当作无关紧要的方面，为了方法的简单性而把这些条件省略掉。[①] 但是，有时候恰恰是这些看似“无关紧要”的社会条件，改变了人们的经济运行轨迹。在农村土地产权的划分中，内部的划分并不是完全按照国家的有关规定和法律依据而进行，在实际的操作中往往会受到种种社会关系的制约。这一理论应用到农村社会阶层土地流转中，首先，就表现为在土地流转过程中的各个阶层土地流转的意愿和行为选择上，在本研究的调查中，有30%以上的农户土地转出的对象选择了亲戚或者朋友。农民普遍有着肥水不流外人田的观念。这种观念不利于土地流转的有序进行。其次，农村中的这种产权残缺，一方面为解决土地流转中的冲突提供了可以利用的资源，因为这种残缺或者弹性提供的机制，意味着只要村民认同或者接受，就是合情合理的，至于是不是符合国家法律、法规并不重要。但是另一方面，它为对土地流转中的产权侵犯留下了巨大的空间。在土地流转的纠纷中，本研究经常发现，通常是强势一方利用产权残缺的特点侵犯弱势一方的利益，如所有权、使用权、处置权或者收益权等。再次，人力资本不足是制约农村社会阶层土地流转的一个关键因素。经济学家很早就开始运用人力资本问题来研究农村土地的产权残缺问题。马克思在《资本论》中认为土地价值是与劳动联系在一起的。土地价值只有和人力资本结合才能显示出其应有的价值。在目前我国农村，还普遍存在人力资本不足的现象，比如各个阶层的文化水平不高，农业的科技含量不够等等。由于人力资本的制约，农村多数阶层的人没有足够的能力从事规模化生产。另外，由于人力资本的不足，就算那些脱离土地转而从事非农职业的人大多数也只能从事一些收入水平一般或者较低的工作。这样也就使这一部分人还不敢完全放弃土地的经营权，存在“失地恐慌”。因此，如何妥善解决土地产权残缺问题，值得政府高度重视。

---

① 李培林：《村落的终结——羊城村的故事》，商务印书馆2004年版，第71页。

# 第十章 政策建议

前面的研究表明，土地流转的制度缺失是农村阶层冲突的重要原因。只有解决好土地流转的制度缺失问题，才能从根本上处理好农村社会阶层之间的利益关系，从而平衡土地流转中的阶层冲突。实现土地流转的制度创新，是科学引导土地流转的关键环节和制度条件。只有实现土地流转的制度创新，才能促进土地流转公平、有序、高效地进行。这也正是本研究的价值目标指向。

## 一、区分阶层特点，因势利导、扬长避短，科学引导农村土地流转

本研究的结果表明，正在中国农村发生的土地流转与农村社会阶层的阶层构成特征密切相关。农村社会阶层在收入来源、职业结构等阶层构成方面各不相同，他们对土地的依赖程度、对土地的价值认知、土地流转的意愿和行为选择等方面因此差异显著。这些阶层构成因素共同作用，决定着农民进行土地流转的行为逻辑。因此，农村土地流转政策的制定，一定要在洞察农村社会阶层的阶层构成特征基础上，把握实际情况，因势利导、扬长

避短地进行。据此,本研究提出以下两个方面的政策建议:

### (一)区分农村社会阶层的土地依赖程度差异,实现土地流转的有序化

根据前文分析,从总体上看,目前我国农民对土地仍然有着深深的依赖,土地仍然是绝大多数农民的衣食之源,生存之本。数据显示,在所有的被调查样本中,62.1%的农户对土地有着强烈的依赖感(比较强和非常强视为强烈)。但是,本研究的分析亦显示,由于农村经济发展的程度不同,农民对土地的依赖不仅呈现出地域性差异,而且在农村社会阶层之间,这种对土地依赖程度的差异也非常显著。如对土地依赖程度非常强烈的阶层是一般农户,其比例为64.1%,而对土地依赖程度非常弱的阶层是企业管理者,其比例仅为17.5%,二者之间竟然相差46.6个百分点。由此可见,农村社会阶层对土地的依赖开始出现了比较明显的分化。这种分化,本研究认为主要是由农村社会阶层收入来源的不同造成的。因为,在传统的农业社会中,土地的经济价值是农民对土地的主要依赖价值。如果农民收入来源不再依靠土地,那么他们对土地的依赖程度就必然会慢慢降低。同时,从土地流转政策制定的角度来看,本研究认为,在目前我国农村经济尚不发达,国家还没有能力为所有农民提供完全的社会保障服务的时候,对农村的土地流转一定要根据农村社会阶层对土地的依赖程度的不同而有序、合理地进行,决不能盲目地进行土地流转,刮"土地流转风"。如果这样,只会造成一部分农民"既失地又失业"的严重后果,影响农村的稳定和农业的可持续发展。从农村社会阶层对土地的依赖程度差异来看,本研究认为,在目前农村土地流转政策的制定中以下几点建议是应该引起重视的:

**1. 科学引导土地依赖程度较弱阶层的土地流转,提高土地流转的有效性。**从前文的调查统计来看,目前,企业管理者阶层、私营企业主阶层、农村技术人员阶层和个体工商户阶层这四个阶层对土地的依赖程度比较弱,它们对土地的依赖程度最高的是28.6%,最低的只有17.5%。这几个阶层的职业特点是,他们中的绝大多数基本上已经不从事纯农业生产,而成为了农村中名符其实的"脱产农民",土地外的收入占其总体收入的比重比较大,因

而他们对土地的依赖程度较弱。但是，正处在传统与现代交替之际的中国农民，其行为逻辑实际上是理智与情感的矛盾体。他们既有追求土地经济效益最大化的理性，又有着对土地深深眷恋的情感。处在这种矛盾中的他们必然不愿意完全放弃土地经营权，甚至于自己不耕种也不愿将土地转出。这种行为逻辑会带来两个严重后果：一是大大降低了农村土地流转的速度，二是大大降低了土地的经营效益。在这种心态影响下，这四个阶层的人并不重视土地的产出，对土地的投入随之会减少，对土地经营的随意性增加，土地经济效益无从谈起。正因为此，"想种的人没地种，不想种地的人有地荒芜"之类的不正常现象在我国农村地区大量存在。所以，本研究认为，政府应该加强对这几个阶层的引导，帮助他们从矛盾的心态中解脱出来，从土地中彻底地解放出来。所以，政府应该做好如下两个方面的工作：一是帮助对土地依赖程度较弱的阶层树立现代的土地价值观念，正确认知土地的现代价值以及对于自身的价值；二是大力完善农村社会保障体系，扩大覆盖面、提高保障水平，充分发挥社会保障体系的生活保障功能，解除人们离开土地的后顾之忧。

**2. 切实加强土地依赖程度较高阶层的利益保护，实现土地流转的有序性。**此次的实证调查显示，目前，在我国农村，还有一些阶层对土地依赖程度比较高，经营土地是他们主要的谋生手段。此类阶层主要包括一般农户阶层、无业人员阶层、乡村管理者阶层和从事渔、牧、林业的种植大户阶层，据统计结果显示，一般农户阶层中64.1%的人对土地"非常强烈"的依赖，其他三个阶层分别有56.9%、47.1%和43.1%的人对土地"非常强烈"的依赖。可见，土地对这几个阶层的生存意义非常重大，依然是他们的生存之本，衣食之源。土地收入占他们总收入的比重非常大，甚至是很多家庭的唯一收入来源。所以，在我国农村社会保障体制极不完善，还不能发挥出应有的作用的情况下，一定要慎重对待这些阶层的土地流转。如果不考虑他们的实际情况，进行强制性的土地流转，只会使这些阶层陷入"失地又失业"的生存困境，生活难以为继。正在中国广大农村发生着的土地流转应该是一个长期的过程，不可能一蹴而就，也应该是一个有序的过程，不应该危机人们的生存、影响社会的稳定。所以，最首要的就是要保护好这部分阶层的土地权益，保障好他们的基本生存。这就要求：一是要建立健全土地流转利益的保护机制，特别是建立起以土地为生存根本阶层的利益保护机制，防止他们的利益在土地流转中被侵夺；二是要对这部分阶层土地流转的对象以及范围进行特别规定，避免大规模的土地兼并现象的发生，避免大批农户由于丧失经营主体地位而沦为雇农现象的发生。[①]

### （二）区分农村社会阶层的土地流转意愿与行为选择差异，实现土地流转的规范化

从第五章对目前我国农村社会阶层的土地流转意愿分析中发现，从总体上来说，我国农户的土地流转意愿不强，在被调查者中，只有37.9%的农户愿意进行土地流转，不愿意进行土地流转的农户高达62.1%，超过了六成。而且，农户的土地流转意愿还呈现出阶层差异性，阶层的总体流转意愿一致性比较强。比如，农村技术人员阶层和乡村管理者阶层的土地流转意愿总体来说最强烈，其次是私营企业主阶层和企业管理者阶层。本研究进一步研究发现，农村社会阶层土地流转意愿的显著差异，与各阶层的阶层构成特征关系不大，主要是因为现阶段土地流转行为的不规范。土地是农村各种利益关系的集合体，土地流转实质上是农村社会阶层的利益再分配，是农村利益关系的再定位。因此，从政策的层面来看，应该区分不同阶层的土地流转意愿，进一步规范农村土地流转行为，才能提高农户土地流转意愿，加速农村土地流转。

**1. 充分尊重不同社会阶层的土地流转意愿，实现土地流转的自愿性。**在农村土地流转的过程中，已经出现了一些不规范的土地流转行为。例如，有的以行政命令强迫农民流转土地，大面积转出给企业经营，影响农民的正常生产和生活；有的借土地流转之名，随意改变土地的用途；有些地方甚至

---

① 陈锡文、韩俊：《如何推进农民土地使用权合理流转》，《中国经济时报》2002年第4期。

出现乡村组织和村级管理者联合起来打土地和农民的主意，侵犯一般农户的正当利益。[①] 可以说，这些不规范的土地流转行为有着随意性、强制性和行政性的特点，这些行为已经严重侵犯了一般农户合法的土地流转权益，沉重地打击了一般农户土地流转的积极性。针对这些现象，农业问题专家何开荫说："国家支持土地使用权依法流转，但决不能违背农民的意愿。"农业部农业研究中心蒋中一也曾严厉地指出："土地是农民最大利益所在，也是农村最大的稳定因素，搞土地流转，各级干部万万不能强迫命令，以牺牲农民为代价！""处理农民和农村问题，必须有一个基本的立足点，就是农民和农村的利益一定要放在首位。"[②]因此，在土地流转的实施过程中，只有充分尊重农村不同阶层的土地流转意愿，保证土地流转在自愿的前提下进行，才能有效保护农村各个阶层的土地流转权益，从而使土地流转有序地进行。

**2. 合理选择适合不同阶层特点的土地流转形式，实现土地流转的多样性。**转让、转包、互换、出租、委托代耕、反租倒包、托管经营和股份合作制等都是在我国土地流转中出现的土地流转形式。一般的，人们习惯按土地流转参与阶层将这些土地流转形式分为两大类：第一类土地流转参与的阶层是一般农户阶层，他们之间是自愿流转，包括转让、转包、委托代耕、互换等形式；第二类土地流转参与的阶层除了一般农户阶层之外还加入了乡村组织，包括反租倒包、托管经营和股份合作制等形式。农村社会阶层所采取何种土地流转形式方面不具有共同性，而是各不相同。

适合农村不同阶层特点的土地流转形式主要有：(1)对于一般劳动者阶层之间采取的土地自愿流转形式要予以鼓励，尊重并鼓励农民自发的形式创新。(2)对于村级管理者阶层参与土地流转的行为要进行规范。一般而言，村级管理者阶层的行为是行政行为，往往带有浓厚的政治色彩，行政行为参与到土地流转中容易导致对农民意愿的违背和合法权益的侵犯。因此，对村级管理者阶层出面进行的土地流转，我们一定要持相当谨慎的态

① 张成君、王万江：《现阶段农村土地流转的现状分析》，《社会主义研究》2002 年第 4 期。

② 张成君、王万江：《现阶段农村土地流转的现状分析》，《社会主义研究》2002 年第 4 期。

度。(3)对于其他阶层采取何种土地流转形式要进行积极引导,引导他们结合各自阶层的特点,采取合适的、高效的土地流转形式。因此,其他各个阶层所采取的土地流转形式应该是各不相同的。例如,农业大户的需求量比较大,采取股份合作制的土地流转形式可以迅速地获得大量土地,因而股份合作制比较适合这一阶层;一般农业生产者的土地需求量相对较少,转让、转包、委托代耕、互换、出租等土地流转形式成本不高且能满足一般农业生产者的需求,因而一般农业生产者适宜采用这些土地流转形式。要实现土地流转的多样性,政府就必须进行土地流转制度创新,实现土地流转的规范化和法制化。

3. **充分考虑不同阶层参与土地流转的目的,实现土地流转的高效性。**随着土地流转的高速化和扩大化,农村中越来越多的阶层被卷入到了土地流转中,比如,有普通农业生产者阶层、有村级管理者阶层、有农村技术人员阶层,还有私营企业主阶层。显然,参与到农村土地流转中的阶层越多,就越有利于加快农村土地流转速度,就越有利于开创农村土地流转的新局面。因为不同阶层参与土地流转的目的各不相同,因此,要实现土地流转的高效性,就必须充分利用不同阶层的土地、技术、管理、信息和资金优势,充分调动不同阶层进行土地流转的积极性。这就要求:一是要大力支持普通农业劳动者阶层之间的土地流转,实现农村土地的适当集中,减少土地的闲置、抛荒现象,从而充分利用土地资源。二是要鼓励不同阶层因地制宜、扬长避短地进行土地流转,促进农村"公司+农户"的农业产业化经营模式的逐渐形成。

4. **严格规范村级管理者阶层在土地流转中的角色扮演,实现土地流转的公正性。**村级组织在农村土地流转过程中既发挥了极其重要的作用,又带来了一些问题。这主要因为村级组织在土地流转中发生了角色错位。村级组织在土地流转中应该是做好服务工作,维护好农民的权益,但实际情况是,他们以"准行政组织"自居,甚至以地方政府的"代言人"自居,利用手中的职权,制定一些地方的土地流转方法和规定,与农民争夺土地流转权益,最大限度地为本集体谋利益，侵犯了农民的利益，影响了农村土地流转的公正公平。并且，在与本社区外组织进行流转时又同时扮演"运动员"和"裁判员"的双重角色，增加了土地流转的复杂性。因此，本研究认为，转换村级管理者阶层的角色、转变村级管理者阶层的职能是实现农村土地流转规范化的重要任务。

一是要转换村级管理者阶层的职能。在农村土地流转中，村级管理者阶层的职能应该由行使代替和经营土地职能向行使中介和管理职能转换。村级管理者有责任和义务为各阶层的土地流转提供必要的技术、信息、法律咨询等中介服务；要负责土地需求信息的发布、土地项目的推广、土地流转合同的谈判和处理与协调好各种利益关系主体；要积极维护农民土地权利，认真落实国家政策，从本地基本情况出发，制定适合本地区的具体流转措施与方案，加强对土地流转的管理。[①] 二是要加大对村级管理者阶层的监督力度。监督的不完善或缺失是村级管理者阶层滥用权力为本集体或个人谋利益的重要原因之一。在农村舆论和行政监督都缺位的情况下，权力缺少监督而容易滋生腐败。前文的研究显示，在土地流转过程中，一般农业劳动者与村级管理者阶层之间的冲突是主要的冲突。这两个阶层发生冲突时，一般劳动者阶层因为村级管理者阶层的权力而处于一种愤怒和无奈的境地。三是要加快农村法制建设进程，规范村级管理者阶层行为。目前，我国农村的法制水平还很低下，首先是农村法制体系不健全，无法可依的现象还存在，其次是农民文化水平较低，法制观念淡薄，有法不依。村级管理者阶层因此不按政策法规办事，农民也不懂得利用法律手段来维护自己的正当权益。农村土地流转涉及农村社会阶层利益的重新分配，理应公正、合理、有序地进行。但是，一些农村的部分村级管理者利用自己的身份优势和手中权力，无视群众的意愿和利益，为谋取个人或集团的利益进行暗箱操作，破坏社会公平正义、扰乱社会秩序。这严重的影响了一般劳动者土地流转的

① 张成君、王万江：《现阶段农村土地流转的现状分析》，《社会主义研究》2002 年第 4 期。

积极性，也为农村社会的安定团结埋下巨大的隐患。由此可见，加快农村法制建设进程，是规范村级管理者阶层行为的有效途径，是维护农村土地流转公正性的重要手段。

## 二、优化流转过程，扩大农村就业机会，促进农村阶层结构合理化

社会结构的转型，导致了农村社会阶层的快速分化。这种快速分化的阶层结构有力地推动了农村的土地流转，而土地流转又加快了农村阶层分化，可以说，当前中国农村的土地流转是中国农村社会大规模变革的前奏。而大规模的社会变迁总会涉及到两个相关的过程，一个是体制的变革，也就是一套社会生活规则的改变。二是社会力量构成的变化。[①] 因此，应建构一套适应土地流转的社会生活规则以促进和优化土地流转。在此过程中，农村社会阶层力量对比势必发生变化，社会阶层加速分化，农村社会阶层结构加速向合理的现代化社会阶层结构体系转型。那么，这种社会生活规则应该如何去建构呢？本研究认为，应在把握我国当前的土地流转现状的基础上，从如下三个方面着手：

### （一）因地制宜，优化土地流转的制度环境

由于不同阶层的构成特点不同，并且各地的经济发展水平各异，发达地区的土地流转，无论是规模和速度都大大地超过了中等发达地区和不发达地区。虽然，在发达地区农民惜土如金，但各阶层对待土地的态度还是各不相同的。乡村管理者阶层总是以服从国家建设的需要为由，动员农业劳动者阶层流转土地，并承诺流转出去的土地被建成厂房后，企业会优先解决当地村民的就业问题。但事实却是，当企业、公司进驻后，发现当地的劳动力素质并不能满足公司、企业发展的需要时，都拒绝接受本地的劳动力，致使

① 徐勇：《三农中国》，湖北人民出版社 2003 年版，第 28 页。

村民在失地后又失业，陷入非常尴尬的境地，由此也就造成了当地农业生产者阶层与乡村管理者阶层及私营企业主阶层的对立，严重地影响了企业、公司的发展，并导致当地农业生产者阶层生存伦理的变化。而中等发达地区和不发达地区，则由于经济发展水平的限制，虽然土地流转形式呈进一步扩大的趋势，但各阶层土地流转方式的多样化，致使集约用地并不能成为流转后的主流用地方式。有些地区的农业生产者阶层从其他阶层转入土地后，并没有进行精耕细作，而是采用粗放式的土地经营模式，致使土地流转后，并不能提高土地的产出效益，这在不发达地区尤显突出。由此可见，土地流转方式、效果、速度等各方面都与地区特点和阶层特点密切相关。因此，区分不同的地区，区分不同的阶层，根据不同的地区特点和不同的阶层特点对土地流转进行积极的引导。发达地区应从集约用地出发，规范土地流转过程，不要盲目求快，应保持流转速度、规模的适度化，切不可搞“大跃进”式的超出各阶层心理承受能力的土地流转。对于中等发达地区和不发达地区，当地政府应规范农村社会阶层之间的以口头协议进行的流转方式，积极引导他们进行书面的，以合同形式进行的土地流转，消除不稳定因素。

同时，优化土地流转，各地必须要精简农村强势阶层，将强势阶层所拥有的公共资源平等赋予每一个土地流转参与主体，形成一个公平、合理的土地流转环境。具体来说，就是：

1. **真正实现公共资源公众享有。**公共资源从其本质上来说是公众共享的资源，它能带来利益，但这种利益应该是为公众平等地享有，而不应该为某一个或几个集团独享或过多地享有。但是目前在我国农村，公共资源并没有实现公众化，而是被农村社会的强势阶层所独占。受农村舆论和行政监督的缺失或不完善、一般劳动者文化水平与信息获得能力的低下等因素的制约，农村社会的公共资源往往被农村强势阶层所独享，强势阶层利用手中的职权剥夺其他弱势阶层享有公共资源的权力和机会，为本集团或个人谋取更多私利，滋生腐败。这也容易引发阶层间的矛盾和冲突。本研究显示，土地流转过程中农村阶层冲突主要存在于强势阶层与弱势阶层之间，而且在大多数时候，弱势阶层愤怒却又无奈。真正实现公共资源公众享有应从加强权力监督与提升弱势阶层素质抓起。

2. **加快土地流转的法制化进程。**最首要的是，要加快农村法制建设的进程，在农村地区普及法律知识，增强农村社会阶层的法制观念，使之知法、懂法、守法、依法，以规范土地流转秩序。农民文化水平较低，法制观念淡薄，有法不依。村级管理者阶层因此不按政策法规办事，农民也不懂得利用法律手段来维护自己的正当权益。农村土地流转涉及农村社会阶层利益的重新分配，理应公正、合理、有序地进行。但是，一些农村的部分村级管理者利用自己的身份优势和手中权力，无视群众的意愿和利益，为谋取个人或集团的利益进行暗箱操作，破坏社会公平正义、扰乱社会秩序。这严重影响了一般劳动者土地流转的积极性，也为农村社会的安定团结埋下巨大的隐患。由此可见，加快农村法制建设进程，是规范村级管理者阶层行为的有效途径，是维护农村土地流转公正性的重要手段。

3. **加速实现土地流转的制度化。**其中，农村社会保障制度的建立和完善是最为关键的一环，只有这样才能很好地解决农民土地流转的后顾之忧。农村社会保障制度的建立和完善，对农村弱势群体来说具有重要的意义。农村社会保障体系主要包括社会救济、养老保险、优抚安置、社会互助和合作医疗等五个方面的内容。社会保障体系是对农民基本生活和生存需求的基本保证，可以为农民解除土地流转后的生存顾虑，从而优化土地流转过程。具体来说，首先，要建立农村最低生活保障制度。农村最低生活保障制度，是对收入难以维持最基本生活的农村弱势群体的社会救济，可以避免一部分农村弱势群体陷入生活的绝境。其次，要加快农村养老保险制度建设。土地的传统意义之一是农民养老的依托。目前，很大一部分农民坚守自己的土地，不愿进行土地流转就是怕失养老的依靠。农村养老保险制度是土地养老功能的替代物，可以有效化解农民“老无所养”的顾虑，促进土地流转。再次，要健全农村合作医疗保险制度。农村合作医疗制度是使农民“病有所医”的重大举措，将土地从作为人们“生病”的主要依托中解放出来，释放出土地流转的动能。自农村合作医疗保险制度建立以来，收效很不错。但是目前也还存在一些问题，比如覆盖率依然不高，保障水平不高、报销的比例较低，报销的门槛则比较高等，这些都严重影响了农村合作医疗保险制度功能的发挥，健全农村合作医疗保险制度势在必行。当然，在建立和完善农村社会保障体制的过程中必须处理好两个方面的关系：一是分类保障和普遍保障的问题，二是农民自愿和政府组织之间的关系。

### （二）积极引导农村富余劳动力合理转移，为土地流转提供合理的阶层基础

农村劳动力大量剩余是制约土地流转的又一内在因素。在当前中国的广大农村，人们的主要收入来源依然是土地收入，因此，土地流转对他们来说是人生中的重大事件，他们的心情相当复杂，态度相当谨慎。所以，积极引导农村地区富余劳动力的有效转移，降低土地收入在他们总收入中的比重，转移土地对他们生存的重要性，从而奠定土地流转的阶层基础。中国广大农村地区的社会保障体系还欠完备，土地就是中国农民所有的保障依托，他们生活保障水平的差异取决于他们所拥有的土地的产出差异。而长期以来，农业收益并没有明显提高，相对于价格不断攀高的生活用品和生产用品，农业的收益其实在下降。并且由于地理、资源、环境、气候等的影响，那些仍处在现代化过程之外的村落，要走出贫穷，还有非常漫长而艰难的路程。在没有其他求生手段的情况下，村落的"无农"，则无异于"无命"。[①] 在引导农村富余劳动力转移时，无论是在经济发达地区，还是在经济欠发达地区，首先就是要结合我国的基本国情，这个国情就是：我们有 8 亿人生活在农村地区，即使到了 21 世纪中叶，我国总人口达到 16 亿的峰值，我国的城市化水平达到了 50% 时，也依然有 8 亿人生活在农村。也就是说土地流转是要促进土地的规模化经营，但不是实现全部土地的规模化经营，土地家庭化经营依然会存在，这是我国的基本国情决定了的。其次就是要结合地区的经

---

① 李培林：《村落的终结——羊城村的故事》，商务印书馆 2004 年版，第 34 页。

济发展状况，把握各阶层的心态，了解土地对各阶层的意义，以及他们对土地的需求状况，有计划、合理的进行富余劳动力的转移。如，在经济发达地区，富余劳动力的转移并不单纯地让富余劳动力加入食利阶层，那样会坐吃山空。

### （三）努力提升农民的人力资本，促进农村社会阶层职业结构的合理化

农村社会阶层的素质普遍不高，是农村的现实情况，学者们普遍用“九九三八六一”部队来描述留守农村的各阶层的文化素质。实际上，凡是人力资本和社会资本都比较丰富的人员，他们绝不甘依附于土地，他们总是有到外面去闯荡的雄心壮志，这部分农民是农村阶层构成中的精英，他们的行为规范对各阶层的留守人员都具有极大的示范和带动作用。

在转型期的中国，随着城市化的快速推进和信息化的逐渐普及，要使农村社会阶层对土地流转抱有积极的态度，就必须努力培训农民。正如一位美国学者指出的那样，在美国，假使哪一位农场主的西红柿或其他什么作物出了问题，我们立即就会有农作物专家上门服务。可在中国，农民要想得到这样的待遇，还实在是一种不切实际的幻想。但我们可根据实际情况，送科技下乡，而不只是停留在口头上或形式上。应积极创造条件，培训农民，使农村社会阶层根据自己的实际情况各取所需，提升自己的人力资本，进而转变固守土地、单一经营的状况，积极向专业化、产业化的方向转移，促进农村职业结构的转变。当然，采取积极措施，吸引人才，留住人才也需要当地政府出招，因为在广大的不发达地区和一部分中等发达地区，由于经济不发达，自然环境条件差；知识分子身体不适，生活条件差；条件较艰苦，工作条件差；缺少产学研究的设备，以及知识分子政策不落实，对知识人才不够重视等，导致知识分子严重外流。因此，为促进这些地区的经济发展，当地政府应担起责任，千方百计吸引并留住知识分子和农村科技人才，使他们关注农村发展，在农村发展中充分发挥主观能动性，为农村发展做出贡献。

普通农户阶层是农村中典型的弱势群体。人力资本匮乏是这一弱势群体的显著特征，即这个群体内的成员普遍文化水平较低，科学文化素质较

低，思想观念陈旧保守，这是他们沦为弱势群体的主要原因之一。也正因如此，他们对土地的依赖性很强，因缺乏转入非农生产的技能而不敢转出土地，因无力从事规模生产而不敢转入大量土地，成为影响土地流转的最大保守力量。因此，丰富农民人力资本，提高农民的科学文化素质，是优化农村土地流转极其重要的一环。具体而言，本研究认为：第一，要大力发展农村教育事业。特别是要进一步扩大基础教育覆盖面，加快推进职业教育发展。基础教育可以提升农村居民基本的文化素养，职业教育则可以提升他们的专业技术素养，二者相辅相成。但是，目前农村的基础教育和职业教育还非常薄弱，这不利于农民人力资本的提升，严重阻碍了农村产业化和现代化的进程。第二，要进一步丰富农村文化事业。农村文化事业是提升农村居民人力资本的重要途径之一，是人们学习新知识、新技能和接触新观念、新思想的主要途径，也是最有效的途径。比如电影、电视、网络等各种媒介以新颖、直观的方式向人们展示和传播着新知识、新观念，强烈地冲击着农民的思想，对他们的教育作用巨大而且深刻。总之，提高农民素质，提升农民人力资本，是改变普通农户阶层在土地流转中的弱势地位的必要手段之一，也是实现农村阶层结构的合理化和现代化前提条件，更是最终优化农村土地流转的必要条件。

## 三、完善组织制度，拓宽利益表达渠道，平衡土地流转中的阶层冲突

土地是大自然给予人们最珍贵、最稀缺和不可再生的重要资源，在人多地少的中国，尤其如此。但是，在土地流转过程中，无论是在发达地区，中等发达地区，还是不发达地区，都存在着大量侵占农民土地，用以招商引资或搞政绩工程的事，这不仅浪费了资源，而且还埋下了不稳定的种子。从构建和谐农村社会的角度出发，要平衡土地流转中的阶层冲突，就必须完善农村组织制度，拓宽农民利益表达渠道。只有这样，才能真正维护农民在土地流

转中的应得利益。

## (一)积极推动农民维权组织建设

本研究发现,真正代表和维护农民土地流转权益的组织的缺位导致了农业劳动者阶层的利益在土地流转中不能得到有效的保护。体制改革也是利益格局的调整和利益关系的改变,其中必然会有人利益受损,没有受损就不会有受益;或者说,现在不受损,将来就不会受益。据张静的研究,在乡村实践中,至少存在四种影响土地规则变动的要素,它们分别是国家政策、村干部决策、集体意愿和当事人约定,其中的每一种都可能成为选择土地规则的力量。但并不必然成为决定性力量。在乡村土地实践中,人们的实际做法是根据需要做出选择,哪一个规则胜出并不能确定,只有在力量竞争结束后,才能知道。① 但李成贵认为,在二元结构中,城乡居民对政策安排的约束权数相差十分悬殊,市民的利益表达渠道和强度都远胜于农民,他们凭着政治压力上的优势获得更多的资源和利益,而农民作为弱势群体则无力阻止那些对他们不利的政策出台,无法改变国民收入分配上的城市倾斜,城乡关系的变化越来越不利于农民。② 针对这种情况,盛洪研究指出,我国的《选举法》规定,"农民选举 1 个人大代表的人数是城里人的 4 倍,也就是 4 个农民的权利相当于 1 个城里人的权利,这是农民成为政治上弱势集团的一个重要原因。根据这样的规定,8 亿农民就变成了 2 亿农民,他们就很难和 5 亿城镇居民抗衡,这种规定在法理上和道德上显然存在问题。③ 一个社会中最大的人群被压缩了权利,经济政策就会出现系统性的偏差,仅从几十年的农业政策史及其经济后果来看,缺少一个反映农民利益的、平衡的政治结构,是许多损害农民利益、进而损害全社会利益的政策轻易出台的重要原因。对于制度和政策,如果农民能够直接发出与他们的人口比例相称的声音,我们就无需等待一个检验政策的周期来承担政策错误的所有后果,而是直接将

① 张静:《土地使用规则的不确定:一个解释框架》,《中国社会科学》2003 年第 1 期。
② 李成贵:《中国的二元结构与"三农"困境》,《古今农业》2003 年第 11 期。
③ 盛洪:《中国的过渡经济学》,上海三联书店 1994 年版,第 112 页。

损害农民的政策排除在外。[①] 所以说，应该建立一个组织把分散的农民有机地组织起来，凝聚力量投入到共同的事业中去，增强其在交易谈判桌上讨价还价的实力，这是改变中国农民政治、社会和经济地位低下的现状的必然要求。

事实上，自上世纪80年代以来，关于将分散的农民有机组织起来，建立起农民维权组织的问题就一直受到关注。杜润生先生说："80年代中期的时候，我曾向邓小平同志建议过恢复农民维权组织。邓小平同志说，成立一个农民维权组织的意见可以考虑，这样吧，我看三年，真的需要即可筹办。"前总理朱镕基1999年出访美国期间也曾表示，要考虑成立农民维权组织。遗憾的是，这些说法都没有下文，不了了之，而在今天，解决三农问题面临历史性选择，成立"农会"的问题已经成了不容回避的现实问题，必须进入决策者的议事日程。从政治上看，农民维权组织应该是全国农民的政治组织，该组织的权力必须得到法律的保护，并在政府的支持下实现其自身的合法化。从组织结构看，全国农民的联合组织应该 是一个包括从中央到基层的纵向阶梯结构。[②] 这样，农民这一弱势群体的权益就可以得到很好的保护。当发生利益争夺时，农民群体就有了与其他强势群体谈判的依托，更为有力地保护本群体的利益，这对缓和农村社会阶层之间的冲突、化解社会矛盾和维护社会稳定具有重要作用。

让当事方平等地坐到谈判桌前，这是各方利益表达最为有效的渠道，也是维护当事方权益，实现社会公平正义的重要环节。本研究认为，在土地流转过程中，如果考虑农村新的协商机制、中介组织和农村维权组织的建立，农民就能发出属于自己的声音，对违背自己根本利益的做法就能有效的抵制，最终有利于农村的稳定和发展。

**(二)切实加强农村中介组织建设**

中介组织应该是农民利益表达的主渠道之一。各地的实践表明，要平

---

① 李成贵:《国家、利益集团与三农困境》,《经济社会体制比较》2004年第5期。

② 李成贵:《国家、利益集团与三农困境》,《经济社会体制比较》2004年第5期。

衡农村社会阶层之间的利益关系，防止社会冲突离心力的增强以促进社会的整合和团结，关键在于建立一套解决社会冲突的整合机制。从社会结构角度来讲，一个有助于社会冲突整合的理想社会结构是一种社会分化程度高，中间组织、民间组织发育比较成熟的社会。这种富有弹性的社会结构使社会冲突有一个较大的迂回空间，不至于伤害到社会的内核。[①] 虽然在从整体性社会向市民社会转变的过程中，我国行政机构开始有意识的从经济和文化领域中撤出，社会也开始出现了置身于国家和市场之间的中间组织。但是，由于各部门既得利益的驱使，使得培育一个富有弹性社会结构的任务显得十分艰难。

本研究发现，农村的民间中介组织严重缺乏，在很多地方，甚至没有此类机构，也几乎没有人是通过民间中介组织进行土地流转的。在流转实现途径中，政府、开发商征用土地占了很大一部分比例，其余的主要是通过自己联系进行土地流转，这部分所占比例为 80.3%，乡亲、乡镇组织、村组织联系也是人们常采取的土地流转实现途径，他们所占比例分别为 5.1%、4.4%和 10.2%。这些土地流转实现途径存在的问题是：土地供需信息传输的范围过窄，土地流转规模、流的半径很小。比如土地供需信息基本上限于本乡村和熟人圈子内共享，土地流转发生在狭小的范围内。一方面是闲置的土地流转不出去，一方面是急需扩大规模经营的找不到闲置的土地。这必然会降低土地流转的效率。但是，如果通过中介组织进行土地流转，则可以扩大土地流转规模和半径，提高流转效率，很好地解决上述问题。因为土地流转的中介组织是一个自下而上、网络状、多功能的中介服务体系，可以大范围地收集土地供需信息，并向更大范围传输土地供需信息，这为土地流转突破本乡村、熟人圈子提供了可能，使得土地流转可以在更广泛的范围内发生，解决供需信息不畅的问题。此外，中介组织还可以有效地连接土地供给主体和需求主体，起到媒介和桥梁作用，成为农村社会阶层之间冲突的缓冲

---

① 谭日辉：《农村土地流转过程中的阶层冲突研究》，湖南师范大学硕士论文，2005 年 4 月。

地带，对于缓和农村社会阶层的冲突也有着无比重要的意义。因此，必须加大土地流转中介组织建设的力度，这是建立土地使用权的市场化流动制度的基础，而土地使用权的市场化流动制度又是农村土地制度变化的必然趋势。

土地使用权交易涉及的相关交易主体比较多，是一项较为复杂的交易过程，在交易过程中容易引发矛盾。如果能有专门的中介服务组织提供服务，提供专业化的服务，建立起规范的土地使用权市场服务系统，则能简化这一过程，减少矛盾的发生。但是，我国农村专业化的土地流转民间中介机构或组织还相当缺乏，基本上是由集体组织代位民间中介服务组织。作为农村土地所有者的集体组织代位中介组织免不了对土地交易主体的使用权、处置权和收益分配权进行强制干涉，这种中介机构就丧失了应有的功能和效率。而且农村集体组织的活动范围没有民间中介组织的活动范围大，其辐射面窄，效率比较低，但运作费用却不低，这严重影响了土地交易主体的选择，不利于土地流转的有效进行，更不利于土地市场的发育和成熟。因此，建立完全独立的、专业化的民间中介机构显得尤为重要。在民间中介机构的多种形式中，委托代理机构这种形式比较适应当前土地流转的需要。委托代理机构主要从事土地的代理流动工作，首先将一些闲置的土地或是那些经营能力较差的农户的土地收集过来，然后将收集的这些土地转租给那些有需求的、经营能力较强的农户，通过这种代理活动加速土地的流动和集中，提高土地流转的效率。比如，可以建立农村耕地托管站，托管因从事非农生产而闲置的耕地或是承包者无力耕种的耕地，再将这些耕地流转给需要耕地的农业大户，进行规模化经营。2003 年 3 月 1 日起实施的《中华人民共和国农村土地承包法》将农民长期而有保障的土地使用权以法的形式确定下来，这是对农户土地承包权的进一步稳定，但是，家庭联产承包经营制度也内在地包括了允许土地使用权的合理流转，这是实现土地规模经营的客观要求，也是实现土地资源有效配置的必然途径。随着城镇化的发展，从农业生产领域“转业”到其他生产领域的农村劳动力越来越多，这导致大量的土地闲散、抛荒，宝贵的土地资源遭受严重浪费，农户个人也遭受了不同程度的损失。与此同时，一些想扩大生产，进行规模经营，发展规模化的高效农业的农民却一地难求。国家统计局农调总队对全国 30 个省(区、市)、800 多个县、6 万多农户约 18 万农村劳动力进行的抽样调查显示，2000 年我国农村有 8.28% 的劳动力转移到二、三产业，从非农产业返回到农业的劳动力占农村劳动力总数的比重为 0.54%。2000 年净转移劳动力占农村劳动力总数的比重为 7.74%①，增减相抵。农村存在的大量"转业"情况是社会经济发展的必然结果，且它又会进一步促进经济社会的发展。比如它为农业大户的规模化经营提供了可能性，为农业现代化准备了条件。但是，如果农业大户自己挨家挨户去找人询问，是否有土地闲置，是否愿意流转，不仅耗时耗力，使交易费用增加，而且还难以保证能获得适宜规模经营的连片土地，这其实难以实现规模效益。农村耕地托管站正好能解决这些问题，实现耕地交易双方的双赢：耕地闲置转包者可以省时、省力地获得土地流转费，农业大户则可以省时、省力、省钱地获得连片的适宜规模经营的耕地。从已有的一些农村地区的实践经验来看，推行土地托管制度有利于培育农业大户，是发展规模经营、实现农业现代化的重要举施。

土地流转中介组织建设的内容，主要包括搞好土地流转规划，收集发布土地供求信息，进行项目推介，规范土地流转程序，指导办理土地流转手续，协调处理各方关系，搞好土地流转后的跟踪服务。有条件的地方，可以积极探索建立土地流转有形市场，提供交易场所，办理交易事务，提供交易信息，接受农户委托，让流入方和流出方在有形市场中直接见面，签订流转合同，公开、公平、公正地进行土地流转。②

---

① 《中国信息报》，2001 年 6 月 4 日。

② 余新民、丁家钟：《农村土地流转和农民权益保护》，《苏州大学学报(哲学社会科学版)》2004 年第 4 期。

## 四、规范土地流转，维护农民合法权益，实现城乡社会结构一体化

如果一种权利无法给人带来预期的收益，这个权利就是不真实的。目前，中国农民的土地承包权和土地使用权就是属于这种类型的权利。迄今为止，中国所有关于土地制度改革的措施都倾向于稳定农村家庭承包责任制，但实践证明，所有这些举措实际上都无法保证农民的利益，在现实社会中，农民始终是最脆弱的群体之一。尽管畅通农民利益诉求的渠道至关重要，但都是为了维护农民的利益。因此，本研究认为，在实践层面，关于农民利益的维护途径是值得进一步探讨的。

### （一）从制度上赋予农民土地永久使用权

海内外的农村问题专家们曾经提出，为了解决中国土地制度中存在的问题，中国应当引入一种土地永久使用权制度，原中国农村问题政研室主任杜润生也认为应当通过法律形式将土地使用权长期化固定下来。家庭联产承包责任制在建立之初适应了当时社会生产力的发展要求，在一定历史时期内释放出了强大的动力，推动了我国农村经济社会的发展。但是，这种土地制度已经不适应社会生产力进一步发展的要求，它的分割性和封闭性严重的阻碍了土地有效集中和现代农业的发展。因此，如何打破现行土地制度的分割性和封闭性，进行土地制度改革，使土地能够基于市场和效率这两种机制得到有效的流转和集中，实现农村土地经营规模化、发展现代农业，是农村发展面临的关键问题之一。实际上，在中国发展的历史长河中，家庭承包责任制做出了巨大的贡献。国务院农村发展研究中心陈锡文把家庭承包经营看作是农村改革的“伟大成就”之一。但随着社会的发展变化，家庭的承包经营制在很大程度上已不能抵制外界对农民利益的侵犯，特别是来自农村强势阶层的侵犯。因此，根据本研究的实地调查和学者们的既得研究成果来看，以法律的形式固定土地的长期使用权在目前乃至未来一段很

长的时间里,应该是保护农民权益的最为有效的政策选择。

此外,我国当前的土地制度关于土地的分配是基于政府配置而非市场配置,注重了公平但忽视了效率。在土地的划分、使用和调配方面,以行政村、组为单位进行,在承包权的设定方面,实行“均田”性质的安排,这使土地分配具有行政性,而承包权具有封闭性,土地难以通过市场机制进行有效的流转与集中,形成规模经营。所以,对现行土地制度进行改革,应着重在效率上加大改进力度,土地的分配摆脱完全基于政府配置的模式,加入市场机制,注重土地分配的效率。而我国顺利加入 WTO 和国民经济的持续高速发展,为我们结合市场机制与行政机制来进行土地产权制度改革提供了条件,为通过土地资本化的方式来加快土地的流转和农村社会保障体制的形成提供了条件。

甚至,政府可以考虑让出土地所有权,将其重新赋予农民,农民可以根据《土地法》的相关规定自主地处置他们拥有的土地。将土地所有权重新赋予农民,将会对减少贫富分化、维护社会稳定具有重大意义。土地所有权归集体所有时,乡村政府要定期地按人口变化调整土地承包权,乡镇干部拥有调整土地分配的特权,此特权容易滋生腐败而加剧贫富分化。而且,当农民没有土地所有权时,他如果要放弃农业从事其他行业,就只能要么放弃他应有的承包土地的份额,承受经济损失,要么定期回乡,成为“盲流”,这极引发贫富不均,造成社会不安定。当农民拥有土地所有权时,他如果要放弃农业从事其他行业,则可以自主地卖掉土地,获得一笔收入,而不是承受经济损失。因此,本研究认为可以从以下几个方面着手对中国土地制度进行改革:首先,将现有土地的一部分收为村集体所有,其余部分土地由农民所有,农民拥有这部分土地的所有权。其次,以人均生活需要为标准从农民所有的土地中留出一定的“口粮田”,并法定这部分“口粮田”可以自由调换位置,但不得买卖。最后,村一级集体土地可以自由出租,但出租的收入必须归村集体所有，用于管理与公益支出。[①]

### （二）大力加强农村土地市场化建设

目前，在经济比较发达的个别地方，土地承包经营权的市场流转呈现出了加速发展的趋势。但就总体水平而言，土地流转的市场化高潮并没有到来，农地流转仍然以行政性调整为主，这主要是因为乡村干部的偏好和行为在目前中国农村产生着决定性的影响。当然随着社会主义市场经济体制的进一步发展，市场机制在土地流转的过程中也正发挥着越来越重要的作用。从加快农村土地流转的角度出发，应该大力加强农村土地市场的建设。

土地使用权市场即土地出租市场，它包括一级土地使用权市场（简称一级土地市场）和二级土地使用权市场（简称二级土地市场）。一级土地市场是集体组织依法将其土地使用权有偿转让给本集体成员或其他单位、个人的交易关系，也就是土地所有者与土地使用者之间的交易关系。二级土地市场是土地使用者（承租者或承包者）在承租（包）期限内依法将土地使用权再转让给第三者的交易关系。这种使用权的有偿转让可能还会继续若干次，但是，只要是土地使用权在土地使用者之间的流转，都应属于二级土地市场的范畴。[②] 目前，二级土地市场对于促进土地流转的意义更为重大，但二级土地市场尚不成熟，土地流转的主体比较单一，基本是普通农户阶层。因此，应大力培育二级土地市场，通过市场化手段吸引更多的主体进行土地流转，从而加速土地流转。这将有利于缓和农村社会阶层之间的冲突，并有效解决土地抛荒闲置问题。在调查中，最让基层干部“头痛”的是两件事——土地“流”不动与人地矛盾：一方面是农民普遍不愿意转让自己的土地，宁愿抛荒，他们要坚守住这防范风险的最后屏障；另一方面是有大量土地闲置或是抛荒，想转入土地的人“望田兴叹”，出现“有田无人种，有人无田种”的千古奇观。其实，土地抛荒的根本原因并非土地生产不健全，当最朴实的农民在土地上经营不足以养活自己的时候，当并不知道“投入产出比”

---

① 杨小凯、江濡山：《中国改革面临的深层问题》，《战略与管理》2002 年第 5 期。

② 杨学成、曾启：《试论农村土地流转的市场化》，《中国社会科学》1994 年第 4 期。

之类的经济术语的农民感觉到“盘土地再无搞头”的时候,他们必然暂时“抛弃”土地,但他们决不会最后放弃土地。因为漫长的历史积淀了农民对土地的深深眷恋,他们深信土地是安身立命之本。[①] 所以,建立和完善多级农村土地使用权市场,引入市场机制进行土地配置,可以减少农村土地闲置和抛荒,有效缓解人地矛盾和农村社会阶层之间的矛盾。

因此,大力培育土地市场、建立和完善多级农村土地使用权市场,是改变农民既对土地充满希望,又被土地低收益所困扰的矛盾现状的有效手段,是缓解人地矛盾、防止农民因土地抛荒而陷入生活困境的迫切要求。

实行市场化经营应是根本取向。土地作为最重要的生产要素,在市场化中占有重要位置。土地市场化在全国已有先例,在 2005 年 7 月,广东省政府发出《广东省集体建设用地使用权流转管理办法(草案)》,明确农村集体建设用地使用权可于 2005 年 10 月 1 日起上市流转。这意味着广东全省包括农村的经营性用地全部走向市场,并且可以通过招标、拍卖、挂牌和上网竞价四种方式进行“阳光交易”,此《管理方法》意味着农村土地使用权流转进入了市场化的阶段。这是广东省农村集体用地管理制度的重大创新突破,同时更是中国农村土地流转制度的创新突破。

不过,尽管现阶段我国土地资源的配置尚未真正发挥市场机制的枢纽作用,土地市场行为也极不规范,但是我们也应该看到市场机制正发挥着越来越重要的作用。钱忠好通过对我国现行土地市场现状的分析,指出我国土地市场建设之所以未能取得令人满意的效果,其主要原因在于现行的农村土地经济理论研究存在认识上的误区,现行的政策法规也存在一些自相矛盾的地方,外部环境条件对土地市场建设也有一定的限制性影响。为加速我国农地市场建设的步伐,他建议,我们应紧紧围绕创立土地市场经营主体、健全土地市场结构、完善土地市场运行机制、加强国家宏观调控和管理

① 迟福林:《把土地使用权真正交给农民》,北京:中国经济出版社,2002 年版第 81 页。

力度开展工作。①

**(三)积极完善农村土地补偿标准**

土地补偿标准的构建，是从经济上实现农民利益的重要途径。我国目前在国家征用土地时，许多地方实际操作中普遍采取法定标准的最低法，有的甚至低于法定标准，经常引发政府与被征地农民之间的矛盾冲突。这也是农村中普通农业者阶层与乡村管理者阶层、私营企业主阶层之间矛盾冲突的直接根源。根据有关调查资料显示，在土地用途转变为增值的土地收益分配中，地方政府大约获得60% -70%，村集体组织获得25% -30%，真正到农民手里已经不足10%，这种利益分配格局显然存在相当程度的不合理性，更不符合当前我国有关“三农”政策的宏观要求。而科学的土地补偿标准体系应建立包括土地本身的生产功能、预期收益、土地对农民的社会保障功能等三个主要因素的可量化的补偿指标体系，然后依据不同区域农用地分等级成果，按照被征地的用途、区位以及所在地的经济发展水平来综合确定具体被征土地的补偿标准。②

这里可构建一个补偿模型供参考（根据目前征用土地的补偿政策构建）：

$$P = P_0 + P_1 + P_2 + K + S \tag{4-1}$$

式中 $P$ ——农村土地所有权价格；

$P_0$——土地补偿费；

$P_1$——安置补助费；

$P_2$——青苗及附着物补偿费；

$K$——土地资本；

$S$——预期收益。

---

① 钱忠好：《中国农村土地制度变化和创新研究》，北京：社会科学文献出版社，2005 年版第 85 页。

② 刘永湘、杨继瑞、杨明洪：《农村土地所有权价格与征地制度改革》，《中国软科学》2004 年第 4 期。

土地补偿费 $P_0$,《土地管理法》规定按照被征用土地的原用途确定。征用地的土地补偿费为该耕地被征用前三年平均年产值的 6 至 10 倍。征用其他土地的补偿费标准,由省、自治区、直辖市参照征用耕地的补偿费标准规定。土地补偿费 $P_0$ 的计算公式可表示为

$$P_0 = \frac{1}{3}n\sum_{i=1}^{3}\frac{A_i}{M} \tag{4-2}$$

式中 $P_0$——土地补偿费;

$n$——土地补偿系数($n=6,7,8,9,10$);

$A_i$——第 $i$ 年该土地上的年总产值;

$M$——该土地的面积(公顷);

$i$——第 $i$ 年($i=1,2,3$)。

《土地管理法》规定,征用耕地的安置补助费按照需要安置的农业人口数计算,需要安置的农业人口数按照被征用的耕地数量除以征地前被征地单位平均每人占有耕地的数量计算。每一个需要安置的农业人口的安置补助费标准为该耕地被征用前三年平均每公顷年产值的 4 至 6 倍。但是,每公顷被征用耕地的安置补助费最高不得超过被征用前三年平均年产值的 15 倍。征用其他土地的安置补助费标准,也是由省、自治区、直辖市参照征用耕地的安置补助费的标准规定。安置补助费的计算公式为:

$$P_1 = \frac{1}{3}nm\sum_{i=1}^{3}\frac{A_i}{M} \tag{4-3}$$

$P_1$——安置补助费;

$n$——土地补偿系数($n=4,5,6,\cdots,15$;特殊情况下 $n=16,17,18,\cdots,20$);

$m$——每亩土地负担的人口数(征地前人均占有耕地数量);

$A_i$——第 $i$ 年该土地上的年总产值;

$M$——该土地的面积(公顷);

$i$——第 $i$ 年($i=1,2,3$)

如果被征用的土地尚生长着不到收获期的农作物(包括大田作物、经济作物、蔬菜等)以及有其他附着物,征地单位应根据农作物的预测产量支付

相应的青苗补偿费和其他附着物补偿费。青苗及附着物的补偿标准由省、自治区、直辖市规定，或根据实际情况确定，一般可用下面公式计算：

$$P_2 = QXY \quad (4\text{-}4)$$

$P_2$——青苗及附着物补偿费；

$Q$——农作物产量及附着物数量；

$X$——农产品单价及附着物价格；

$Y$——补偿系数。

土地资本 K 一般可用下面公式计算：

$$K = Grn \quad (4\text{-}5)$$

$G$——前面三项收益的基础上加总；

$r$——当年存款利率；

$n$——征用年数。

预期收益($S$)，是指农用地改为建设用地之后，其潜在的土地增值。作为价格形成和价格构成的机理，农村土地与城市土地是大体相同的，但是其具体的内涵却存在差异。例如，作为级差地租Ⅰ的区位条件，农业区位与工业区位就不完全相同；形成级差地租Ⅱ的资本投资而产生的土地生产力，农业用地与工业用地的需要也不相同，因此，预期收益就不一样，这一项只能因地制宜。比照可接受的城镇基准地价，根据当地区位、环境、产出、交通、人口等因素进行市场修正，从而评估出合理的预期收益。

同时，针对目前我国土地征用给予农民的补偿相对较低、失地农民补偿经常不到位、农民的知情权被剥夺、征地程序不规范和不透明等突出问题对土地价格实行听证制度。政府在制定征地补偿标准时，要听取农民意见，让农民对国家征用有发言权，让他们对整个价格有一个明确的了解。①

因此，应结合地区经济发展水平，采取听证制度，广泛听取民众意见，制定科学的征地补偿标准，在农业劳动者、乡村管理者和开发商之间实现信息

① 刘永湘、杨继瑞、杨明洪：《农村土地所有权价格与征地制度改革》，《中国软科学》2004 年第 4 期。

公开、共享,构建起真正符合社会公正的土地征用价格体系,缓解因土地征用价格不合理而引发的阶层冲突。

我国现阶段实行的"均田制"性质的农村土地承包制度不利于农村土地的流转。由于土地资源过于紧张(特别是南方农村),且劳动力就业不足,农村集体为了保障每一位农民的生存,将土地进行平均分配。这种"均田制"的土地分配原则使土地成为承担农民的社会保障权的实现形式。因此,土地使用权的保障功能,就成为农村土地制度的核心和基础。这与建立农村土地使用权的流转机制,将土地作为单纯的生产要素和经济要素,以效率为标准优化配置土地资产的要求不一致。[①] 其中的主要原因在于,长期以来农村地区社会保障体系的缺位。农村社会保障体系的缺位一方面与社会经济发展状况有关,另外一方面与我国长期以来实行的城乡二元分割的户籍制度有关。城乡户籍鸿沟使得农村居民在住房、教育、就业、医疗等方面无法享受与城市居民同等的待遇,这些方面都只能依靠土地,从而造成土地成为农村居民的生存之本,土地背负着农村居民的生、老、病、死等各项社会保障功能。因此,建立健全农村社会保障体系,使之能有效替代土地担负的社会保障功能,应该辅以进行城乡二元户籍制度和二元经济结构的改革,二者相辅相成,使农村居民的社会保障水平逐步与城镇居民基本一致。

失地农民是伴随着经济社会发展、城市化和工业化的推进必然出现的群体。在社会发展过程中,我们国家更多的是运用计划手段和行政征地的方法去获得工业化发展用地和推动城市化进程,而鲜用经济的和市场化的手段去解决土地的征用问题。因此,在征地过程中政府与被征地农民之间的矛盾和冲突不断。当政府不能解决好那些被征地农民的就业时,遭遇失地又失业的农民就会采取有组织的抗争,频繁地上访。这不仅使政府形象大损,政府的公信力受到质疑,也会增加社会不安定的因素。这种有组织的抗争已引起广泛关注,是目前因土地征用而未妥善解决农民生计问题的冲

① 王忠良:《论我国农村土地使用权流转的市场化》,湖南大学硕士论文,2003。

突的最高表现形式。因此，当下理性的选择是切实维护因城市发展而产生的失地农民的利益，让他们也能从土地的增值和城市的发展中获取群体性的利益。失地农民尤其是未就业的失地农民是一个介于农民与城市居民之间的特殊的中间群体，其特殊性在于既丧失了赖以生存的土地，不具备传统意义上的农民身份，但同时又没有完全融入城市并享有城市居民应有的一切权利。失地农民的地位具有过渡性，是城乡二元结构、差别利益到最终实现城乡完全融合、平等对待的利益承载体，根本上讲他们仍代表农民的利益。[①] 这个群体已经被融入到城市化、工业化的大潮当中，但他们的思想观念、生活方式、生产技能等却还难以跟上城市化、工业化的步伐，所以，他们实际上无法融入到城市生活中，只能在这个熟悉而又陌生的城市中艰难地行走，一步步沦为城市文明的边缘人。也由于长期的稳定的生活保障——土地的丧失，他们子孙后代的生活风险系数也大大地提高，有限的征地安置补偿费对于大多数失地农民来说，根本无法解决他们长期稳定的生活问题，就业机会和就业技能的匮乏，加上对生活规划的欠缺，部分失地农民"坐吃山空"，最后陷入了生活无着落的困境。

因此，应建立市场化的征地安置机制，确立"经济补偿，社会保障、就业服务"三位一体的新模式，实行征地和农村劳动力安置同步进行。一方面建立健全城乡统一的劳动力就业机制，按照属地管理的原则，使"征地农转非"人员享有与城镇劳动力平等的就业机会。另一方面通过创办农民劳动管理中心，对农民进行技能培训和介绍就业服务，形成多渠道、多层次吸纳被征地农村劳动力的良好局面。同时按照市场化原则，制定城乡统一的劳动力就业政策，完善劳动力市场，进一步促进市场化就业机制的形成。[②]

但是，在目前总体就业形势十分严峻的情况下，建立健全失地农民社会保障制度，保障他们失地后的基本生活，解除他们的生存危机，更为重要。对于建立失地农民社会保障制度，学者们广泛讨论，提出了不同的模式，本

---

① 陈信勇、蓝邓骏：《失地农民社会保障的制度建构》，《中国软科学》2004 年第 3 期。
② 杜洪梅：《城市化进程中城郊农民融入城市社会问题研究》，《社会科学》2004 年第 7 期。

研究认为,上海的"镇保"模式值得借鉴。上海的"镇保模式"的本质就是"土地换保障"。在《上海市被征用农民集体所有土地农业人员就业和社会保障管理办法》中将原有的"谁用地、谁负责安置"的原则,按照市场经济的要求,调整为"落实保障,市场就业"的新原则。"镇保模式"是指2003年10月20日,上海市政府正式发布《上海市小城镇社会保险暂行办法》,规定征地安置补助费应当首先用于缴纳不低于15年的小城镇保险,这样被征地人员年老后生活和患大病医疗有了保障。[①] 在本研究中,大多数农民都表示自己非常需要社会保障,因此,建立健全农村社会保障体系,并将之纳入城镇社会保障体系之内,是解决农业劳动者与当地政府、村级管理者、私营企业主之间矛盾冲突的重要手段之一。在土地流转过程中,政府征地权力很大,村级组织的调控权力比较大,而农业劳动者阶层的权力小,这两"大"一"小"是发生冲突的重要原因之一,两"大"决定了农业劳动者阶层在土地流转过程中的明显弱势地位。因此,在当前土地流转过程中,就必须构建科学合理的社会保障体系,切实维护处于弱势地位的被征地农民的利益,平衡两"大"对一"小"的利益侵夺,缓解因土地征用而引发的农村社会阶层之间的冲突,维护社会安定。

### (四)尽快落实城乡户籍制度的一体化政策

公安部目前正在积极地取消农业、非农业户口的界限,建立城乡统一的户口登记管理制度,同时,以具有合法固定住所作为落户的基本条件,逐步放宽大中城市户口迁移限制。[②] 这一措施出台之前不久,国家统计局也宣布,将进城民工纳入失业率统计范围,并将民工纳入全国社会保障体系网。从政府的这两大举措中可以看出:城乡二元分割的户籍制度即将终结,这也是破解我国目前二元结构困局和建设和谐社会的迫切需要。

户籍制度不仅是公共管理问题,而且是社会发展问题。城乡分割的户籍制度导致公共管理成本畸高,弊病丛生:一是妨碍了人力资源在全社会的

---

① 常进雄:《城市化进程中失地农民合理利益保障研究》,《中国软科学》2004年第3期。

② 《法制日报》,2004年10月26日。

优化配置；二是阻碍了农村城市化、现代化进程；三是导致公民待遇不公平，影响了农民向市民转变的进程；四是影响了公平心理认同和社会和谐稳定，提升了社会治理成本。[①] 户籍制度背后的城乡差别实质是社会福利和利益的差别，因此，户籍制度改革的社会阻力巨大，改革的成本比较高昂。进行户籍制度改革还会面临着一些风险，比如它可能会增加城镇居民的失业率，恶化城镇的社会治安，还会加重社会保障的负担，这些风险虽然可能是短期的，但对社会的影响却不能忽视，当然，从长期来看，户籍制度改革也会使政府收益，为社会发展带来机遇，且收益大于成本，机遇大于风险。一方面，政府通过户籍制度改革营造公平的制度环境，为提高资源配置的效率创造条件，可加速经济发展，推动城市化进程，提高城市化水平。另一方面，户籍制度改革可以使农村居民平等地享受国民待遇，共享经济社会发展成果，享有公平就业的机会，这有利于提升其人力资源，有利于城乡的统筹与协调发展。

户籍制度改革的动力基础和配套改革的成效是户籍制度改革成败的关键。目前，作为户籍制度改革的直接相关方——政府部门、农民工和作为第三方的知识界、新闻界是户籍制度改革的主要推动者，但是，在与现行户籍制度的既得利益者的博弈过程中，这一动力群体还应该继续扩大，这关系着改革的成败。户籍制度的配套改革的成效是户籍制度改革成败的又一关键要素。户籍制度改革的目的是要形成城乡一体的教育、就业、社会保障制度，防止转移出来的农村劳动力大规模地回流，妥善解决农民身份转变后的生计问题。因此，只有做好这些户籍制度的配套改革，才能促进城乡劳动力市场一体化的就业政策逐步形成，才能有效地解决城乡一体化发展问题。

户籍制度改革是一项十分复杂的社会系统工程，牵涉到各种复杂的利益关系，要顺利完成户籍制度改革，本研究认为必须从以下四方面着手：

首先，要给予地方政府制定户籍制度的充分权力。我国地域辽阔，人口

---

① 朱斯坤：《户籍“破冰”新迷雾》，《中国报道》2006 年第 12 期。

众多，各地区经济社会发展情况不同，户籍制度改革也应该审时度势，因地制宜，采取不同的方法，不同的策略。这就要给地方政府足够的自主权，充分发挥其积极性和创造性，从而为户籍制度改革提供新思路、新方法，并行之有效地加以推广。

其次，要加强国家对户籍制度改革的引导和控制。在政策制定上，给予地方政府充分的权力，这有益于当地政府根据本地实际，对户籍制度进行有益探索。然而，地方政府的这种自主权，往往也成为户籍制度改革的阻力。现在许多地区的户籍制度改革，多是从本地区的利益出发，希望更多的吸引人才但又不想承担增加人口所带来的压力和就业负担。因此，要保证户籍制度政策的正确方向，国家就必须加强引导，制定阶段性的政策，必要时以强制力量保证其实施。

再次，要加大"补贴型"城市户籍制度改革的力度。户籍制度改革的重点不是小城镇，而是大中城市。这是因为，大中城市多属"补贴型"城市，户籍制度所附带的各种各样的福利因素多，改革难度较大。当然，绝不能以此作为延缓户籍制度改革的借口，实际上，"补贴型"城市的户籍制度改革完全可以走得更快。以石家庄为例，2001 年 8 月 1 日，石家庄市出台了新的户籍政策，允许在石家庄市连续居住工作两年及以上的外来人口（包括农村人口）落户市区。这是全国第一个全面放开城市户口的省会城市和特大城市。该市的户籍改革政策经过两年时间的实践检验，总体上是比较成功的，它并没有出现原来人们所预料的流动人口蜂拥入城的情况。因为这里存在成本与收益的比较关系问题，若农民进城，就有一个机会成本，如果这个机会成本很高，与收入不成比例，他可能就仍会选择留在农村。当然，这只是一种理性选择，但是至少可以证明一点，对于石家庄这样的大型城市，目前人们的理性选择仍占主导地位。因此，户籍制度改革应积极转变观念，进一步降低"补贴型"城市的户籍门槛。

最后，要加强户籍制度改革的立法工作，尽早出台《户籍法》。从 1985 年起，公安部便开始起草《户籍法》，然而这一法律一直"犹抱琵琶半遮面"。

目前，中国各地正陆续推进新一轮户籍管理制度改革，立法的各项条件已基本具备。要尽快完成城乡社会结构的转换，就必须尽早出台《户籍法》，将公民迁移自由的权力以法律形式确定下来。

总之，上述提出的几点建议，是基于构建转型期的"安全阀"，他们稳定和强化了社会分层的现状，使村民对既存的不平等变得淡漠和不敏感。村集体和经营者之间的利益分配，如果仅仅靠法律上的重新界定得以实现，尽管在制度上是完备和可接受的，但是并不符合地区的价值观和期望。在上升的资产者和"被剥夺者"之间的不平衡，隐藏着潜在的不安定，基层政权必须采取合理化的手段来消弭这种失衡。正因为如此，在道义基础被经济利益的结合取代的同时，村集体必须也能够创造出一种新的地区凝聚力，为村庄公共权威"私营化"和社会变革提供一种"安全阀"的作用。①

综观农村土地流转的整个过程，本研究确实看到了许多隐藏在基层的不稳定因素，不管是为农村阶层分化叫好，还是为农村阶层分化感到担忧的学者，如果深入到农村中去，去观察土地流转中农民的行为，体会农民那种复杂的情感，都会为发达地区、中等发达地区、不发达地区巨大的差距所震撼。但不管怎样，无论在什么地方，土地都是农民最大的利益所在，也是农村最大的稳定因素。搞土地流转，决不能强迫命令，以牺牲农民利益为代价。建国以来农村发展的经验反复证明：尊重了农民意愿，农民有了积极性，农村就快速发展，反之，农村发展就停滞甚至倒退。立足中国的国情，在很长一段时间里，无论城市化发展到什么程度，农村的发展在社会主义的中国都是举足轻重的。

---

① 宋婧、杨善华：《经济体制变革与村庄公共权威的蜕变——以苏南某村为例》，《中国社会科学》2005 年第 6 期。

# 参考文献

1. [俄]恰亚诺夫:《农民经济组织》,北京:中央编译出版社,1996 年。

2. [法]杜孟:《世界农业经济》,巴黎:达洛兹出版社,1954 年。

3. [法]葛德里埃:《经济中的理性和非理性》,巴黎:马斯贝罗出版社,1966 年。

4. [法]吉尔维 · 塞沃兰:《没有农民的法国》,巴黎:瑟叶出版社,1965 年。

5. [法]吉约明:《农民如何看待自身》,巴黎:斯托克出版社,1953 年。

6. [美] 黄宗智:《长江三角洲小农家庭与乡村发展》,北京:中华书局,2000 年。

7. [美] 黄宗智:《华北的小农经济与社会变化》,北京:中华书局,2000 年。

8. [美] 亚历山大著. 贾春增译:《社会学二十讲》,北京:华夏出版社,2000 年。

9. [美]杜赞奇:《文化、权力与国家》,南京:江苏人民出版社,1996 年。

10. [美]黄宗智主编:《中国乡村研究(第一辑)》,北京:商务印书馆,2003 年。

11. [美]米格代尔:《农民、政治与革命——第三世界政治与社会变革的压力》,北京:中央编译出版社,1996 年。

12. [美]特纳:《社会学理论的结构》,杭州:浙江人民出版社,1987 年。

13. [美]西奥多·舒尔茨:《改造传统农业》,北京:商务印书馆,1987 年。

14. [美]依格比:《都市时代的农场和农民》,纽约:二十世纪基金会出版,1963 年。

15. [日] 关谷俊作著.金洪云译:《日本的农地制度》,北京:生活·读书·新知三联书店,2004 年。

16. [日]祖田修著.张玉林等译:《农学原论》,北京:中国人民大学出版社,2003 年。

17. [英]斯特恩著.细谷贞雄译:《历史哲学与价值问题》,岩波书店,1966 年。

18. 边燕杰:《市场转型与社会分层》,香港:牛津大学出版社,1999 年。

19. 边燕杰:《市场转型与社会分层:美国学者分析中国》,北京:生活·读书·新知三联书店,2000 年。

20. 布劳:《社会生活中的交换与权力》,北京:华夏出版社,1988 年。

21. 亨廷顿:《变化社会中的政治秩序》,北京:生活·读书·新知三联书店,1989 年。

22. 马若孟著.史建云译:《中国农民经济》,南京:江苏人民出版社,1999 年。

23. 孟德拉斯著. 李培林译:《农民的终结》,北京:社会科学文献出版社,2005 年。

24. 涂肇庆、林益民主编:《改革开放与中国社会》,香港:牛津大学出版社,1999 年。

25. 毕宝德:《土地经济学》,北京:中国人民大学出版社,1993 年。

26. 曹锦清:《黄河边上的中国:一个学者对乡村社会的观察与思考》,上海:上海文艺出版社,2000 年。

27. 陈东琪:《新土地所有制》,重庆:重庆出版社,1989 年。

28. 陈光金:《中国乡村现代化的回顾与前瞻》,长沙:湖南出版社,1996 年。

29. 陈万灵:《农村地区变化:一个理论框架及其实证考察》,北京:中国经济出版社,2002 年。

30. 迟福林主编:《中国农民的期盼——长期而有保障的土地使用权》,北京:外文出版社,1999 年。

31. 迟福林:《把土地使用权真正交给农民》,北京:中国经济出版社,2002 年。

32. 杜润生:《中国农村制度变化》,成都:四川人民出版社,2003 年。

33. 杜鹰、唐正平、张红宇主编:《中国农村人口变动对土地制度改革的影响》,北京:中国财政经济出版社,2002 年。

34. 费孝通:《费孝通论小城镇建设》,北京:群言出版社,2000 年。

35. 费孝通:《江村经济:中国农民的生活》,北京:商务印书馆,2001 年。

36. 费孝通:《社会变化与现代化国际学术研讨会论文集》,上海:上海大学出版社,2002 年。

37. 贾春增:《外国社会学史(修订本)》,北京:中国人民大学出版社,2000 年。

38. 景天魁:《社会公正理论与政策》,北京:社会科学文献出版社,2004 年。

39. 李春玲:《中国城镇社会流动》,北京:社会科学文献出版社,1997 年。

40. 李培林:《村落的终结》,北京:商务印书馆,2004 年。

41. 李强:《社会分层与贫富差距》,厦门:鹭江出版社,2000 年。

42. 李强:《转型时期的中国社会分层结构》,哈尔滨:黑龙江人民出版社,2002 年。

43. 李友梅:《制度变化的逻辑:改革以来中国城市化进程研究》,桂林:广西师范大学出版社,2004 年。

44. 刘斌、张兆刚、霍功:《中国三农问题报告》,中国发展出版社,2004年。

45. 刘敏:《山村社会——西北黄土高原山村社会发展动力研究》,兰州:甘肃人民出版社,2000年。

46. 陆学艺:《当代中国农村与当代中国农民》,北京:知识出版社,1990年。

47. 陆学艺:《社会结构的变化》,北京:中国社会科学出版社,1997年。

48. 陆学艺:《内发的村庄》,北京:社会科学文献出版社,2001年。

49. 陆学艺:《"三农论"——当代中国农业、农村、农民研究》,北京:社会科学文献出版社,2002年。

50. 陆学艺:《当代中国社会阶层研究报告》,北京:社会科学文献出版社,2002年。

51. 钱忠好:《中国农村土地制度变化和创新研究》,北京:社会科学文献出版社,2005年。

52. 秦晖:《农民中国:历史反思与现实选择南省》,郑州:河南人民出版社,2003年。

53. 邱泽奇:《当代中国社会分层状况的变化》,保定:河北大学出版社,2004年。

54. 盛洪:《中国的过渡经济学》,上海:上海三联书店,1994年。

55. 宋林飞:《"中国经济奇迹"未来与政策选择》,南京:南京大学出版社,1995年。

56. 宋林飞:《西方社会学理论》,南京:南京大学出版社,1997年。

57. 孙津:《中国农民与中国现代化》, 北京:中央编译出版社,2004年。

58. 孙立平:《失衡——断裂社会的运行逻辑》,北京:社会科学文献出版,2004年。

59. 孙立平:《转型与断裂——改革以来中国社会结构的变化》,北京:清华大学出版社,2004年。

60. 童星:《现代社会学理论新编》,南京:南京大学出版社,2003 年。

61. 王春光:《中国农村社会变化》,昆明:云南人民出版社,1996 年。

62. 王卫国、王广华:《中国土地权利的法制建设》,北京:中国政法大学出版社,2001 年。

63. 徐嵩龄著:《环境伦理学》,北京:社会科学文献出版社,1999 年。

64. 徐勇:《中国农村村民自治》,武汉:华中师范大学出版社,1997 年。

65. 徐勇:《中国农村研究》,北京:中国社会科学出版社,2002 年。

66. 徐勇、徐增阳:《流动中的乡村治理:对农民流动的政治社会学分析》, 北京:中国社会科学出版社,2003 年。

67. 徐勇:《三农中国》,武汉:湖北人民出版社,2003 年。

68. 许欣欣:《当代中国社会结构变化与流动》,北京:社会科学文献出版社,2000 年。

69. 杨通进:《整合与超越:走向非人类中心主义的环境伦理学》,北京:社会科学文献出版社,1999 年。

70. 于建嵘:《岳村政治:转型期中国乡村政治结构的变化》,北京:商务印书馆,2001 年。

71. 翟学伟:《中国人行动的逻辑》,北京:社会科学文献出版社,2001 年。

72. 张红宇:《中国农地制度变化的政治经济学分析》,北京:国家图书馆,2001。

73. 张红宇:《中国农村土地制度变化》,北京:中国农业出版社,2002。

74. 郑杭生:《当代中国农村社会转型的实证研究》, 北京:中国人民大学出版社,1996 年。

75. 周其仁:《产权与制度变化——中国改革的经验研究》, 北京:社会科学文献出版社,2002 年。

76. 周如倡:《农村发展社会学》,蓝天出版社,1989 年。

77. 周晓虹:《现代化进程中的中国农民》,南京:南京大学出版社,1998 年。

78. 朱冬亮:《社会变化中的村级土地制度》,厦门:厦门大学出版社,2003 年。

79. 曾业松:《新农论》,北京:新华出版社,2003 年。

80. 谭日辉:《农村土地流转过程中的阶层冲突研究》,湖南师范大学硕士论文,2005 年。

81. 赵锦山:《农村居民土地流转的意愿与行为选择》,湖南师范大学硕士论文,2005 年。

82. 许一波:《转型与嬗变——城市化进程中农民土地意识的实证研究》,湖南师范大学硕士论文,2006 年。

83. 许旭:《我国农地使用权流转研究》,华中科技大学硕士论文,2007 年。

84. 陈小伍:《现阶段农地流转过程中农户意愿与行为研究》,华中农业大学硕士论文,2008 年。

85. 周家超:《我国农村土地承包经营权流转的制度分析与完善》,四川师范大学硕士论文,2006 年。

86. 胡治宇:《从冲突论视角看农民工就业不平等的现象》,湖南师范大学硕士论文,2006 年。

87. 曾武成:《农村住房消费问题研究》,湖南师范大学硕士论文,2007 年。

88. 陈海平:《城市新移民问题研究》,湖南师范大学硕士论文,2006 年。

89. 肖卫宏:《农民养老意识变迁研究》,湖南师范大学硕士论文,2007 年。

90. 刘心红:《国家调整农民工政策的社会影响评估研究》,湖南师范大学硕士论文,2008 年。

91. 陈东伟:《农地流转过程中政府、企业、农户三方利益制衡机制探析》,西南财经大学硕士论文, 2009 年。

92. 王英:《城郊农户农地流转的意愿研究》,华中农业大学硕士论文,

2008 年。

93. 边保团:《农村土地流转的几个基本问题研究》,西安工业大学硕士论文,2010 年。

94. 李楠迪:《农地流转的制度分析与效率考察:转型期中国的经验》,西南财经大学硕士论文,2009 年。

95. 张才学:《当代中国农村土地问题研究》,武汉大学硕士论文,2004 年。

96. 吕新海:《试论我国农村权利的被抑制及其影响》,西北农林科技大学硕士论文,2006 年。

97. 孙作林:《失地农民社会保障构建及实施中的制度制约》,河海大学硕士论文,2005 年。

98. 柯东发:《中国失地农民补偿问题研究》,华中科技大学硕士论文,2007 年。

99. 俞颂家:《苏州失地农民社会保障体系研究》,同济大学硕士论文,2006 年。

100. 王仍秀:《中国失地农民问题研究》,华侨大学硕士论文,2006 年。

101. 邓嘉宁:《吉林省农村土地流转问题研究》,长春工业大学硕士论文,2010 年。

102. 白群燕:《关于失地农民权益保护的对策探讨》,《理论导刊》. 2004 年,第 8 期。

103. 蔡勇志:《论加快土地流转制度改革》,云南社会科学,2002 年,第 3 期。

104. 曹鸣风:《农村土地流转,金融何以应对》,《浙江金融》,2001 年,第 9 期。

105. 常进雄:《城市化进程中失地农民合理利益保障研究》,《中国软科学》, 2004 年,第 3 期。

106. 陈久和:《浙江省农村土地流转模式研究》,《浙江树人大学学报》,

2002年，第2期。

107. 陈利根、陈会广：《土地征用制度改革与创新：一个经济学分析框架》，《中国农村观察》，2003年，第6期。

108. 陈锡文、韩俊：《如何推进农民土地使用权合理流转》，《中国经济时报》，2002年4月20日第1版。

109. 陈心想：《一个游戏规则的破坏与重建——A村村民调田风波案例分析》，《社会学研究》，2002年，第2期。

110. 陈信勇、蓝邓骏：《失地农民社会保障的制度建构》，《中国软科学》，2004年，第3期。

111. 程洁：《土地征用纠纷的司法审查权》，《法学研究》，2004年，第2期。

112. 邓大才：《承包土地流转价格低廉的原因及对策》，《贵州师范大学学报(社会科学版)》，2001年，第2期。

113. 邓大才：《七项制度障碍农村土地的流转》，《调研世界》，2003年，第7期。

114. 丁云亮：《社会分层视野中的个人》，《社会科学辑刊》，2004年，第5期。

115. 杜洪梅：《城市化进程中城郊农民融入城市社会问题研究》，《社会科学》，2004年，第7期。

116. 樊帆：《农村土地流转的限制因子探析》，《湖北农学院学报》，2003年，第10期。

117. 范爱军：《中国农业现代化的关键一步：提高农业耕作规模》，《山东大学学报(哲学社会科学版)》，2003年，第3期。

118. 盖国强：《农村土地使用权流转研究》，《中国软科学》，2001年，第5期。

119. 盖国强：《农村土地使用权流转研究——以山东省为例》，《中国软科学》，2001年，第2期。

120. 管清友、王亚峰:《制度、利益与谈判能力:农村土地“流转”的政治经济学》,《上海经济研究》,2003 年,第 1 期。

121. 贺振华:《农村土地流转的效率:现实与理论》,《上海经济研究》,2003 年,第 1 期。

122. 胡荣华,刘光平,马素兰,杨基富:《农村土地流转的现状和对策研究—以南京市为例的分析》,《南京社会科学》,2004 年,第 5 期。

123. 胡睿宪:《对北京集体土地流转与工业用地模式的思考》,《中国农村观察》,2004 年,第 2 期。

124. 胡亦琴:《新土地革命:浙江农村土地流转方式调查》,《经济理论与经济管理》,2002 年,第 2 期。

125. 黄建水、栗丽:《中国农村土地流转问题的法律思考》,《中国政法大学学报》,2001 年,第 6 期。

126. 黄贤金、方鹏:《我国农村土地流转的形成机理、运行方式及制度规范研究》,《江苏社会科学》,2002 年,第 4 期。

127. 解安:《发达省份中等发达地区土地流转及适度规模经营问题探讨》,《农业经济问题》,2002 年,第 4 期。

128. 孔令唐:《积极探索土地流转及规模经营模式》,《农村经营管理》,2004 年,第 1 期。

129. 雷中英:《农村土地使用制度改革的探讨》,《华中农业大学学报(社会科学版)》,2001 年,第 3 期。

130. 李宝平:《农村土地承包经营权的流转问题》,《边疆经济与文化》,2004 年,第 3 期。

131. 李成贵:《国家、利益集团与“三农”困境》,《经济社会体制比较》,2004 年,第 5 期。

132. 李成贵:《国家干预下的农地有限私有化》,《中国社会科学季刊》,(香港)秋季号 2000 年。

133. 李路路:《论社会分层》,《社会学研究》,1999 年,第 1 期。

134. 李强:《社会分层与小康社会》,《北京师范大学学报(社会科学版)》,2003 年,第 2 期。

135. 李强:《政治分层与经济分层》,《 社会学研究》,1997 年,第 4 期。

136. 李世平、南灵、夏显力:《农村土地流转制度建设初探》,《西北农业大学学报》,1997 年,第 5 期。

137. 李晓燕、谢长青:《农业机械与土地流转问题》,《农机现代化研究》,2004 年,第 2 期。

138. 李新文:《建立我国农村土地经营权流转制度刍议》,《河北经贸大学学报》,2002 年,第 4 期。

139. 梁留科、曹新向、汤蕾:《土地价值观与土地道德建设初探》,《西北农林科技大学学报》,2004 年,第 2 期。

140. 林浩滨、何亦名:《农村土地流转问题初探》,《乡镇经济》,2003 年,第 9 期。

141. 刘金荣:《失地农民的贫困,补偿与可发展分析》,《经济师》,2004 年,第 8 期。

142. 刘守英:《地方政府和基层组织介入土地流转对农民土地权益的影响》,《国研网》,2001 年 11 月 20 日。

143. 刘永湘、杨继瑞、杨明洪:《农村土地所有权价格与征地制度改革》,《中国软科学》,2004 年,第 4 期。

144. 刘友凡:《稳定承包权 放活经营权:湖北省黄冈市农村土地流转情况的调查》,《中国农村经济》,2001 年,第 10 期。

145. 楼惠新,张建新:《论经济发达地区农村土地流转问题》,《农业现代化研究》,2002 年,第 5 期。

146. 卢春华:《浅谈农村土地流转中存在的问题和对策》,《延边党校学报》,2004 年,第 3 期。

147. 陆解芬:《加强社会保障基金管理　确保社会保险费征缴》,《财会研究》,1999 年,第 3 期。

148. 陆学艺:《重新认识农民问题》,《社会学研究》,1989 年,第 6 期。

149. 罗进华:《影响我国农村土地流转的因素分析》,《湖南商学院学报(双月刊)》,2002 年,第 6 期。

150. 马晓河,崔红志:《建立土地流转制度,促进区域农业生产规模化经营》,《管理世界》,2002 年,第 11 期。

151. 马彦:《建立农村社会保障体系》,《经济论坛》,2004 年,第 21 期。

152. 毛丹、任强:《中国农村社会分层研究的几个问题》,《浙江社会科学》,2003 年,第 3 期。

153. 毛丹、王萍:《村级组织的农地调控权》,《社会学研究》,2004 年,第 6 期。

154. 牛先锋:《城市近郊的集体土地流转》,《中国土地》,2001 年,第 3 期。

155. 钱文荣:《浙北传统粮区农户土地流转意愿与行为的实证研究》,《中国农村经济》,2002 年,第 7 期。

156. 钱耀才:《我国农村土地规模化经营的现状及对策》,《农村经济》,2003 年,第 2 期。

157. 钱忠好:《农地承包经营权市场流转的困境与乡村干部行为——对乡村干部行为的分析》,《中国农村观察》,2003 年,第 2 期。

158. 秦秀昌:《农村土地流转模式刍议》,《经济师》,2004 年,第 5 期。

159. 沈飞、朱道林:《我国土地征用制度对农村集体经济福利的影响》,《农村经济》,2004 年,第 9 期。

160. 盛洪:《让农民自己代表自己》,《经济观察报》,2003 年 1 月 27 日。

161. 宋婧、杨善华:《经济体制变革与村庄公共权威的蜕变——以苏南某村为例》,《中国社会科学》,2005 年,第 6 期。

162. 隋广军、潘伟志:《农村土地流转制度改革与农业发展》,《暨南学报(哲学社会科学)》,2002 年,第 7 期。

163. 孙平:《对城市化发展道路的几点认识》,《规划师》,2003 年,第

2 期。

164. 谭均云:《土地流转中失地农民利益保护问题探讨》,《甘肃社会科学》,2004 年,第 6 期。

165. 汪晖:《城乡结合部的土地征用:征用权与征地补偿》,《中国农村经济》,2002 年,第 2 期。

166. 王海燕:《农村土地流转的形式分析和对策思考》,《农村展望》,2004 年,第 6 期。

167. 王华春、唐任伍、赵春学:《引导土地流转　增加农民收入》,《南京社会科学》, 2004 年,第 9 期。

168. 王进、赖晓东:《构造中国经济发展的生态环境》,《经济体制改革》,2002 年,第 3 期。

169. 王俊国:《集体土地市场发育的调查与思考》,《南京师大学报(社会科学版)》,1995 年,第 3 期。

170. 王纳、安果:《试论当前农村土地经营权流转的意义》,《学术交流》,2003 年,第 12 期。

171. 王瑞雪、陈银蓉:《农村土地使用权流转问题的经济学思考》,《农业经济》,2003 年,第 9 期。

172. 王小章:《社会分层与社会秩序——对当代中国现实的考察》,《中共长沙县市委党校学报》,2001 年,第 5 期。

173. 王新钢、张思光、张宝悦:《中国农村土地流转的限制因素及对策》,《农村经济》,2004 年,第 11 期。

174. 王自亮:《变动与选择:农村社会阶层结构形成的诱因——对浙江沿海一个农村固定观察点的实证分析》,《浙江社会科学》,2003 年,第 3 期。

175. 温铁军、冯开文:《农村土地问题的世纪反思》,《战略与管理》,1998 年,第 4 期。

176. 温铁军:《形成稳固的受惠群体——关于农地制度新的思考》,《中国土地》,2001 年,第 7 期。

177. 吴方卫、蒋小兴:《论农民收入的增长过程及提高途径》,《农业现代化研究》,2003 年,第 5 期。

178. 吴瑞君等:《上海城市化进程中离土农民的安置和保障问题研究》,《社会科学》,2004 年,第 4 期。

179. 向荣、贾生华:《浙江省农村土地流转的实证分析》,《农村经济》,2002 年,第 7 期。

180. 肖飞、张光宏:《农村土地使用权流转的效率分析》,《武汉大学学报(社会科学版)》, 2002 年,第 5 期。

181. 徐小军:《城郊结合部失地农民权益保障问题的探讨》,《求实》,2004 年,第 12 期。

182. 徐旭、蒋文华、应风其:《我国农村土地流转的动因分析》,《管理世界》,2002 年,第 9 期。

183. 阎德民:《当代中国农民工阶层特征分析》,《中州学刊》, 2004 年,第 5 期。

184. 杨涛、王雅鹏:《土地抛荒与土地流转问题的理论探析》,《调研世界》, 2003 年,第 10 期。

185. 杨涛等:《农村土地流转的效益分析与对策思考》,《农业现代化研究》,2001 年,第 2 期。

186. 杨小凯、江濡山:《中国改革面临的深层问题——关于土地制度改革》,2003 年,《战略与管理》,第 5 期。

187. 杨雄芽、谢斌贝、邵剑晖:《关于农村土地流转中的金融支持问题调查与思考》,《金融经济》,2002 年,第 8 期。

188. 杨学成、曾启:《试论农村土地流转的市场化》,《中国社会科学》,1994 年,第 4 期。

189. 姚洋:《集体决策下的诱导性制度变化:中国农村地权稳定性深化的实证分析》,《中国农村观察》,2000 年,第 2 期。

190. 姚洋:《中国农地制度:一个分析框架》,《中国社会科学》,2000 年,第2期。

191. 义旭东:《关于农村土地使用权合理流转的几点思考》,《国土经济》,2003年,第8期。

192. 易可君:《农村土地流转模式研究》,《岭南学刊》,1995年,第6期。

193. 于建嵘:《当前农民维权活动的一个解释框架》,《社会学研究》,2004年,第2期。

194. 余鹏翼、李善民:《中国发达地区使用权流转性问题研究》,《中国软科学》,2004年,第6期。

195. 余新民、丁家钟:《农村土地流转和农民权益保护》,《苏州大学学报(哲学社会科学版)》, 2004年,第2期。

196. 俞海:《地权稳定性、土地流转与农地资源持续利用》,《经济研究》,2003年,第9期。

197. 俞菊兰:《万年县农村土地流转承包经营情况的调查》,《价格月刊》,2004年,第7期。

198. 岳明君:《中国农民阶层分化的新特点及其对策》,《社会科学辑刊》,2000年,第5期。

199. 翟有龙:《加快不发达地区农村土地流转的对策》,《西南师范大学学报(哲社版)》,2004年,第5期。

200. 张爱云:《关于推进农村土地使用权流转的思考》,《学习论坛》,2003年,第7期。

201. 张成君、王万江:《现阶段农村土地流转的现状分析》,《社会主义研究》,2002年第4期。

202. 张广伟:《对农村承包土地流转问题的思考》,《中国社会科学院研究生院学报》, 2003年,第6期。

203. 张静:《村社土地的集体支配问题》,《浙江学刊》,2002年,第2期。

204. 张静:《土地使用规则的不确定:一个解释框架》,《中国社会科学》,2003年,第1期。

205. 张文秀、李东梅、邢殊媛、张颖聪:《农户土地流转行为的影响因素分析》,《重庆大学学报》,2005年,第1期。

206. 张孝直:《中国农村地权的困境》,《战略与管理》,2001年,第5期。

207. 张毓环:《关于农村土地承包经营权流转的现状与思考》,《理论与现代化》,2002年,第6期。

208. 张照新、张海阳:《农村土地流转问题研究综述》,《信阳师范学院学报(哲学社会科学版)》,2004年,第2期。

209. 张照新:《中国农村土地流转市场发展及其方式》,《中国农村经济》,2002年,第2期。

210. 张正军:《农村土地流转中税收流失应予重视》,《四川财政》,2002年,第10期。

211. 浙江大学农业现代化与农村发展研究中心:《农村土地流转:新情况、新思考——浙江农村土地流转制度的调查》,《中国农村经济》,2002年,第10期。

212. 中共江苏省苏州市委农村工作办公室:《强化土地流转服务,促进农民持续增收》,《农村经营管理》,2003年,第12期。

213. 中国小城镇改革发展中心:《来自土地流转的挑战——对成都、海南土地使用制度的调查与思考》,《中国改革》,2002年,第3期。

214. 周先智:《影响我国农村土地流转的成因探析》,《理论月刊》,2000年,第8期。

215. 朱德开:《当前农村土地流转的问题与思考》,《安徽农业大学学报(社会科学版)》,2004年,第3期。

216. 朱冬亮:《当前农村土地纠纷及其解决方式》,《厦门大学学报》,2003年,第1期。

217. 朱光磊:《世纪之交中国社会阶层分化的十大趋势》,《南开学报》,1998年,第1期。

218. 祝志勇:《农村土地流转制度的政治经济学分析》,《改革》,2003

年,第1期。

219. 陈成文、赵玲:《当前农村社会阶层的土地价值认知研究》,《湖北社会科学》2008年第12期。

220. 陈成文、赵锦山:《农村社会阶层的土地流转意愿与行为选择研究》,《湖北社会科学》2008年第10期。

221. 陈成文、童金城:《论完善农村土地流转制度与建设和谐社会》,《淮阴师范学院学报》(哲学社会科学版)2005年第3期。

222. 陈成文、鲁艳《城市化进程中农民土地意识的变迁——来自湖南省三个社区的实证研究》,《农业经济问题》2006年第5期。

223. 陈成文:《农村社会阶层对土地流转的影响研究》,《湖南师范大学社会科学学报》2007年第1期。

224. 陈成文:《土地流转对农村阶层分化的影响研究》,《湖南师范大学社会科学学报》2007年第3期。

225. 陈成文、谭日辉:《土地流转对农村阶层冲突的影响研究》,《甘肃社会科学》2008年第5期。

226. 陈成文、罗忠勇:《土地流转:一个农村阶层结构再构过程》,《湖南师范大学社会科学学报》2006年第4期。

227. 杨继瑞:《和谐社会失地农民保障问题的思考与对策》,《决策咨询通讯》,2008年,第5期。

228. 杨静:《项目开发中集体土地流转模式之法律分析——以成都市农村土地流转制度改革为视角》,《河北法学》,2009年,第10期。

229. 张良悦:《户籍对价、劳动力迁移与土地流转》,《财经科学》,2011年,第1期。

230. 董景山:《农村土地流转的类别化考量》,《河北法学》,2011年,第4期。

231. 林玉妹、林善浪、王健:《家庭生命周期、土地流转与农业结构调整》,《福建师范大学学报(哲学社会科学版)》,2010年,第2期。232. 韩利琳:《中国农村土地流转法律制度特征探析》,《西北大学学报(哲学社会科学版)》,2009 年,第 6 期。

233. 张乐天、陆洋:《乡土秩序与土地流转的非均衡实践——浙江省 Z 村一带土地流转研究 》,《南京社会科学》,2011 年,第 7 期。

234. 杨宝贵:《水库移民安置土地获取方式研究——基于农村土地流转的视角》,《安徽农业科学 》,2009 年,第 17 期。

235. 梁灏:《农村土地流转的障碍与对策》,《经济体制改革》,2010 年,第 6 期。

236. 谢丽华:《交换伦理视角下农村土地流转问题研究》,《求索》,2010 年,第 11 期。

237. 许恒周、郭忠兴、郭玉燕:《农民职业分化、养老保障与农村土地流转——基于南京市 372 份农户问卷调查的实证研究》,《农业技术经济》,2011 年,第 1 期。

238. 王春超:《农村土地流转、劳动力资源配置与农民收入增长:基于中国 17 省份农户调查的实证研究》,《农业技术经济》,2011 年,第 1 期。

239. 赵润生:《对农村集体土地流转的法律思考》,《财会研究》,2011 年,第 2 期。

240. 何立胜、黄灿、何云飞:《土地流转与社会保障制度的协同改革——基于嘉兴、苏州与成都等地改革实践的分析》,《农村经济》,2011 年,第 1 期。

241. 汪进元:《论经营性建设用地的政府采购——城市化进程中集体土地流转之法理思考》,《法商研究》,2011 年,第 3 期。

242. 张正瑞:《农村集体土地流转的政府主导与法律规制》,《江苏农业科学》,2011 年,第 2 期。

243. 郎佩娟:《农村土地流转中的深层问题与政府行为》,《国家行政学院学报》,2010 年,第 1 期。

244. 朱宏晋、李静:《对农村土地流转商的法律思考》,《中国财政》,2009 年,第 11 期。

245. 李学勤:《河北省土地流转现状研究 》,《河北法学》,2010 年,第5 期。

246. 杨华:《我国农村土地流转法律制度的困局与出路》,《法学杂志》,2010 年,第 7 期。

247. 王琴:《土地流转背景下农民体育发展的思考》,《成都体育学院学报》,2010 年,第 6 期。

248. 沈月娣、汪建丰:《农村土地流转制度改革创新研究——基于法律规制的视角》,《农业经济》,2010 年,第 7 期。

249. 陆道平、钟伟军:《农村土地流转中的农民权益保障》,《探索与争鸣》,2010 年,第 9 期。

250. 郭爱民:《工业化时期英国资本与土地流转的市场考察》,《烟台大学学报(哲学社会科学版)》,2009 年,第 1 期。

251. 吴越:《地方政府在农村土地流转中的角色、问题及法律规制——成都、重庆统筹城乡综合配套改革试验区实证研究》,《甘肃社会科学》,2009 年,第 2 期。

252. 王平达、韩学平:《活跃农村土地流转市场的路径选择——以农村社会保障法律制度的构建为基础》,《商业研究》,2009 年,第 3 期。

253. 樊德玲:《新农村建设中土地流转问题的法律思考》,《农业考古》,2009 年,第 3 期。

254. 李文政:《农村土地流转的动因审视与法律对策》,《广东农业科学》,2009 年,第 7 期。

255. 陈柏峰:《土地流转对农民阶层分化的影响——基于湖北省京山县调研的分析》,《中国农村观察》,2009 年,第 4 期。

256. 陈驰:《新农村建设中土地流转的法律思考》,《农村经济》,2009 年,第 8 期。

257. 赵伯艳:《集体土地流转中的政府职能重塑》,《云南行政学院学报》,2009 年,第 5 期。

258. 孙菊芳、孙淑云:《农村集体土地流转中的法律保障机制研究》,《河北学刊》,2009 年,第 6 期。

259. 杨力:《最高法院的政治决策过程——以中国农村土地流转问题为视角》,《政法论坛》,2010 年,第 1 期。

260. 张凡、孙菊芳:《土地流转中的法律保障机制——基于法律规范之外的实证考察》,《理论导刊》,2010 年,第 1 期。

261. 施晓琳:《家庭承包农地使用权流转制度法律问题研究》,《河北法学》,2000 年,第 7 期。

262. 管清友:《制度悖论、无组织状态和政治危机——再论农村土地“流转”的政治经济学》,《上海经济研究》,2005 年,第 2 期。

263. 管清友、王亚峰:《农地流转中的权力寻租》,《农民日报》,2004 年 5 月 10 日。

264. 谢小蓉、傅晨:《2000—2007:中国农村土地使用权流转研究综述》,《财贸研究》2008 年,第 6 期。

265. 丁关良:《土地承包经营权流转方式之内涵界定》,《中州学刊》2008 年第 5 期

266. 丁关良:《土地承包经营权流转主要方式之法律性质研究述评》,《山东农业大学学报(社会科学版)》,2008 年,第 6 期。

267. 丁关良、李军:《农村土地承包经营权流转的运行机理和操作规程研究》,《华中农业大学学报(社会科学版)》2004 年,第 3 期。

268. 牟萍:《重庆市农村土地流转的农户供求意愿研究》,《安徽农业科学》,2010 年,第 4 期。

269. 吴元波:《试探中国农村土地市场流转的“囚徒困境”》,《科学经济社会》,2007 年,第 2 期。

270. 许恒周、郭忠兴:《农村土地流转影响因素的理论与实证研究——基于农民阶层分化与产权偏好的视角》,《中国人口资源与环境》2011 年,第 2 期。

271. 詹和平:《农村土地流转问题实证研究综述》,《安徽农业科学》,2007年,第4期。

272. 钱文荣:《浙北传统粮区农户土地流转意愿与行为的实证研究》,《中国农村经济》2002年,第7期。

273. 于洋、关立新:《中国农地流转供求态势探析》,《学习与探索》2006年第3期。

274. 杨军炜:《甘肃河西走廊传统粮区农户土地流转特征研究》,《甘肃农业大学学报》2004年,第4期。

275. 徐金花:《农村土地流转对农民增收的贡献分析》,《安徽农业科学》,2006年,第4期。

276. 罗忠勇:《土地流转与农村社会阶层结构的变迁》,《湖南商学院学报》2010年,第3期。

277. 钱忠好:《中国农村土地承包经营权的产权残缺与重建研究》,《江苏社会科学》,2004年,第2期。

278. 钱忠好:《农村土地承包经营权产权残缺与市场流转困境:理论与政策分析》,《管理世界》,2002年,第7期。

279. 李成贵:《中国的二元结构与"三农"困境》,《古今农业》,2003年,第11期。

280. 李成贵、赵宪军:《三农困境的主要原因在于二元结构》,《国际经济评论》,2003年,第4期。

281. 李正茂、索志林:《农村存量购买力释放分析》,《商业研究》,2008年,第3期。

282. 宋生瑛:《政策非中性与农村社会保障制度缺失》,《西北农业科技大学学报(社会科学版)》,2008年,第1期。

283. 陈成文、赵锦山:《论城乡社会结构的转换》,《甘肃社会科学》,2004年,第2期。

284. Smil, Valav, China's Agricultural Land, The China Quarterly Nov.

128, 1999/June. 1999.

285. Yang, Dennis, Knowledge Spillovers and Labor Assignments of the Farm Household, Ph. D. dissertation, University of Chicago. 1994.

286. Yao, Yang, Rural Industry and Labor Market Integration in Eastern China, Journal of Development Economics, Vol. 59. 1999.

287. Creetz、Clifford,. Agricultural Involution——The Process of Ecological Change, Los Angeles: University California Press. 1965.

288. Feder G. The Relationship between Farm Size and Farm Productivity, Journal of Development Economics, Vol. 18. 1985.

289. Greetz. Clifford. Agricultural Involution: The Process of Ecological change in Indonesia. Berkeley. CA: University California Press. 1963.

290. J. L. Buck. Chinese Farm Economy. Chicago: University of Chicago Press, 1930.

291. Kang Chao. Man and Land in Chinese History. Stanford University Press, 1930.

292. Lin Nan, Local Market Socialism Local Corporatism in Action in Rural China, Theory and Society, Vol. 24. 1995.

293. Lippit, Victor, Land Reform and Economic development in China, International Arts and Sciences Press. 1974.

294. P. Schran. The Development of Chinese Agriculture 1950 – 1959. University of Illinois, 1969.

295. Popkin. S. 1979. The Rational Peasant: The Political Economy of Rural Society in Vietnam. Berkeley: University Of California Press.

296. Robin A. The Ethics of Enuironmental Concern. England Oxford: Basic Blackwell Pub, 1983.

297. Schultz. T. W. 1964. Transforming Traditional Agrculture. New Haven: Yale University Press.

298. S cott Rozelle, Linxiu Zhang and Jikun Huang. China,s War on Poverty. Working Paper No. 60, Center for Research on Economic Development and Policy Reform, Stanford University, 2000.

# 附录
# 农村土地流转问题调查问卷

## A. 村基本情况

A1. 您家所在地是________省________市________县________乡(镇)________村。

A2. 您所在的村庄:

(1)省城郊区　(2)地级市郊区　(3)县郊　(4)镇中心或周边地区　(5)远离城镇

A3. 您村附近是否有下列设施(在相应的栏目下打√):

| | 高速公路 | 国道 | 省道 | 铁路 | 码头 | 一般公路 | 机场 |
|---|---|---|---|---|---|---|---|
| 有 | | | | | | | |
| 无 | | | | | | | |

A4. 您所在村庄的农业专业化生产情况(单位):花卉苗木基________,水果基地________,药材基地________,养殖基地________,蔬菜基地________,其他________。

A5. 您所在村有________(家)企业,其中私营企业________,集体企业

________，国有企业________，三资企业________，乡镇企业________。

A6. 本村的外来人口有________人，其中来自城市的有________人，来自农村的________人。

A7. 在外来人口中，私营企业主________人，个体工商户________人，开发商________人，工商企业雇工________人，从事农业人员________人，其他________人。

A8. 你村家庭户数是________，总人口________，其中适龄劳动人口________，外出务工人员________。

A9. 你所在村的土地总面积（包括山林、水田、旱地、湖面）是________亩，其中发生土地流转的面积是________亩。

A10. 你所在村最近几年的人均年纯收入、集体年收入情况（单位：元）：

| | 2001 年 | 2002 年 | 2003 年 | 2004 年（预计） |
|---|---|---|---|---|
| 人均年纯收入 | | | | |
| 集体年收入 | | | | |

A11. 集体收入的来源是：________________________________________。

A12. 你村的产业结构状况（%）：

| | 2001 年 | 2002 年 | 2003 年 | 2004 年（预计） |
|---|---|---|---|---|
| 第一产业比重 | | | | |
| 第二产业比重 | | | | |
| 第三产业比重 | | | | |

注：第一产业：农业；第二产业：工业和建筑业；第三产业：服务业

## B. 个人基本情况

B1. 您是否是本村人：（1）是　（2）否

B2. 您家有________人，其中劳动人口________人，在本地从事纯农业生产________人，主要从事非农生产的共________人。

B3. 您家庭主要成员的职业状况：

| | a. 性别 | b. 年龄 | c. 文化程度 | d. 婚姻状况 | e. 政治面貌 | f. 户口性质 | g. 职业 | |
|---|---|---|---|---|---|---|---|---|
| | | | | | | | 原职业 | 现职业 |
| 本人 | | | | | | | | |
| 配偶 | | | | | | | | |
| 母亲 | | | | | | | | |
| 父亲 | | | | | | | | |
| 儿子 | | | | | | | | |
| 女儿 | | | | | | | | |

a. 性　别：　(1)男　(2)女

c. 文化程度：(1)从未上过学　(2)小学　(3)初中　(4)普通高中　(5)职高、技校　(6)中专　(7)大专及大专以上

d. 婚姻状况：(1)未婚　(2)已婚　(3)离婚未再婚　(4)离婚后再婚　(5)丧偶未再婚　(6)丧偶后再婚　(7)拒答

e. 政治面貌：(1)中共党员　(2)团员　(3)民主党派　(4)一般群众　(6)其他

f. 户口性质：(1)农业户口　(2)非农业户口　(3)其他

g. 职业类型：(1)私营工商企业主　(2)个体工商户　(3)农村技术人员(如医生等)　(4)普通农户工人　(5)工商企业一般管理人员　(6)工商企业中高层管理人员　(7)从事种植业、牧业、渔业、林业生产的一般农民　(8)乡(镇)、村管理人员　(9)从事种植业、牧业、渔业、林业生产的农业大户　(10)无业人员　(11)其他(请写明)____________________

## C. 土地意识变化

C1. 您家目前的土地使用情况：

(1)全部由自家经营 (2)自己经营一部分,同时转出一部分 (3)全部转给他人经营 (4) 自己经营一部分,同时抛荒一部分 (5)全部抛荒 (6)其它(请注明)____________________

C2. 目前您对承包的土地有什么打算？(限选一项)

(1) 想扩大承包 (2) 只维持现有的规模 (3) 保留口粮田,其余的地转让出去 (4) 不打算经营承包地,全部转让出去 (5) 其他(请注明)____________________

C3. 您是怎样看待下列有关土地价值的说法的？

| | 非常赞同 | 比较赞同 | 说不清 | 不赞同 | 非常不赞同 |
|---|---|---|---|---|---|
| 土地是农民的命根子 | | | | | |
| 土地是农民最重要的生存来源 | | | | | |
| 土地是农民重要的生产资料(如用于投资、增值) | | | | | |
| 土地对农民可有可无 | | | | | |
| 土地对家民来说是一种负担 | | | | | |
| 土地有生态价值 | | | | | |
| 土地有景观价值 | | | | | |
| 土地有代际价值 | | | | | |

C4. 您现在所承包的土地的所有权、经营权以及收益权的归属情况

| | 国家 | 乡镇 | 村集体 | 个人(自己) |
|---|---|---|---|---|
| 所有权 | | | | |
| 经营权 | | | | |
| 收益权 | | | | |

C5. 您希望现在所承包的田地的所有权、经营权以及收益权的归属情况

| | 国家 | 乡镇 | 村集体 | 个人(自己) |
|---|---|---|---|---|
| 所有权 | | | | |
| 经营权 | | | | |
| 收益权 | | | | |

C6. 您在承包的土地上是否愿意投入更多的资金?

(1)愿意(跳答 B14)　(2)不愿意

C7. 如果不愿意,那么原因是:(可以选多项)

1、土地承包期短,投入多了收不回来　2、土地面积大小,投入多少差别不大　3、对土地只有使用权,只愿种,不愿多投资　4、种植业收入低,多投入不值得　5、不指望农业生产赚钱,只要够吃就行　6、生产资金不多,难以扩大投入　7、其他(请注明)____________________

C8. 如果您家收入来源主要来自非农业,您是否愿意放弃承包地?

(1) 不愿意　(2) 愿意(跳答 C10)　(3) 无所谓(跳答 C10)

C9. 如果您家不愿意放弃承包地,那么原因是:(可以选多项)

(1) 非农业收入不稳定,万一收入不行,还是依靠土地生产　(2) 土地转包费太低,还不如家庭弱劳力耕种的收益大　(3) 怕政策有变,转让土地,收不回来　(4) 土地转包困难　(5) 如果农产品价格上升,还可以重新进行农业生产　6、其他(请注明)____________________

C10. 如果要您永远离开土地(即不再种地),您会:

(1) 感到高兴、轻松,因为再也不用受农活之累了　(2) 感到有点不舒服,因为种地已那么多年了,就这样离开实在有点舍不得　(3) 有点担忧,因为离开土地后又能做什么呢?　(4) 其他(请注明)__________________

C11. 您家目前的土地经营所得能否满足您全家的需要

(1)绰绰有余　(2)略有剩余　(3)收支大体平衡　(4)有些不够　(5)完全不够

C12. 您家承包土地的期限是________年,目前承包土地的方式是:

(1)人均分地 (2)按人口承包口粮田,按劳动力承包责任田 (3)按劳动力承包

(4)保留口粮田,其余集体经营 (5)出租 (6)大户承包 (7)其他(请注明)________

C13.您所在农村在农闲时一般做什么?

(1)下棋 (2) 打牌、打麻将、赌马、买六合彩 (3)通过读书、参加培训学校等提高自己 (4)开展有本地特色的娱乐活动(如赛龙舟、泼水节等) (5)在附近地区打零工 6、其他(请注明)____________________

## D.土地流转的行为选择

D1.您是否有过土地转入或转出的情况:(1)是 (2)否(跳至C9)

D2.您家承包地使用权转变的形式是:

(1)土地转出 (2)土地转入 (3)既有转入又有转出

D3.您家土地流转的数量状况:

<table>
<tr><td rowspan="4">项目<br>年度</td><td colspan="6">耕地</td><td colspan="3" rowspan="2">山林地</td><td colspan="3" rowspan="2">河、湖、滩</td><td colspan="2" rowspan="3">原因</td></tr>
<tr><td colspan="3">水田</td><td colspan="3">旱地</td></tr>
<tr><td rowspan="2">承包量(亩)</td><td colspan="2">转移量</td><td rowspan="2">承包量(亩)</td><td colspan="2">转移量</td><td rowspan="2">承包量(亩)</td><td colspan="2">转移量</td><td rowspan="2">承包量(亩)</td><td colspan="2">转移量</td></tr>
<tr><td>转出</td><td>转入</td><td>转出</td><td>转入</td><td>转出</td><td>转入</td><td>转出</td><td>转入</td><td>转出</td><td>转入</td></tr>
<tr><td>第一次(____)年</td><td></td><td></td><td></td><td></td><td></td><td></td><td></td><td></td><td></td><td></td><td></td><td></td><td></td><td></td></tr>
<tr><td>第二次(____)年</td><td></td><td></td><td></td><td></td><td></td><td></td><td></td><td></td><td></td><td></td><td></td><td></td><td></td><td></td></tr>
<tr><td>第三次(____)年</td><td></td><td></td><td></td><td></td><td></td><td></td><td></td><td></td><td></td><td></td><td></td><td></td><td></td><td></td></tr>
</table>

1、转出原因:(1)要外出打工 (2)要外出经商 (3)要在本地从事非农经营 (4)种地赚钱少(5)种地太辛苦 (6)国家征用 (7)开发商开发

(8)其他(请注明)____________________

2、转入原因:(1)有劳动力耕种　(2)要进行农业专业化经营　(3)要扩大农业经营规模　(4)为了再次流转获利　(5)从事非农经营　(6)其他(请注明)____________________

D4. 您家土地流转的具体形式、期限及协议形式状况:

<table>
<tr><th colspan="2" rowspan="3"></th><th colspan="6">耕地</th><th colspan="3" rowspan="2">山林地</th><th colspan="3" rowspan="2">河、湖、滩</th></tr>
<tr><th colspan="3">水田</th><th colspan="3">旱地</th></tr>
<tr><th>流转期限(年)</th><th>流转方式</th><th>协议形式</th><th>流转期限(年)</th><th>流转方式</th><th>协议形式</th><th>流转期限(年)</th><th>流转方式</th><th>协议形式</th><th>流转期限(年)</th><th>流转方式</th><th>协议形式</th></tr>
<tr><td rowspan="2">第一次</td><td>转出</td><td></td><td></td><td></td><td></td><td></td><td></td><td></td><td></td><td></td><td></td><td></td><td></td></tr>
<tr><td>转入</td><td></td><td></td><td></td><td></td><td></td><td></td><td></td><td></td><td></td><td></td><td></td><td></td></tr>
<tr><td rowspan="2">第二次</td><td>转出</td><td></td><td></td><td></td><td></td><td></td><td></td><td></td><td></td><td></td><td></td><td></td><td></td></tr>
<tr><td>转入</td><td></td><td></td><td></td><td></td><td></td><td></td><td></td><td></td><td></td><td></td><td></td><td></td></tr>
<tr><td rowspan="2">第三次</td><td>转出</td><td></td><td></td><td></td><td></td><td></td><td></td><td></td><td></td><td></td><td></td><td></td><td></td></tr>
<tr><td>转入</td><td></td><td></td><td></td><td></td><td></td><td></td><td></td><td></td><td></td><td></td><td></td><td></td></tr>
</table>

1、流转方式: a. 代耕　b. 转包　c. 反租倒包　d. 出租　e. 转让　f. 以土地入股　g. 国家征用　h. 拍卖　i. 承租　j. 其他形式(请注明)____________________

2、协议形式:a. 口头协议　b. 书面协议

D5. 您是通过以下哪条途径(渠道)实现流转的:转入________,转出________。

(1)自己联系　(2)乡亲联系　(3)民间中介机构联系　(4)乡(镇)组织联系　(5)村组织联系

D6. 在您家土地流转过程中,乡(镇)扮演何种角色(起何种作用)________,村组织扮演何种角色(起何种作用)________(多选)。

（1）领导者（指导） （2）联络者（信息传递） （3）谈判者（合同谈判） （4）旁观者（不管事） （5）武断者（行政强制） （6）混乱处理者（调停矛盾）

D7. 您家土地流转过程中的收益情况是（元／亩）：

| | | 耕地 | | | | 山林地 | | 河、湖、滩 | |
|---|---|---|---|---|---|---|---|---|---|
| | | 水田 | | 旱地 | | | | | |
| | | 交易价 | 收益 | 交易价 | 收益 | 交易价 | 收益 | 交易价 | 收益 |
| 第一次 | 转出 | | | | | | | | |
| | 转入 | | | | | | | | |
| 第二次 | 转出 | | | | | | | | |
| | 转入 | | | | | | | | |
| 第三次 | 转出 | | | | | | | | |
| | 转入 | | | | | | | | |

D8. 您家承包地的流转对象（来源）：转入________，转出________

1、转入对象：（1）一般农户 （2）村集体 （3）承包大户 （4）其他（请注明）________

2、转出对象：（1）乡（镇）村基层组织 （2）乡镇企业 （3）个体工商户 （4）工商私营企业主 （5）养殖、种植业专业户 （6）一般农户 （7）其他人员（请注明）________

D9. 您家的生活来源、收入状况：

| | | a. 生活来源 | | | b. 年收入 | | | c. 土地（山、田、菜地、塘、河湖）在年收入中所占比例 | | |
|---|---|---|---|---|---|---|---|---|---|---|
| | | 一 | 二 | 三 | 一 | 二 | 三 | 一 | 二 | 三 |
| 发生过 | 土地流转前 | | | | | | | | | |
| | 土地流转后 | | | | | | | | | |
| 未发生 | | | | | | | | | | |

a：(1)打零工　(2)在企业从事管理和技术工作　(3)在企业、事业单位从事一般性工作　(4)个体经营　(5)开办企业　(6)从事乡村管理　(7)从事教书、医务工作　(8)房屋租金、利息、股息分红　(9)农业生产(自雇)　(10)农业雇工(他雇)　(11)政府及他人资助　(12)非政府组织管理　(13)其他(请注明)＿＿＿＿＿＿＿＿＿＿

D10. 您家住房状况：

| | a 房屋类型 | b 可住房间数(注明) | c. 装修状况 | 装修费用 |
|---|---|---|---|---|
| 土地流转前 | | ＿＿＿＿＿＿＿＿ | | ＿＿＿＿＿元 |
| 土地流转后 | | ＿＿＿＿＿＿＿＿ | | ＿＿＿＿＿元 |
| 未发生流转 | | ＿＿＿＿＿＿＿＿ | | ＿＿＿＿＿元 |

a. (1)木架房　(2)土砖房　(3)一般砖混房　(4)配套砖混房

c. (1)没有装修　(2)一般粉刷　(3)铺设瓷砖　(4)木质地板　(5)吊顶

D11. 您家拥有耐用消费品情况：单位(除注明以外均为台)

| | 黑白电视 | 彩电 | 冰箱 | 洗衣机 | 热水器 | 空调 | 电脑 | 音响 | 摩托车 | 微波炉 | 小轿车 | 手机 | 电话 |
|---|---|---|---|---|---|---|---|---|---|---|---|---|---|
| 土地流转前 | | | | | | | | | | | | | |
| 土地流转后 | | | | | | | | | | | | | |
| 未发生流转 | | | | | | | | | | | | | |

D12. 您全家一年支出情况(单位：元)：

| | 生活总支出 | 其中食品支出 |
|---|---|---|
| 土地流转前 | | |
| 土地流转后 | | |
| 未发生流转 | | |

注：生活消费支出包括：衣、食、住、行、娱乐、人情往来、教育等 。

食品支出包括：柴、米、油、盐、菜等。

D13. 如果您想去路程为 3 公里以内某个地方，有如下交通方式可以选择，您通常采用何种方式：

| | 步行 | 骑自行车 | 骑摩托车 | 乘公共汽车 | 打的 | 轿车 |
|---|---|---|---|---|---|---|
| 土地流转前 | | | | | | |
| 原 因 | | | | | | |
| 土地流转后 | | | | | | |
| 原 因 | | | | | | |
| 未发生流转 | | | | | | |

原因选项：(1) 图方便 (2) 省钱 (3) 习惯 (4) 享受 (5) 炫耀 (6) 其他

D14. 您买衣服时通常考虑：(请排序)

| | 实用性 | 品牌 | 款式 | 经济 | 其他(注明) |
|---|---|---|---|---|---|
| 土地流转前 | | | | | |
| 土地流转后 | | | | | |
| 未发生流转 | | | | | |

D15. 土地流转后您家的生活水平(未发生者不答)：

(1) 提高很大 (2) 提高较大 (3) 稍有提高 (4) 没有变化 (5) 稍有下降 (6) 下降较大 (7) 下降很大

D16. 土地流转过程中，您碰到的最大困难是(未发生者不答)：

(1) 找不到流转对象 (2) 流转价格不尽人意 (3) 乡(镇)村组管理干部不支持 (4) 没有合适的流转方式 (5) 土地流转制度不完善 (6) 合理权益得不到保障 (7) 其他(请注明)____________________

D17. 在土地流转过程中，您觉得自己的权益得到了保护吗(未发生者不答)？

(1) 是(跳答 C20) (2) 否

D18. 您的哪些权益受到了损害(多选)：

(1) 自己无权支配土地 (2) 土地流转价格不合理 (3) 土地流转的安

置或补偿金不能及时到位　(4)土地正常经营受到干扰　(5)其他(请注明)____________________

D19. 您觉得自己的权益得不到保护的原因是:

(1)缺乏相应的政策法规　(2)政策法规执行不力　(3)政策法规不符合本地的实际情况　(4)缺乏能真正代表和维护农民土地流转权益的组织　(5)其他(请注明)____________________

D20. 您转入的土地主要用于(限土地转入者答):

(1)种植粮食　(2)专业种植　(3)专业养殖　(4)办公司用地　(5)房地产开发　(6)其他

D21. 在土地流转过程中,获利最多的是:

| | 最多 | 比较多 | 说不清 | 比较少 | 最少 |
|---|---|---|---|---|---|
| 普通农户 | | | | | |
| 村级管理者 | | | | | |
| 乡镇管理者 | | | | | |
| 私营企业主(含开发商) | | | | | |
| 政府中的某些相关特权群体 | | | | | |

D22. 您所在村庄在土地流转过程中各群体利益关系状况:

| | 完全一致 | 比较一致 | 说不清 | 不太一致 | 完全不一致 |
|---|---|---|---|---|---|
| 普通农户与普通农户 | | | | | |
| 普通农户与村级管理者 | | | | | |
| 普通农户与私营企业主 | | | | | |
| 普通农户与乡镇管理者 | | | | | |
| 村级管理者与村级管理者 | | | | | |
| 村级管理者与私营企业主 | | | | | |
| 村级管理者与乡镇管理者 | | | | | |
| 乡镇管理者与乡镇管理者 | | | | | |
| 乡镇管理者与私营企业主 | | | | | |
| 私营企业主与私营企业主 | | | | | |

D23. 您所在村庄在土地流转过程中各群体的冲突情况(近 5 年)：

| | a. 次数 | b. 冲突的形式 | C. 冲突的调解 |
|---|---|---|---|
| 普通农户与普通农户 | | | |
| 普通农户与村级管理者 | | | |
| 普通农户与私营企业主 | | | |
| 普通农户与乡镇管理者 | | | |
| 村级管理者与村级管理者 | | | |
| 村级管理者与私营企业主 | | | |
| 村级管理者与乡镇管理者 | | | |
| 乡镇管理者与乡镇管理者 | | | |
| 乡镇管理者与私营企业主 | | | |
| 私营企业主与私营企业主 | | | |

b 冲突的形式：(1)争吵　(2)械斗　(3)打官司　(4)有组织抗争　(5)个体上访　(6)集体上访

c 冲突的调解：(1)双方协商解决　(2) 法律调停　(3)政府干预

D24. 请您对本地乡村组织在土地流转纠纷中的行为做出评判和解释：

| | a. 应该怎么做 | | b. 实际怎么做 | | c. 这么做的原因 | | d. 态度 | |
|---|---|---|---|---|---|---|---|---|
| | 乡镇组织 | 村级组织 | 乡镇组织 | 村级组织 | 乡镇组织 | 村级组织 | 乡镇组织 | 村级组织 |
| A 普通农户与开发商(政府委托) | | | | | | | | |
| B 普通农户和民间开发商 | | | | | | | | |
| C 农户与土地承包大户(种植、养殖) | | | | | | | | |
| D 农户与村级管理者 | | | | | | | | |

a 应该做法:(1) 以国家利益为重,兼顾本地利益和农户利益;

(2) 以本地利益为重,兼顾国家利益和农户利益;

(3) 以农户土地利益为重,兼顾国家利益和本地利益;

(4) 维护农户利益就行。

b. 实际做法:(1) 偏向政府开发商的利益　(2) 偏向民间开发商的利益　(3) 偏向村级管理者的利益　(4)偏向乡镇管理者的利益　(5)偏重承包大户利益　(6)偏重普通农户利益　(7) 兼顾各方利益

c. 根本原因:(1) 促进本地经济社会发展需要　(2)有利于协调本地区各方的利益关系　(3)有利于村级组织中某些人的利益需求　(4)有利于乡镇组织中某些人的利益需求　(5)有利于维护农户的合法权益

d. 态度:(1) 愤怒　(2) 沉默　(3) 冷漠(无所谓)　(4)兴奋

凡未发生土地流转者继续答下列各题:

D25. 您目前打算转出现有土地吗?

(1)打算　(2)不打算(跳答 C29)

D26. 您估计转出现有承包地的可能性有多大?

(1)非常大　(2)比较大　(3)说不清　(4)比较少　(5)几乎不可能

D27. 您认为几乎不可能的原因是:

(1)本地非农产业不发达　(2)土地缺乏区位优势　(3)缺乏完善土地流转市场　(4)信息障碍　(5)其他

D28. 您打算转出承包地的原因是:(　　)

(1)要外出打工　(2)要外出经商　(3)要在本地从事非农经营　(4)种地赚钱少　(5)种地太辛苦　(6)国家征用(7)开发商开发　(8)其他(请注明)____________________

D29. 如果不愿意转让,原因是(多项选择):

(1) 土地是农民的命根子(农民生存的最后保障)　(2) 除种地外无其他谋生技能　(3) 无其他就业门路　(4)国家重视农业　(5)种地也能赚钱　(6)对承包地有特殊感情　(7)其他(请注明)____________________

D30. 您是否打算转入他人的承包地：(1)是 (2)否(直接答 C32)

D31. 您打算转入他人承包地的原因是：

(1)有劳动力耕种 (2)要进行农业专业化经营 (3)要扩大农业经营规模 (4)为了再次流转获利 (5)从事非农经营 (6)其他(请注明)____________________

D32. 您不打算转入他人承包地的原因是：

(1)有更好的就业门路 (2)无劳动力耕种 (3)承包的土地太多 (4)种地没钱赚 (5)不想从事农业生产 (6)其他(请注明)____________________

## E. 评价与认同

E1. 您认为您属于下列哪类人：

(1)私营工商企业主 (2)个体工商经营人 (3)农村技术人员(如医生、农技员等) (4)普通农户工人 (5)工商企业一般管理人员 (6)工商企业中高层管理人员 (7)从事种植业、牧业、渔业、林业生产的一般农民 (8)从事种植业、牧业、渔业、林业生产的农业大户 (9)乡(镇)、村管理人员 (10)无业人员 (11)其他(请写明)____________________

E2. 如果把人分成五个层次，您觉得您在本村中属于下列方面哪个层次：

| | | 上层 | 中上层 | 中层 | 中下层 | 下层 |
|---|---|---|---|---|---|---|
| 流转前 | 经济地位 | | | | | |
| | 权力地位 | | | | | |
| | 声望地位 | | | | | |
| | 教育地位 | | | | | |

| | | 上层 | 中上层 | 中层 | 中下层 | 下层 |
|---|---|---|---|---|---|---|
| 流转后 | 经济地位 | | | | | |
| | 权力地位 | | | | | |
| | 声望地位 | | | | | |
| | 教育地位 | | | | | |
| 未流转 | 经济地位 | | | | | |
| | 权力地位 | | | | | |
| | 声望地位 | | | | | |
| | 教育地位 | | | | | |

E3. 在土地流转过程中，当您的正当权益受到侵害时通常您是怎样做的：

(1)保持沉默，自认倒霉　(2)发牢骚　(3)据理力争　(4)找上级部门协调　(5)运用法律手段解决　(6)集体抗议

E4. 您对下列种类的保障需要程度如何：

| | 存在状况 | | 需要程度 | | | | |
|---|---|---|---|---|---|---|---|
| 养老保险 | 有 | 无 | 很需要 | 比较需要 | 一 般 | 不太需要 | 很不需要 |
| 医疗保险 | | | | | | | |
| 失地保险 | | | | | | | |
| 最低生活保障 | | | | | | | |
| 土地流转风险保险 | | | | | | | |

E5. 请您对下列关于土地流转的政策法规了解程度如何？

| | 很了解 | 有所了解 | 没听说过 |
|---|---|---|---|
| 《中华人民共和国土地法》 | | | |
| 《中华人民共和国土地承包法》 | | | |
| 《中共中央关于做好农户承包土地使用权流转工作的通知》 | | | |

E6. 你觉得下列关于土地流转的政策法规是否合理，在你们村做得

如何？

| | 是否合理 | 执行情况 |
|---|---|---|
| 土地流转必须做到平等协商、自愿、有偿，任何组织和个人不得强迫或者阻碍承包方进行土地承包经营权流转 | | |
| 土地流转不得改变土地所有权的性质和土地的农业用途 | | |
| 土地流转的期限不得超过承包期的剩余期限 | | |
| 土地流转受让方须有农业经营能力 | | |
| 在同等条件下，本集体经济组织成员享有优先权 | | |
| 土地流转收益归农户，任何组织和个人不得擅自截留、扣缴 | | |

1、合理程度：(1)非常合理　(2)比较合理　(3)一般　(4)不太合理　(5)很不合理

2、执行情况：(1)执行得很好　(2)执行得较好　(3)执行得一般　(4)执行得不太好　(5)执行得很不好

E7. 土地流转过程中，您的户籍是否发生了变化：(1)是　(2)否

E8. 您希望自己的户籍转变为城市户口吗？

(1)很希望　(2)比较希望　(3)无所谓　(4)不太希望　(5)不希望（选 3、4、5 答 E10）

E9. 您为什么希望转变自己的户籍身份：

(1)城市有更好的社会保障　(2)有更多的就业机会　(3)有更好的生活条件　(4)有较高的社会地位和社会声望　(5)有利于后代的发展　(6)其他（请注明）____________

E10. 您为什么不希望转变自己的户籍身份：

(1)户籍的转变不会带来新职业的获得　(2)户籍的转变并不意味着

保障条件的改善　(3)户籍的转变并不意味着社会声望的提高　(4)户籍的转变就意味着最后生活保障——土地的失去　(5)其他(请注明)____________________

# 后记

本书是2004年度国家社会科学基金项目“农村土地流转的社会学研究”(04BSH033)的最终研究成果。七年多来,课题组全体成员本着高度认真负责的态度,不辞劳苦,奔赴浙江、广西、湖南等地的农村,进行了扎扎实实的问卷调查和个案研究,获得了比较丰富的第一手研究资料。可以说,本书凝结了课题组全体成员的辛勤和汗水,汇集了课题组全体成员的劳动与智慧。

本书由陈成文提出研究思路、内容框架。陈成文、谭日辉、张丽芬三人对初稿进行了认真细致的修改。各章的撰写分工如下:第一章,陈成文(湖南师范大学)、谭日辉(长沙师范专科学校)、赵锦山(广西师范大学);第二章,陈成文(湖南师范大学)、谭日辉(长沙师范专科学校);第三章,陈成文(湖南师范大学)、谭日辉(长沙师范专科学校);第四章,陈成文(湖南师范大学)、许一波(湖南理工学院)、鲁艳(中央民族大学)、赵玲(湖南工程学院);第五章,陈成文(湖南师范大学)、赵锦山(广西师范大学);第六章,陈成文(湖南师范大学);第七章,陈成文(湖南师范大学);第八章,陈成文(湖南师范大学)、谭日辉(长沙师范专科学校);第九章,陈成文(湖南师范大学)、罗忠勇(湖南师范大学)、陈海平(湖南师范大学);第十章,陈成文(湖南师范大学)、张丽芬(湖南中医药大学)。课题组成员中的廖国庚(国防科技大学）、喻名峰（湖南师范大学）、周秋良（湖南师范大学）、童金城（湖南工业大学）等均参与了本课题研究思路和问卷设计的讨论。湖南师范大学社会学系2009级硕士研究生张才安、唐嵩林、孙嘉悦对书稿进行了认真细致的校对。

本书的出版，首先要感谢课题组全体成员的积极参与和大力支持，感谢他们为之倾注的心血和汗水！要感谢湖南师范大学社会学系2001级、2002级参与本课题社会调查的全体本科生！要感谢湖南师范大学社会学系2002级、2003级、2004级、2006级、2008级参与本课题社会调查的全体硕士研究生！也要感谢人民出版社文化编辑室高晓璐编辑所付出的辛勤劳动！还要感谢湖南省重点学科——马克思主义基本原理学科的经费资助！

本书在写作过程中参考了国内外学术界学者们的研究成果。在此，表示深深的谢意！书中未能一一注明者，请同仁们见谅！

本书中肯定还存在不少缺点和不足，恳请同行们提出宝贵的意见，以便我们修改，使之日臻完善。

陈成文

2011年8月19日

责任编辑:高晓璐
装帧设计:艺和天下

**图书在版编目(CIP)数据**

农村土地流转:一个阶层分析的视角/陈成文 等著.
—北京:人民出版社,2012.11
ISBN 978-7-01-011349-4

Ⅰ.①农… Ⅱ.①陈… Ⅲ.①农村-土地流转-研究-中国 Ⅳ.①F321.1

中国版本图书馆 CIP 数据核字(2012)第 246677 号

**农村土地流转:**
NONGCUN TUDI LIUZHUAN
一个阶层分析的视角

陈成文 等著

人民出版社 出版发行
(100706 北京市东城区隆福寺街 99 号)

北京新魏印刷厂印刷 新华书店经销

2012 年 11 月第 1 版 2012 年 11 月北京第 1 次印刷
开本:710 毫米×1000 毫米 1/16 印张:20
字数:310 千字

ISBN 978-7-01-011349-4 定价:46.00 元

邮购地址 100706 北京市东城区隆福寺街 99 号
人民东方图书销售中心 电话 (010)65250042 65289539